VERLAG
BEGEGNUNGEN

ISBN 978-3-9816162-3-1

Christine Goeb-Kümmel
Der Platz an dem Du lebst
… und was er mit Dir zu tun hat

1. Auflage

Druck: SDL Druck, Berlin

Verlag: Begegnungen, Schmitten
www.verlagbegegnungen.de

Der Platz
an dem Du lebst
… und was er mit Dir zu tun hat

Den eigenen Lebensraum entdecken
und sich dabei selbst erkennen

von

Christine Goeb-Kümmel

Wer die Wahrheit verrät, verrät sich selbst.
Es ist hier nicht die Rede vom Lügen
sondern vom Handeln gegen die Überzeugung.
Novalis (1772–1801)

Inhalt

Teil A
Energie und Wahrnehmung

Teil B
Ihre persönliche Wohnplatzuntersuchung

Vorwort

Auf unseren vertrauten Wegen oder beim durchqueren fremder Städte, im vorbeigehen oder vorbeifahren, tagtäglich sehen wir tausende Wohnungen und Häuser: Triste Hochhäuser in vernachlässigten Gegenden, Balkone, die als Abstellraum genutzt werden, schmucke Einfamilienhäuser im Grünen, stilvolle Altbauten mit geräumigen Wohnungen, Reihenhausneubauten direkt an der Autobahn – vielleicht auch versteckt liegende Landhäuser mitten im Wald, auf die man im vorbeifahren nur ganz kurz einen Blick werfen kann, bevor sie von dichtem Bewuchs verdeckt werden.

Jeder von uns kennt diese kleinen Momente des Eintauchens in fremde Leben. Unser Blick fällt für den Bruchteil einer Sekunde auf eine Familie am Abendbrottisch, ein sich streitendes Paar, einen alten Mann am Fenster ...

Menschen leben auf unterschiedlichste Weise an unterschiedlichsten Orten – manche offensichtlich bewusst und freiwillig, andere vielleicht auf den ersten Blick gezwungenermaßen, sei es aus Geldmangel, weil der Partner an diesem Platz leben möchte oder die Kinder hier zur Schule gehen ...
Es gibt sicher tausende Gründe, warum jeder genau dort wohnt wo er wohnt und nicht woanders. Einige Menschen scheinen zufrieden und glücklich an ihrem Wohnort zu leben, andere sehen ihre momentane Wohnsituation nur als Übergangslösung und träumen vom Umzug – ins Grüne, in eine andere Stadt, in ein anderes Land – erschaffen sich in ihrer (Zukunfts-) Fantasie Orte, an denen sie sich das Leben leichter und müheloser vorstellen.

Das Spektrum ist bunt und vielfältig – doch eines haben nahezu alle diese Menschen gemeinsam: Den meisten ist nicht bewusst, dass sie nicht „zufällig" an dem Ort leben, der im Moment ihr Zuhause ist, dass es durchaus Gründe gibt, warum sie genau dort

„gelandet“ sind wo sie gerade leben und zwar wesentlich tiefere und wichtigere Gründe als die bereits genannten beruflichen, wirtschaftlichen oder persönlichen.
Wir alle suchen uns diesen Platz mehr oder weniger unbewusst aus, bzw. werden dorthin geführt, wo uns das größte Potenzial für unsere persönliche Entwicklung zur Verfügung steht und wo sich genau das zeigen kann was gerade angeschaut werden möchte oder vielleicht sogar unser Lebensthema ist.
Dieses Bewusstsein zu wecken, dass jeder von uns für die eigene persönliche Entwicklung dort, wo er lebt, genau richtig ist und zu ergründen warum das so ist, ist Thema dieses Buches.

Die beschriebenen Vorgehensweisen basieren auf geomantischem Wissen und enthalten geomantische Untersuchungen, jedoch sind für Sie als Leser keinerlei Vorkenntnisse bezüglich der Geomantie oder sonstiger Erfahrungswissenschaften nötig.

Das Buch ist auch und besonders für diejenigen geschrieben, die Neuland betreten möchten, die ein kleines bisschen tiefer schauen möchten, die neugierig sind auf sich selbst und auf das, was um sie herum geschieht.
Es nimmt Sie an der Hand und gibt Ihnen die manchmal benötigte Anleitung, die Sicherheit einer Vorgehensweise durch aufeinander aufbauende Schritte. Es führt Sie aber auch nach und nach in Bewusstseinsbereiche, die sie deutlich spüren lassen, dass irgendwann keine Anleitungen mehr nötig sein werden, nämlich dann, wenn Sie sich eingelassen haben auf den Weg und sich Ihnen aufgrund eigener Erfahrungen Zusammenhänge zeigen.
In vielen Büchern aus den Fachgebieten Geomantie oder auch Feng Shui wird aufmerksam gemacht auf Gestaltungsdefizite in unserem Umfeld, werden unterschiedlichste Möglichkeiten beschrieben, diese Defizite auszugleichen, den Energiefluss zu verbessern und das Wohlbefinden zu steigern.
Diesbezügliche Tipps und Anregungen erhalten Sie auch in diesem Buch. ABER: Vorrangig geht es hier nicht darum, die Pro-

bleme schnellstmöglich zu beseitigen, nicht um die perfekte und optimale Gestaltung, sondern darum, zu erkennen, was sich uns im Außen zeigen möchte, warum es sich zeigt und was das alles mit uns – mit IHNEN zu tun hat.

In allem, was uns umgibt, können wir uns selbst entdecken. Deshalb ist es ratsam zuerst zu schauen, womit wir in Resonanz gehen, bevor wir unsere Umgebung und vielleicht auch die Lebewesen an unserer Seite, umgestalten, umformen oder gar „austauschen".
Tun wir das nicht, dann sehen wir uns getrennt von der Welt, die uns umgibt und es wäre vergleichbar mit der Entfernung eines Krankheits-Symptoms, ohne die Bedeutung und Botschaft der dahinter stehenden Krankheit zu beachten.

Trotz meiner jahrelangen Tätigkeit als selbstständige Architektin und der damit verbundenen intensiven Beschäftigung mit dem Thema Wohnen ist mir persönlich erst während meiner Ausbildung zur Geomantin bewusst geworden, wie untrennbar wir Menschen mit unserer Wohnung, mit unserem Haus, mit dem Ort an dem wir leben, verbunden sind.
Seitdem verdichten sich die Erkenntnisse, wie unsagbar wichtig unser Lebensraum für unsere persönliche Entwicklung sein kann – wenn wir die einzelnen Facetten dieser Wechselbeziehung erkennen – und wie viel Entwicklungspotenzial in der genauen Untersuchung steckt.
Der Platz an dem wir leben kann ein eigenes Haus sein oder auch eine gemietete Wohnung, er kann sich innerhalb eines Ortes befinden, in einsamer Natur oder mitten in der Großstadt.
Dabei möchte ich den Begriff „Platz an dem wir leben" recht weit ausdehnen, denn nicht nur unsere ganz persönlichen Räume, in denen wir wohnen, spiegeln unsere Seele und zeigen – äußerlich erkennbar – den gegenwärtigen Stand unserer persönlichen Entwicklung; nein, auch das Haus, das Grundstück, der Ort, die Landschaft, das Land spielen eine tragende Rolle. Sie verdeutlichen unsere Wünsche und Absichten. Wichtig ist deshalb auch

das Wissen um die störenden Faktoren, die uns umgeben, die sich uns in der Landschaft zeigen und die nicht selten aufzeigen wo wir uns vielleicht sogar selbst in unserer eigenen Entwicklung blockieren. Wenn Sie lernen, diese Störungen zu erkennen, zu beseitigen oder zumindest abzumildern, kann das Resultat nicht nur eine verbesserte Wohnqualität und eine Steigerung Ihres Selbstwertgefühls sein, sondern Ihnen können sich neue Erkenntnisse über Ihre inneren Welten offenbaren, nachdem Sie verstanden haben, was diese Störungen mit Ihnen zu tun haben oder hatten.
Wir sollten verstehen und im Idealfall spüren, dass wir nicht von unserer Umgebung getrennt sind. Selbst wenn wir die Wohnungstür hinter uns schließen bedeutet das nicht, dass wir die Anbindung an unsere äußere Umgebung damit verloren haben. Durch unser Energiefeld stehen wir in permanentem Austausch mit unserer Umgebung. Alles ist in Verbindung miteinander und permanent in schwingender Bewegung und Veränderung und nicht nur das: Gehen sie außerdem davon aus, dass Ihr Zuhause über ein Bewusstsein verfügt und Informationen und Energien speichern kann.

Alle folgenden Untersuchungen sind nicht dogmatisch zu sehen, sie lassen sich nicht in Regeln pressen. Deshalb gibt es keine Checklisten und Gebrauchsanweisungen. Lernen Sie vielmehr, Ihrer eigenen Intuition und Wahrnehmung zu vertrauen, in Verbindung mit der Ausarbeitung Ihrer Persönlichkeit. Lassen Sie sich führen, werden Sie wach und beweglich, so dass Ihre Antennen die Schwingungen, die Sie umgeben, aufnehmen können. Menschen gehen keine identischen Entwicklungswege. Was den einen anspricht und dadurch Resonanzen auslöst, tut vielleicht ein anderer als übertrieben oder gar unwahr ab. Das geschieht deshalb, weil es nicht dessen Thema ist, er es nicht nachvollziehen kann. Die Anstöße, die Sie in den folgenden Kapiteln erhalten, werden Sie zu ganz individuellen Auflösungen führen. Sie werden sehen, dies ist jedem Menschen möglich, ohne besondere Ausbildung. Es braucht lediglich ein bisschen Übung.

Zu vielfältig sind die Möglichkeiten, als dass die Situation jedes Einzelnen bis ins Detail verfolgt werden könnte. Das soll Ihre eigene Aufgabe sein, so kann ich nur Wege aufzeigen und von Beispielen berichten. Ich habe bewusst hin und wieder einzelne Themen nur angeschnitten, sie einfach in den Raum gestellt, um Ihnen Denkanstöße zu geben und Sie dazu zu „verleiten", vielleicht auch andere, individuelle Wege zu finden.

Wie nun sollen Sie mit dem vorliegenden Buch „umgehen", wie mit ihm „arbeiten"?

Die Antwort ist ganz einfach: Sie können machen was Sie möchten, alles ist richtig wenn es für Sie stimmig ist. Sie müssen gar nichts und dürfen alles. Sie können das Buch einfach „nur" lesen, sich an den Themen und Geschichten erfreuen, vielleicht darüber staunen und sie auf sich wirken lassen. Wenn Sie möchten gibt das Buch Ihnen aber auch die Möglichkeiten sehr intensiv damit zu arbeiten. Es kann Sie dazu animieren, viele eigene Aufzeichnungen anzufertigen, Ihre individuellen Themen und Problematiken zu ergründen, zu beleuchten und im Idealfall zu heilen.

Vielleicht möchten Sie auch einen der vielen Wege dazwischen gehen, greifen sich vorerst nur das eine oder andere Thema heraus, beschäftigen sich damit, denken darüber nach oder was auch immer, ganz nach Ihrem Belieben, nach Ihrer Intuition.

Ich spreche Sie als Leser im Text mit „Sie" an und habe die männliche Form gewählt, einfach weil ich es verwirrend finde und dem Textfluss nicht dienlich, ständig darauf zu verweisen, dass Sie männlich/weiblich, Leser/Leserin sein können. Da ich selbst eine Frau bin habe ich mir diese Freiheit erlaubt und hoffe nicht, dass meine weiblichen Leser sich dadurch benachteiligt fühlen.

Einleitung

Als Architektin und Geomantin beschäftige ich mich seit vielen Jahren mit den Themen Architektur, Wohnen, Stadtplanung.

Als Planerin und Erbauerin von Wohn- und Arbeitsräumen für andere Menschen habe ich lange Zeit die Verantwortung getragen für das spätere Wohlbefinden dieser Menschen in ihren Häusern. Die Arbeit des Architekten erfolgt stets in enger Zusammenarbeit mit dem Auftraggeber, besonders wenn es sich bei den geplanten Objekten um Räume und Gebäude handelt, die der Auftraggeber selbst bewohnen und nutzen möchte. Nicht die Vorlieben und Gestaltungsvorstellungen des Architekten, sondern die Wünsche dieser Menschen haben höchste Priorität. Im Idealfall sammelt der Architekt alle Ideen, Vorstellungen und Visionen seiner Auftraggeber und realisiert sie unter Beachtung technischer und finanzieller Möglichkeiten, so dass letztendlich das Traumhaus entsteht.

Natürlich fließt in diesen Prozess auch die Erfahrung des Architekten ein, hinsichtlich dessen, was sinnvoll und in der Realität so umsetzbar ist wie es der Vorstellung des Auftraggebers, der Bauherrschaft (so lautet die offizielle Bezeichnung der Auftraggeber) entspricht. Der Architekt hat deshalb auch die Aufgabe und Pflicht, den Bauherren dahingehend zu beraten und zu informieren, dass die Umsetzungen seiner Wünsche voraussichtlich kein befriedigendes Ergebnis erwarten lassen, zumindest nicht so, wie es sich der zukünftige Bewohner in seiner Vorstellung ausgemalt hatte. Dies betrifft meist u. a. die Größe und Ausstattung der Räume oder die Überbewertung bestimmter Räume zum Nachteil anderer.
Mir fiel nun im Lauf der Zeit immer öfter auf, dass viele der Wünsche meiner Bauherrschaft vermehrt Unbehagen in mir erzeugten. Ich konnte zum damaligen Zeitpunkt nicht wirklich einordnen warum ich vieles so anders sah, war jedoch gleichzeitig nicht in der Lage, stichhaltig zu argumentieren. Da war zwar von jeher

das tiefe Gefühl – nein, nicht Gefühl sondern *Wissen* in mir, dass die Wege, auf denen ich meine Auftraggeber begleitete, nicht immer optimal waren, doch ich sah keine Möglichkeiten, dies zu verdeutlichen oder auch nur, mich halbwegs verständlich zu machen. Der Beruf der Architektin und Bauleiterin hat eher wenig mit Emotionen zu tun und so war da auch in mir oft die Scheu, mit intuitivem, emotionalem Verhalten „unprofessionell" zu sein, in dieser nach wie vor männlich und sachlich geprägten Berufs- und Geschäftswelt.

Meist versuchte ich deshalb eher halbherzig, Vorschläge zu unterbreiten, andere Wege zu gehen, hinsichtlich des Umgangs mit der Natur, des Grund und Bodens auf dem gebaut wurde, der Auswahl der Materialien u. s. w.. Aber so manches Mal wurde mir von meinen Auftraggebern deutlich zu verstehen gegeben, dass meine Einwände nicht erwünscht waren. Da ich mich tatsächlich nicht wirklich klar ausdrückte, kamen meine Einwände sicherlich oft sehr „verschwommen" an und erzeugten hin und wieder Irritationen.
Auch aus diesem Grund war ich froh und dankbar, als die Geomantie in mein Leben kam. Nun hatte ich endlich Gewissheit, dass nicht ich seltsam war, sondern dass es gute Gründe für mein Unwohlsein gab. Das hatte allerdings zur Konsequenz, dass ich den Architektenberuf in der gewohnten Form nicht mehr ausüben konnte.

Die neuen Kenntnisse, zusammen mit dem breiten Spektrum der Geomantie, die mir in meiner Ausbildung vermittelt wurden, bestätigten oft bis ins kleinste Detail meine Vermutungen und gaben mir Erklärungen für die unguten Gefühle, die ich sehr oft bei der Erfüllung meiner Arbeit verspürt hatte.

Nicht selten hatte ich sehr gelitten unter der schlechten Behandlung der Flecken unberührter Natur, die mit Brachialgewalt zu Baugrundstücken gemacht wurden. Eingewachsene Naturgrundstücke wurden gerodet, der Bewuchs gnadenlos zerstört und

„platt gemacht“ im wahrsten Sinne des Wortes, selbst auf alte Bäume wurde keine Rücksicht genommen. Man könne doch neu bepflanzen, war oft zu hören. Darum ging es mir aber doch gar nicht. Es ging mir um die Lebewesen als Individuen, die vernichtet wurden und um den Eingriff in ein bestehendes System, einen Lebensraum. Und es ging vor allen Dingen um die achtlose Art und Weise des Vorgehens. Ohne zu fragen oder um Erlaubnis zu bitten, nahm man sich das Recht des Eindringens. Die Energien eines Platzes und die Lebewesen, die an einem Ort angesiedelt waren wurden prinzipiell und ausnahmslos missachtet. In den vielen Jahren meines Berufslebens habe ich niemanden erlebt, der sich dem Flecken Erde, den er zu seinem Wohnplatz bestimmt hatte, in Ehrfurcht, oder wenigstens achtsam, genähert hat.

Mit dem Baubeginn rollten die Bagger an und rissen große Wunden in den Platz. Viele Hunderte oder Tausende Kubikmeter Erde und Steine wurden ausgebaggert und zu anderen Orten gebracht. War dann schließlich das Haus errichtet, wurde tonnenweise Erde von anderen Plätzen geholt und auf dem Grundstück eingebracht – ohne Rücksprache mit den Naturenergien, ohne Rituale des Bittens oder Dankens, ohne sich um die zu kümmern, die vor den Besetzern – Entschuldigung, ich meine natürlich Besitzern – hier lebten.

Nicht selten geschah es, dass die Menschen sich dann später, nach dem Einzug, an diesem Platz nicht wohl fühlten, dass neu errichtete Häuser bald wieder verkauft wurden aufgrund von Trennung, Streit, Krankheit oder Arbeitsplatzverlust. Im Nachhinein kann ich dies in vielen Fällen nun sehr gut verstehen, fehlte doch oft die Basis für ein friedvolles Miteinander von Mensch und Lebensplatz.

Die Geomantie vermittelte mir schließlich nach und nach Kenntnisse und Wege, individuellen Wohnraum nach den Bedürfnissen der Auftraggeber zu schaffen – und zwar im Einklang mit der

Umwelt – und damit deren Wohlbefinden zu steigern. Hierbei handelt es sich nicht nur um die äußerlichen Bedürfnisse der Menschen, sondern auch und besonders um die Bedürfnisse, die im Hinblick auf ein erfülltes Leben zu berücksichtigen sind.

Interessanterweise wandelte sich zu dieser Zeit auch mein Kundenstamm. Es kamen nun vermehrt Menschen auf mich zu, die scheinbar – zumindest ansatzweise – das verstanden und auch suchten, was ich mittlerweile, aufgrund des neu erworbenen Hintergrundwissens der Geomantie, vermitteln konnte.
Ich war sicherer geworden in meinen Aussagen, bestätigt in meinen Gefühlen, klarer in meinem Handeln und vertraute mehr und mehr auf meine Wahrnehmungen. Ich erkannte nach und nach Dinge als real und wahr, die ich zuvor nur schemenhaft und nicht greifbar am Rande realisiert und wahrgenommen hatte. Dies hatte zur Folge, dass meine veränderte Ausstrahlung „herkömmliche" Auftraggeber fern blieben ließ und andere Menschen anzog, nämlich die, die für meine Art zu denken und zu fühlen offen waren. Dies war eine interessante Erfahrung, die mir auch das Resonanzprinzip glaubhaft verdeutlichte, die bestätigte, dass man die Dinge in sein Leben zieht, denen man seine Energie gibt.
Doch die Anzahl der Menschen, die dies für sich verstanden hat, die mit Achtung und Achtsamkeit allem begegnet, was sie umgibt, scheint noch sehr niedrig zu sein. Die meisten Menschen legen ihre Prioritäten an andere Stellen, ich nehme an, weil sie das, was sich zeigt, nicht wahrnehmen können, nicht als wichtig erkennen.

Aber nach und nach wird hoffentlich die Zahl derjenigen größer werden, die Dinge und Zusammenhänge realisieren können, die momentan für sie noch im Verborgenen liegen. Es gibt sie bereits, die Menschen, die die Wechselwirkung erkennen, die ein veränderter Umgang mit der Natur und ihren Wesen erzeugt. Sie interessieren sich stärker für ihren Lebensraum und erfahren schließlich, dass die Gesundheit ihrer Umgebung, ihres Hauses,

ihrer Wohnung, unmittelbar positiv auf die eigene Gesundheit wirkt und – ganz wichtig – dass das eigene Haus als lebendiges Wesen zu betrachten ist, mit dem Sie als Bewohner in einer sehr engen und sehr wichtigen Beziehung stehen.
Persönlich habe auch ich eine ganz besondere Beziehung zu diesem Thema, denn durch einen Wechsel meines Wohnortes ist ein Richtungswechsel in mein Leben gekommen. Ein Richtungswechsel nicht nur hinsichtlich der vor beschriebenen Änderungen meiner Arbeitsweise und meiner Auftraggeber, sondern ein umfassender Richtungswechsel, der sich durch alle Lebensbereiche zieht.

Im Endeffekt war es der Platz, der Wohnort, an den ich vor 15 Jahren geführt worden bin, der meinen Weg bestimmte. Erst an diesem Ort, an dem ich auch jetzt noch lebe, war es mir möglich, Dinge zu erkennen, Themenbereiche wahrzunehmen, die es mit Sicherheit schon sehr lange gibt, die aber bis dahin immer an mir vorbeigegangen waren. So empfinde ich es zum Beispiel im Nachhinein immer noch als höchst erstaunlich, dass ich, obwohl Tiere von jeher einer meiner größten Lebensinhalte sind, erst an besagtem Ort auf die Möglichkeit der Tierkommunikation, der Kommunikation auf Seelenebene, aufmerksam wurde. Dies erfolgte durch eine damals neue Nachbarin und mittlerweile gute Freundin und war gewiss kein „Zufall".
Auch die Geomantie, eine uralte Lehre, war mir als großer Naturliebhaberin bis dahin kein Begriff gewesen. Alles, was mein Leben jetzt prägt, kam zu mir, nachdem ich an diesen Ort gezogen war. Das bedeutet nicht, dass nicht vielleicht irgendwann die Zeit naht, in der ich beginne, mich von diesem Platz wieder zu lösen, wir werden noch erfahren, dass es dafür durchaus gute Gründe geben kann. Der Platz, der uns im Moment gut tut und wichtig für uns ist, muss es nicht unbedingt für immer sein …

Über die Art und Weise, mit diesem Buch zu arbeiten, habe ich bereits im Vorwort kurz gesprochen, noch einige Worte hierzu an dieser Stelle: Sinn des Buches ist aufzuzeigen, dass jeder Mensch mit relativ einfachen Mitteln die Möglichkeit hat, die Wechselwirkung zwischen sich selbst und seinem Wohnort zu verstehen und zu erfahren (ganz wichtig!), um dies schließlich für die persönliche Entwicklung zu nutzen.

Ihr „Arbeitsaufwand", diese ersten Erkenntnisse zu erlangen, ist in den nächsten Kapiteln absichtlich gering gehalten. Jeder weiteren intensiveren Beschäftigung mit diesen Themen steht danach natürlich nichts im Wege. Jedoch ist es manchmal so, dass man selbst bei großem Interesse an einer Sache am Anfang zu scheitern droht, weil man aus unterschiedlichen Gründen die Lust oder Energie verliert. Für viele Menschen mögen die in diesem Buch enthaltenen Themen und Bereiche Grenzgebiete sein, zwar sicher interessant aber vielleicht auch Neuland. Nicht selten stellt sich deshalb Überforderung ein, dann, wenn die Materie zu theoretisch ist, wenn man die Zusammenhänge nicht mehr nachvollziehen kann oder vielleicht sogar mit den eigenen Fragen nicht mehr klar kommt, überrascht wird von den eigenen Empfindungen, diese aber nicht zuordnen kann.

Dieses Buch soll behilflich sein, Sie an die Themen heranzuführen, Ihnen einen Überblick zu verschaffen und Sie vertraut zu machen mit Dingen, die Sie vielleicht bisher nicht realisiert haben oder nicht für möglich hielten. Es hilft Ihnen dabei, diese Dinge „normal" werden lassen und die erweiterte Wahrnehmung mit allen Erkenntnissen in Ihren Alltag zu integrieren und damit nachhaltig Ihre Einstellung zu Ihnen und der Welt um Sie herum sensibilisieren.
Jeder Leser sollte für sich schauen, was ihn anspricht, was für ihn Sinn macht. Es ist keinerlei Vorwissen nötig. Sie müssen sich auch nicht Schritt für Schritt durch das Buch durcharbeiten, sowieso müssen Sie überhaupt nichts. Sie sollten jedoch offen sein, offen für die vielen Wunder unseres Daseins, die noch nicht zu allen Menschen vorgedrungen sind, offen für die Kraft der nicht sichtbaren Energien und offen für das Vorhandensein anderer Dimen-

sionen. Seien Sie versichert, Sie können dabei nichts falsch machen. Alles was Sie tun wird eine Bereicherung für Sie sein, denn es wird Sie ein Stück weit zu sich selbst führen.
Einiges mag Sie verwirren, das kann ich gut nachvollziehen, mir ging es nicht anders und manchmal geht es mir auch heute noch so. Wenn ich neue Erkenntnisse erhalte oder Dinge erfahren darf, die ich zuvor nur theoretisch wusste, dann bin ich auch oft unruhig und unsicher, wie ich nun damit umgehen soll, was zu tun ist.

Ich erinnere mich dann meist an ein Gespräch mit einer Freundin, mit der ich mich vor vielen Jahren austauschte, ganz erfüllt von meinen damaligen Erkenntnissen, aber auch verwirrt und nicht in der Lage, mich zu sortieren, zu erkennen, welcher der vielen Wege denn nun der richtige für mich ist, welchen ich zuerst gehen soll. Sie sagte damals einen Satz, der mich bis heute gut begleitet hat:

„Es ist egal, welchen dieser Weg du gehst, sie führen alle früher oder später zu dir selbst – und der Weg zu dir selbst, der Weg nach innen, ist immer der richtige …"

Selbst etwas tun und es irgendwann nicht nur theoretisch zu wissen, sondern zu *erfahren*, ist meiner Meinung nach das Wichtigste. Die eigenen Erkenntnisse bringen mehr, als die anderer Menschen. Und vor den Erkenntnissen steht sehr oft die Wahrnehmung, das Erkennen (mit unseren Sinnesorganen und darüber hinaus). Die Themen sind also: Eigenverantwortung, erweiterte Wahrnehmung, Bewusstseinserweiterung …

Fühlen, sich selbst fühlen, in die Stille gehen, nicht nur von einem Seminar zum anderen hetzen, in der Hoffnung, die Erfüllung in wenigen Stunden auf einem Wochenendseminar zu erlangen. Verstehen Sie das bitte nicht falsch. Natürlich können uns Seminare und gute Lehrer, auf unserem Weg begleiten. Sie können uns Impulse geben, Grundlagen schaffen, uns stützen. Doch das kann nur ein Anstoß sein, sich mit sich selbst auseinander zu

setzen, sich selbst Fragen zu stellen und abzuwarten bis die Antworten kommen und dann hinzuhören, hinzuschauen, hinein zu fühlen ... Natürlich wäre es wesentlich weniger mühsam, wenn uns jemand sagen würde, wer wir sind, was der Sinn unseres Lebens ist und was unsere Aufgabe auf dieser Welt. Wir wollen es ja auch nicht umsonst. Bücher wie „Erleuchtung in 12 Schritten“ werden Bestseller und für ein Wochenendseminar sind 500 Euro keine Seltenheit. Abhängig davon, wer es veranstaltet, darf es auch etwas mehr sein.
Doch es gibt keine Rezepte und wenn, dann sind sie Theorie und nicht auf jeden anwendbar. Die Lösung von der Stange gibt es nicht. Aber – eigentlich ist alles viel einfacher als man vielleicht denkt und zwar wenn man die Verantwortung für sich selbst übernimmt, mit allen Konsequenzen. Nicht der „schlechte“ Seminarleiter ist schuld, wenn wir uns nicht besser fühlen. Wie oft suchen wir irgendwo, weit entfernt von uns und beklagen uns dann, dass wir nichts finden. Tief im Inneren wissen wir eigentlich wo wir suchen müssen, nämlich in uns und ganz nah bei uns. Die Antworten finden wir meist in nächster Nähe, unter anderem, am Platz an dem wir leben. Der sagt ganz viel aus über uns, über jeden Einzelnen.

Doch das verteufelte an der Sache ist, dass wir im Alltag permanent sabotiert werden und die Anbindung an das, was wir mühsam glauben erreicht zu haben, ständig wieder verlieren. Wenn wir von A nach B hetzen und glauben, zwanzig Dinge gleichzeitig tun zu müssen, wenn wir schließlich abends müde und ausgelaugt auf die Couch sinken, dann nehmen wir nichts mehr wahr, schon gar keine feinen Energien. Dann überdecken Stress und Hektik alle Empfindungen, machen uns stumpf, blind und taub und das Gefühl für das „Große Ganze“ weicht irgendwann den täglichen Sorgen und dem Druck unerledigter Alltagsaufgaben.

In Momenten, in denen es mir auch so geht, in denen auch ich Mühe habe, zu verhindern, vom Alltagsgeschehen überrollt zu werden und die Anbindung zu verlieren, kann ich die Zweifel der Menschen sehr gut verstehen, die noch nie eine Anbindung erfahren durften. Ich kann dann ihr Unverständnis und die Ablehnung gegenüber allem nachvollziehen, was nicht offensichtlich sichtbar ist.

Wie es auch sei, egal was passiert, lassen Sie sich nicht von dem Oberflächlichen blenden sondern erarbeiten Sie ihren eigenen Lebensplan. Seien Sie offen für alles, was sich zeigt, gleichzeitig natürlich aber auch kritisch und geerdet.

Suchen Sie nicht wer weiß wo auf der Welt, beginnen Sie einfach dort, wo Sie jetzt stehen, wo sie jetzt sind, am Platz, an dem Sie leben, denn der wartet nur darauf, mit Ihnen in Verbindung zu treten, um Ihre Fragen zu beantworten.
Ein Sprichwort besagt: „Der Weg nach überall beginnt dort wo man gerade ist.“ Das ist wohl wahr.

Den eigenen Weg zu finden und das Ziel zu erkennen, kann durchaus ein ganzes Leben dauern und manchmal leider sogar noch länger. Es gibt keine Garantie dafür, dass es uns vergönnt sein wird, erleuchtet zu sterben. Voraussetzung dafür, überhaupt etwas zu finden, ist aber, dass wir irgendwann mit der Suche beginnen bzw. den Weg und das Ziel überhaupt sehen wollen. Zumindest den Anfang des Weges müssen wir nicht lange suchen, der befindet sich stets direkt vor unseren Füßen. Wenn wir beginnen, ihn zu gehen, dann kommen auch nach und nach die Antworten.
Leider sind es oft Antworten, die wir eigentlich, so wie sie sind, nicht hören möchten, die wir uns anders, netter, unkomplizierter vorgestellt und gewünscht hatten. Und vor den wirklich wichtigen, bahnbrechenden Antworten laufen wir nicht selten sogar weg. Oft ist es Angst, die uns weglaufen lässt, weil nämlich das Verstehen der Antworten Konsequenzen mit sich ziehen würde, die wir eventuell zum momentanen Zeitpunkt noch nicht zu tragen bereit sind. Trotzdem ist da diese quälende Unruhe, diese

Sehnsucht nach Lösungen, die viele von uns immer und immer wieder veranlasst, alles Mögliche auszuprobieren. Vieles davon entfernt uns aber eventuell sogar immer wieder von unserem Ziel.
Doch – wie außen so innen. Das, was sich im Inneren, im Verborgenen tut ist fast immer außen deutlich sichtbar. Deshalb macht es auch meist weniger Sinn um die halbe Welt zu reisen, um seine Erkenntnisse an weit entfernten Kraftplätzen zu erhalten, als direkt vor der eigenen Haustür zu schauen, denn dort zeigt sich oft die Antwort – nicht selten recht gut sichtbar – und trotzdem rennen wir viele hundert Male daran vorbei.
Wir rennen daran vorbei, weil es für uns nicht einfach ist, das, was sich uns zeigt, als Antwort auf unsere Fragen zu erkennen, denn leider kommen wir nicht mit dem kompletten nötigen umfassenden Wissen auf die Welt bzw. haben in den allermeisten Fällen keinen direkten Zugriff darauf. Zusätzlich dazu lernen wir im Lauf unseres Lebens zu vermeiden, dort hinzuschauen wo sich unsere Defizite am deutlichsten zeigen, denn das tut oft weh. Wir sind Meister der Verdrängung geworden und schaffen uns unsere eigenen möglichst bequemen Scheinrealitäten, noch unterstützt durch die Fülle an Informationen und Ablenkungen, die tagtäglich auf uns einprasselt. Situationen, in die wir geraten, oder Dinge, die sich zeigen, bringen wir nicht mit uns selbst in Verbindung sondern suchen die Erklärungen in den Umständen oder in den Taten anderer Menschen.
Und schneller als wir es für möglich halten ist unser kurzes Erdenleben vorbei und wir stehen verblüfft am Ende. Wie, schon vorbei? Eigentlich hatten wir doch noch vor, uns selbst zu finden.

Da es kein anderer für uns tut, liegt es in unserer eigenen Verantwortung frühzeitig damit zu beginnen, es uns rechtzeitig bewusst zu machen, dass wir eine Aufgabe haben, hier auf der Erde. Und genau darum geht es in den nachfolgenden Kapiteln – um das Thema des „sich bewusst Machens“ besonders mithilfe der erweiterten Wahrnehmung und um das Erkennen, Beeinflussen und Nutzen der Informationen, die uns unsere Umgebung vermittelt.

Ich möchte ihnen keine Checklisten an die Hand geben, mit denen Sie durch Ihr Wohngebiet laufen und abhaken, was sie betrachtet haben und was noch nicht. Das verhindert, die innere Führung zu erspüren. Lassen Sie sich einfach von Ihrem Gefühl leiten und schenken Sie dem Beachtung, was sich Ihnen zeigt. Machen Sie sich Aufzeichnungen, Notizen. Besorgen Sie sich ein schönes Einschreibbuch und erklären Sie es zu Ihrem persönlichen Arbeitsbuch. Es wird sehr wertvoll für Sie werden, wenn Sie es mit Ihren Erkenntnissen bereichern.

Ich bin der Meinung, dass kurze prägnante Notizen Ihnen dabei helfen, sich nicht zu verzetteln in den Gefühlen und Ideen, die auftauchen werden. Kurze Notizen liest man auch gerne nochmals nach, wogegen lange Ausführungen meist nicht mehr zur Hand genommen werden, auch wenn sie zum Zeitpunkt des Schreibens sehr wichtig waren und es auch in der Zukunft noch sein werden.

Besonders auftauchende Fragen, sollten Sie sich notieren. Fraugen, die Ihnen in den Sinn kommen und die Sie sich selbst im Moment vielleicht noch nicht beantworten können. Es wird aber so sein, dass Sie spüren werden, was wichtig für Sie ist und wo Sie genauer hinschauen sollten. Je mehr Vertrauen Sie in Ihre eigene Wahrnehmung bekommen, desto mehr werden Sie erkennen und desto spannender wird der Weg verlaufen.

Um Sie nun auf die ersten eigenen, bewussten Untersuchungen Ihres Wohnplatzes vorzubereiten, beschäftigen sich die nachfolgenden Kapitel mit einigen grundlegenden Informationen zur Geomantie sowie der Schulung Ihrer Sinne.

Geomantie - was ist das?

Im vorigen Kapitel wurde schon einige Male auf die Geomantie verwiesen und Begriffe wie erweiterte Wahrnehmung, Naturwesen, Kraftplätze, im Einklang mit der Natur sein, zu sich selbst finden u. s. w. geben bereits erste Einblicke in die Anliegen der Geomantie.
Den Begriff Geomantie in wenigen Sätzen erklären zu wollen ist nahezu unmöglich, denn zu weit gefächert sind die Inhalte.

Die Erklärung des Wortes an sich ist einfach. Es setzt sich zusammen aus Geo = Erde und Mantik = Wahrsagekunst.
Es bedeutet also die Wahrheit sagen, die Wahrsagung über die verborgenen Kräfte der Erde, bzw. auch die Wahrsagung mithilfe dieser Kräfte.

Die Geomantie versucht die Identität eines Ortes zu erfassen, zu berücksichtigen und gegebenenfalls zu formen. Ganz vereinfacht ausgedrückt bedeutet das: Das Finden oder Schaffen des guten Platzes, jedoch stets unter der Berücksichtigung der kompletten Schöpfung und in Achtung vor allem was ist. Die Hilfsmittel dabei sind u. a. Intuition, feinstoffliches Gespür und Naturbeobachtungen.
Unsere Vorfahren nutzten diese Hilfsmittel zum finden des richtigen Platzes für die Errichtung ihrer Wohnhäuser, Kirchen, Brunnen, Versammlungsstätten, wie den Dorfplatz u. s. w., denn für jede dieser Nutzungen wird eine andere Schwingung benötigt. So empfinden wir – um nur ein Beispiel herauszugreifen – die anregende Energie eines belebten Versammlungsplatzes eher als störend, wenn wir entspannen möchten.
Bei jeder Art von Gestaltung oder Betrachtung wird in der Geomantie die Identität eines Ortes oder einer Landschaft berücksichtigt. Eine eventuelle Gestaltung erfolgt schließlich in Einklang mit der Natur und unter Rückbesinnung auf altes Wissen.
Geomantie ist keine Vernunft- oder Naturwissenschaft sondern eine Erfahrungswissenschaft und wird deshalb nicht selten als

Esoterik oder Okkultismus bezeichnet. Dies erfolgt meist abwertend, doch für mich oft mit deutlich hörbarem Unterton der Angst vor dem Unbekannten, Unerklärlichen.

Sehr leicht werden Begriffe wie Übersinnliches, Spiritualität, Mystik und Paranormalität mit Bezeichnungen wie Okkultismus, schwarze Magie u. s. w. als „Esoterik“ abgetan. Damit werden bedauerlicherweise vielfältigste Erfahrungswissenschaften unter einen Hut gesteckt.

Zudem sind in unserer Gesellschaft Begriffe wie „Okkultismus“ und „Esoterik“ mit einer negativen Bedeutung belastet. Und gerade die Menschen, die diese Begriffe abwertend nutzen und negativ belasten, können oft gar nicht genau erklären, was sie bedeuten. Darauf angesprochen, was denn z. B. „Esoterik“ eigentlich heißt, wird nicht selten ausweichend, unklar und abwehrend geantwortet und es fallen Sätze wie: „Naja, so ein Hokuspokus halt, mit Geistern und so ...“

Doch was genau bedeuten diese Begriffe?

Okkultismus bedeutet übersetzt nichts anderes als „Verborgenes, Verdecktes“. Die Übersetzung von Esoterik lautet: „Dem inneren Bereich zugehörig“ und beschreibt nichts anderes, als die Bezeichnung für Wissen, das in früheren Zeiten nur einem begrenzten Personenkreis zugängig war. Dieser Personenkreis wusste genau um die Kräfte und ihre Wirkung, sei es, um nur zwei Beispiele zu nennen, die Kraft der Symbole oder die Kraft der Gedanken.
In früheren Zeiten (und auch heute noch ...) wurde dieses Wissen vonseiten der Herrscher für ihre Machenschaften genutzt und streng darauf geachtet, dass das Volk keinen Zugang dazu erhielt. Dies geschah allein zum Zwecke, die Vormachtstellung der Machthaber nicht zu schwächen.
Das Gegenteil von Esoterik, nämlich nicht das „geheime“ sondern das allgemein zugängliche Wissen, ist die „Exoterik“.

Man sieht also, hinter diesen Begriffen versteckt sich nichts „Schlimmes“. Jedem sei nun selbst überlassen, sich der von der Allgemeinheit übernommenen Vorurteile und Verallgemeinerungen zu entledigen und sich ein eigenes Bild über das weite und sehr interessante Feld des Verborgenen, des nicht Alltäglichen und des Übersinnlichen zu machen.

So oft werden bei den Menschen Ängste geschürt, die verhindern, dass sie wach und selbstbestimmt sind und bleiben. Negative Behaftungen verursachen eine Abwendung von Wissen und Kräften. Dadurch erfolgt nicht selten eine Schwächung der gesamten Menschheit, die die Macht Einzelner oder kleiner Gruppen stärkt.
Die Geomantie ist eine Erfahrungswissenschaft, die schon sehr alt ist. Sie erlebte einen Einbruch in bzw. nach der Zeit des Dritten Reiches, da ihre Wirkkräfte von den Machthabenden dieser Zeit missbraucht wurden. Sehr wohl waren diesen Machthabenden zum Beispiel die Kraft der Symbole und die besondere Bedeutung bestimmter Plätze und Orte bekannt, und sie nutzten ihr Wissen zum eigenen Vorteil und zum Schaden der Menschen, die sich dadurch widerstandslos beeinflussen ließen.
Durch diese Vorkommnisse haftete in der Nachkriegszeit und darüber hinaus, allem, was mit bestimmten Ritualen oder Wirkkräften in Verbindung gebracht werden konnte, eine negative Assoziation an.

Eine Rückbesinnung auf die Geomantie an sich und auch speziell auf die Kräfte, die einem Ort anhaften können, erfolgte in den siebziger Jahren und zwar ausgerechnet durch die Vielzahl an Ufo-Sichtungen in dieser Zeit. Es stellte sich nämlich heraus, dass besonders viele Ufos über Plätzen zu sehen waren, die bereits seit vielen Jahrhunderten als „Kraftplätze“ bekannt waren.

Feng Shui des Westens – das ist eine nicht ungebräuchliche Definition für den Begriff Geomantie, die ich auch selbst schon ab und zu benutzt habe und zwar dann, wenn die Erklärung dieses, den meisten Menschen gänzlich unbekannten, Wortes besonders schnell gehen soll. Doch bereits während ich es ausspreche missfällt mir diese Definition zutiefst – vor allem auch deshalb, weil der Fragende dann meist sehr schnell das Interesse an der Sache verliert, auf sein abgespeichertes Wissen hinsichtlich des in der Vergangenheit leider arg strapazierten Feng Shui zurückgreift und die Geomantie als uninteressant und unnötig abhakt. Das ist sehr schade, denn dadurch wird derjenige nie erfahren, dass die Geomantie ein unglaublich breites Spektrum an interessanten Themenbereichen bietet, die zu uns Europäern gehören und uns und unsere Entwicklung prägen.

Tatsächlich hat jedes Land seine Form der Geomantie. Das ist in China das Feng Shui, in Indien das Vastu und auch viele Naturvölker in Amerika, Australien und Afrika leben nach geomantischen Prinzipien, nämlich durch ihre Beobachtungen und Erfahrungen der natürlichen Umgebung. Sie integrieren dieses Wissen um die Gesetze der Natur in ihr Leben und tun damit genau das, was auch wir hier im Westen nach und nach wieder als richtig und wertvoll erkennen.

Niemand wird die Fortschrittlichkeit und steigende Technisierung in einem Land wie China bestreiten, doch trotzdem haben dort erstaunlicherweise das Feng Shui und die damit verbundenen unsichtbaren Energien nach wie vor einen festen Platz. Feng Shui ist allgemein anerkannt und Teil der Gesellschaft – bei uns im Westen werden Wirkkräfte dieser Art oft belächelt. Vielleicht liegt es daran, dass die westlichen Menschen sich nicht damit identifizieren können, denn obwohl das Feng Shui und die westliche Geomantie durchaus viele Gemeinsamkeiten aufweisen, erscheinen im Gegensatz dazu viele Handhabungen des Feng Shui in unseren Breiten unstimmig, das eine oder andere sogar lächerlich und irgendwie nicht „richtig“.

Ich persönlich sehe das auch so, denn Feng Shui gehört nach Asien, die Anwendung in allen Details ist meiner Meinung nach wirklich nicht geeignet für unsere Breiten. Das bedeutet jedoch nicht, dass nicht durchaus einige Komponenten des Feng Shui in unsere Betrachtungen integriert werden können. Umfassend gesehen haben jedoch wir hier im Westen etwas viel passenderes, nämlich die europäische Geomantie.

Die Vielfältigkeit der Geomantie ist fantastisch, es ist unmöglich, an dieser Stelle auf alle Facetten einzugehen. Das ist auch nicht nötig, denn niemand kann sich mit allen Themenbereichen gleichermaßen beschäftigen. Nachfolgend sehen Sie eine kleine Darstellung, in der die hauptsächlichen Begriffe genannt werden, die der Geomantie zugeordnet werden können. Schauen Sie, ob vielleicht der eine oder andere etwas in Ihnen zum Klingen bringt. Vielleicht beschäftigen Sie sich sogar bereits mit der einen oder anderen Sache und wussten bisher gar nicht, dass sich der Oberbegriff Geomantie dahinter verbirgt.

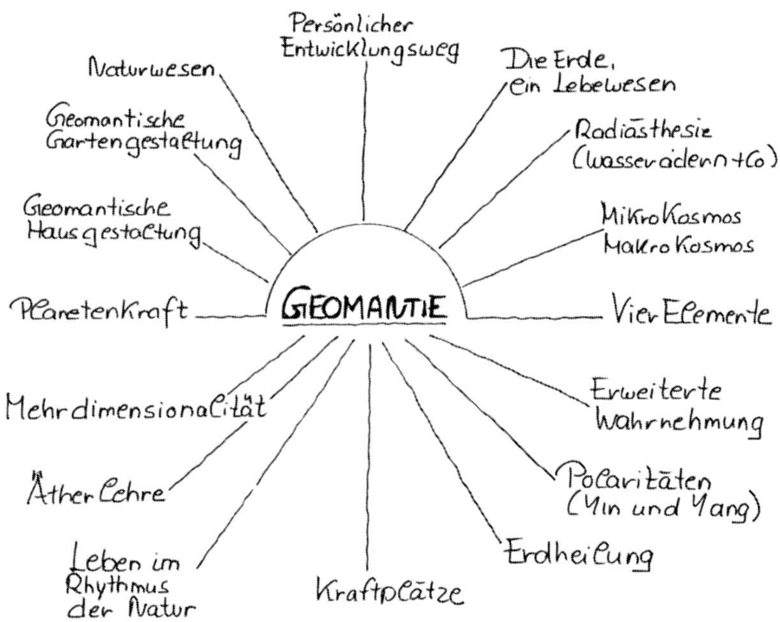

Eine einfache Strukturierung des außerordentlich weiten Feldes der Geomantie kann vorgenommen werden durch eine Unterteilung in die *intuitive* und die *analytische* Geomantie. Beide Aspekte gehören zusammen. Eine rein analytische Geomantie (also die hauptsächliche Zugrundelegung und Beachtung dessen, was wir mit unseren Sinnesorganen wahrnehmen können) ist genauso wenig vollkommen wie eine rein intuitive. Doch stützt sich der eine Geomant vielleicht mehr auf seine analytischen Untersuchungen und arbeitet nur sporadisch mit seiner Intuition, ein anderer vertraut mehr seinen intuitiven Empfindungen und „kontrolliert" vielleicht hier und da seine Ergebnisse mithilfe der analytischen Vorgehensweise.

Ein dritter wichtiger Bereich ist die Radiästhesie. Die Radiästhesie ist die Arbeit mit der Einhandrute, Wünschelrute, Lecher-Antenne oder dem Pendel im Hinblick auf die physikalischen Schwingungen aller Körper, wobei hier nicht nur die Körper von Tieren und Menschen gemeint sind sondern allen Seins, also auch Pflanzen, Mineralen, Metallen u. s. w..

Trotz aller Zusammengehörigkeit gehört der intuitiven Geomantie meiner Meinung nach eine gesonderte Stellung inne.

Diejenigen, die analytisch und physikalisch-radiästhetisch arbeiten tendieren zur Nutzung von Handwerkszeug, zu Messgeräten und hauptsächlich zu dem, was ihre körperlichen Sinnesorgane wahrnehmen. Die Geomanten jedoch, die hauptsächlich intuitiv arbeiten, lesen zwischen den Zeilen, nehmen Dinge wahr, die nicht ganz so offensichtlich sind und verlassen sich oft mehr auf ihre Intuition und ihre erweiterte Wahrnehmung als auf ihre körperlichen Sinne. So hat jeder geomantisch Arbeitende seine Schwerpunkte. Ich vergleiche dies gerne mit der Arbeit eines Architekten. Auch in diesem Berufszweig gibt es diejenigen, die emotional, fantasievoll und intuitiv sind, deren Kreativität keine Grenzen kennt und die anderen, die mehr praktisch orientiert sind, die eher zaghaft planen und diese Planungen dann „bodenständig" umsetzen, immer im Hinblick auf die Machbarkeit und die Kosten. Es gibt selten Architekten, die in beiden Bereichen gleich gut arbeiten, die Hingabe an das eine lässt unweigerlich das andere verkümmern, eine Balance ist schwer zu erreichen.

Die Geomantie kann also in drei Hauptbereiche eingeteilt werden:

Die analytische Betrachtungsweise
Die intuitive Betrachtungsweise
Die radiästhetische Betrachtungsweise

Im Hinblick auf unsere geplanten Wohnplatzuntersuchungen bedeutet dies:

Die analytische Geomantie beschäftigt sich mit der Art und Form der Landschaft und ihrer Bewohner, mit der Geschichte eines Ortes, mit Landkarten, Erzählungen u. s. w. – kurz gesagt mit der nachvollziehbaren Wirklichkeit, wahrgenommen mit den körperlichen Sinnen.

Hingegen basiert die *intuitive Geomantie* auf der erweiterten Wahrnehmung, der Intuition, dem feinstofflichen Gespür. In diesen Bereich fallen auch Erfahrungsgrundlagen, die Sie später noch kennenlernen werden, wie z. B. die symbolische Verbindung zwischen den Räumen unseres Hauses und den menschlichen Organen oder der Bezug der vier Elemente und der Himmelsrichtungen zu der individuellen menschlichen Persönlichkeit. Diesbezügliche Untersuchungen und Ergebnisse fallen bei jedem Geomanten etwas anders aus, da zu dem überlieferten Wissen auch immer die eigenen Erfahrungen und die der jeweiligen Lehrer hinzugefügt werden. Es gibt deshalb, basierend auf einem Grundwissen, keine prinzipiell richtigen oder falschen Bewertungen. Auch hier wird es so sein, dass Sie – sollten Sie eine geomantische Beratung durchführen lassen wollen, darauf vertrauen können, dass Sie auf genau den Geomanten treffen werden, der für Sie und Ihre Bedürfnisse passend ist.

Die Radiästhesie ist, wie bereits zuvor erwähnt, das Feld der Rutengänger, die ihre Umgebung über Messungen und Wahrnehmung von Strahlungen und Schwingungen analysieren. Die Radiästhesie wird in diesem Buch nur eine untergeordnete Stellung erhalten, da diese Art der Untersuchungen ohne weitere Vorkenntnisse nicht von Ihnen durchgeführt werden können. Jedoch sind die Instrumente der Radiästhesie im Endeffekt nur Mittel zum Zweck, um die vom Körper des Messenden aufgenommenen Schwingungen sichtbar zu machen. Die Messung von Schwingungen kann durchaus durch das Fühlen von Schwingungen ersetzt werden. Wie gesagt bedarf es hierzu aber einiger Erklärungen.

Die geomantischen Stadt- und Siedlungsplanung

Die heutige Art zu bauen und zu leben unterscheidet sich weitgehend von der in früheren Zeiten.

Strukturen und Formen, die frühere Orte und Städte geprägt haben, gibt es fast nicht mehr. Die Regeln, nach denen heutige Städte und Wohngebiete geplant und gebaut werden, berücksichtigen nicht mehr – oder zumindest kaum noch – das frühere Wissen um bauliche Anordnungen, Gesetzmäßigkeiten, Maße und Symbole.

Pflanzen dürfen nur dort wachsen, wo der Mensch es möchte und zwar geordnet und innerhalb von Begrenzungen. Lebendige, urwüchsige Natur findet, wenn überhaupt, meist nur ausserhalb der Städte einen Platz, und die Menschen, die diese Natur suchen, sind somit gezwungen, die Stadt zu verlassen.

Ist nicht allein das schon ein Spiegel unserer menschlichen Gesellschaft und der momentanen Entwicklung? Wie soll es dem Menschen leicht fallen, in Beziehung zu treten mit seiner Umgebung, wenn alle natürlichen Faktoren und die gewachsenen Strukturen entfernt werden? Der Mensch steht alleine und isoliert in seinem Umfeld, völlig abglöst, er hat die natürliche Anbindung verloren und kann somit auch nicht verstehen, was seine Umgebung ihm zu sagen hat.

In der Realität sieht es oft auch im privaten Bereich so aus. Um die Grundstücke werden dichte Zäune oder sogar Mauern gebaut, die freilebende Tiere aussperren. Folien werden verlegt und nur mit wenig Erde bedeckt, um die Ansiedelung und Verwurzelung unerwünschter Pflanzen zu verhindern, heimische Pflanzen werden gegen pflegeleichtere Kulturpflanzen ersetzt, die aber weder Vögeln noch Insekten Nahrung bieten. „Unkraut“ wird mit chemischen Mitteln vernichtet, die nicht nur den Pflanzen sondern auch den Tieren Schaden zufügen.

Wie soll ein Mensch, nachdem alle ursprünglichen, dem Ort zugehörigen, Lebewesen vertrieben wurden, eine positive Beziehung mit der Energie des Platzes aufbauen? Es ist nahezu unmöglich, zumal die Energie dieses Platzes nicht mehr heil, sondern stark belastet ist, geschwächt durch die Isolation und durch den Verlust der Lebensenergie seiner Wesenheiten.

Die Geomantie geht von einer universellen Lebensenergie aus, die die Natur genauso erfüllt wie den Menschen. Mensch und Lebensraum beeinflussen sich gegenseitig und sind unmittelbar miteinander verbunden. D. h. eine Verlust der Lebensenergie des Platzes hat unmittelbar einen Verlust der menschlichen Lebensenergie zur Folge. Dies ist aber nicht nur bei offensichtlichen Störungen der Fall, wie z. B. einer Autobahn direkt vor der Haustür, sondern zeigt sich auch in nicht sofort wahrnehmbaren Bereichen, wie durch die Vertreibung von ansässigen Tieren und Pflanzen.

Die resultierende Schwächung des menschlichen Organismus kommt langsam und schleichend und wird in vielen Fällen nicht direkt mit den wirklichen Ursachen in Verbindung gebracht. Die Ursachen werden – mal wieder, wie so oft – in weiter Ferne und ganz woanders vermutet und gesucht; sie befinden sich aber meist direkt in unserem Umfeld.
Hier gilt es achtsam und aufmerksam zu sein und genau das möchten wir im mithilfe dieses Buches werden.

Nach geomantischen Gesichtspunkten gibt es neben unserer objektiven Welt, die wir mit unseren körperlichen Sinnen erfassen können, noch andere Welten und Wirklichkeiten oder auch Ebenen.

Die Unterteilung unserer Welt erfolgt in drei Ebenen:

<u>Die physische Ebene</u>
Es ist unsere Realität, alles was wir sehen und anfassen, was wir mit unseren körperlichen Sinnen wahrnehmen können.

Die energetische Ebene
Es ist die Ebene der allumfassenden Lebensenergie (des Äthers), die alles Lebendige durchströmt.

Die geistige Ebene
Es ist die Ebene der Seelenenergie.

Gelungene geomantische Stadtplanung bedeutet, neben den äußerlichen Gegebenheiten eines Ortes, auch auf die energetischen und geistigen Strukturen eines Ortes zu achten und der Einbindung der Natur Raum zu geben. Diese Art der Stadtgestaltung bezieht den Menschen ein in die ursprüngliche ganzheitliche Bedeutung der Natur und hilft somit bei der Gestaltung von lebendigen und vitalen Orten zum Leben und Arbeiten. In einem solchen Umfeld wird das Bewusstsein gestärkt, und die Sinne werden senisbilisiert für die Umgebung und die Botschaften, die für uns bereitgehalten werden.

Grundsätzlich ist von großer Bedeutung und Wichtigkeit, dass alles um uns herum in Schwingung ist. Alles besteht aus einer sich ständig verändernden Energie und wir Menschen sind Bestandteil dieses Energiefeldes. Durch unser eigenes Energiefeld stehen wir stets in Verbindung mit dem, was uns umgibt. D. h. wir sind nicht von unserer Umgebung getrennt. Wir sind verbunden mit der pulsierenden Energie unseres Hauses, unseres Gartens und weit darüber hinaus, dies besonders auch durch die vier Elemente: Erde, Wasser, Feuer, Luft.

Die Geomantie geht nicht nur davon aus, dass alles uns umgebende lebendig ist, sondern auch davon, dass alles Lebendige über ein Bewusstsein verfügt, so auch unser Zuhause. Unser Haus verfügt also über Leben und Bewusstsein und somit nicht nur über eine materielle (physische) sondern auch über eine energetische und sogar eine geistige Ebene.

Fakt ist, dass der moderne Mensch nahezu ununterbrochen von Gebäuden und Architektur umgeben ist. Das ist zum einen das, was wir gestaltet und neu hinzugefügt haben, zum anderen aber auch das, was wir an einem Platz bereits vorgefunden haben. Hierdurch kann die Stimmung und die Psyche positiv – aber auch negativ beeinflusst werden, meist ohne dass wir es bemerken oder die genaue Ursache erkennen könnten. Auch die körperliche Gesundheit kann beeinflusst werden, in vielen Fällen leider eher negativ. Das alltägliche Leben wird von der uns umgebenden Architektur viel stärker bestimmt, als zum Beispiel von Musik, Literatur, Malerei. Meist ist uns dies jedoch gar nicht mehr bewusst und wenn, dann können wir uns dem in den seltensten Fällen entziehen. Was genau sehen Sie bei einem Blick aus Ihrem Bürofenster oder aus Ihrem Wohnhaus? Unser Lebensumfeld prägt unsere Lebensqualität und deshalb sollte diese Qualität uns allen und unserer Gesellschaft ein wichtiges Anliegen sein und vor allen Dingen, es sollte uns BEWUSST sein.

Soviel zur Wirkweise der Geomantie hinsichtlich unserer gebauten Umwelt.

Uns interessiert nun in diesem Buch nicht zuerst, wie wir unseren Wohnraum für uns persönlich individuell und optimal gestalten, nein, uns interessiert vor allem zuerst der Ist-Zustand.

<u>Wir stellen uns folgende Fragen:</u>

1. Wo lebe ich?
2. Was finde ich in meinem weiteren und näheren Umfeld vor und was nicht?

Dabei wird uns einiges auffallen und wir werden einen anderen Blickwinkel bekommen. Daraus werden schließlich andere Fraugen entstehen und zwar:

3. Wie lebe ich in diesem Umfeld?
4. Warum ist das so?
5. Was hat das alles mit mir zu tun?

Erst nach der Analyse und den damit verbundenen Erkenntnissen für uns, können wir uns damit beschäftigen, Ausgleiche zu schaffen, zu schwache Energien zu stärken oder zu starke zu mildern, um zu einer Balance zu kommen.
Genau hier zeigt sich die Parallele zur ganzheitlichen Heilung im Vergleich zur Schulmedizin, wie ich schon zu Beginn erwähnte. Wir wollen nicht die Symptome beseitigen, ohne die Ursachen dieser Symptome kennen zu lernen.
Wir möchten erfahren, was die äußeren Gegebenheiten, in denen wir leben, mit uns zu tun haben, warum wir unter Umständen immer wieder in gleiche Situationen geraten und was unsere Umgebung uns mitzuteilen hat.
Wenn wir das nicht tun, sondern die äußeren Umstände ändern, ohne ergründet zu haben, was das, was sich im Außen zeigt mit uns zu tun hat, hilft uns das höchstwahrscheinlich nicht wirklich weiter. Hier ein kleines Beispiel, das Ihnen verdeutlichen kann was ich meine:

Stellen Sie sich vor, Sie wohnen in einem Haus mit sehr versteckt liegendem, nahezu zugewachsenem Eingang.

Sie leben ziemlich isoliert und bekommen wenig Besuch. Sie sehnen sich jedoch eigentlich nach Besuch und fühlen sich oft alleine. Vielleicht betreiben Sie sogar ein Geschäft oder eine Praxis und wünschen sich Kunden.

Sie lesen in einem Feng Shui- oder Geomantiebuch, dass Eingänge freundlich und offen gestaltet sein sollten damit Energie fließen kann und Menschen davon angezogen werden. Sie lassen daraufhin den Eingang umgestalten.

Variante 1:

Vielleicht bekommen Sie nun mehr Besuch, mehr Kunden, der neu gestaltete Eingang zieht nun eventuell tatsächlich Menschen an. Sie müssen sich aber nach einer Weile eingestehen, dass Sie das überfordert, eigentlich möchten Sie tief in Ihrem

Inneren nur einfach ihre Ruhe. Sie fühlen sich nicht wohl mit der neuen Situation, verhalten sich abweisend, ablehnend zu den Menschen, die zu Ihnen kommen, auch wenn Ihnen das vielleicht gar nicht bewusst ist. Diese spüren das natürlich, empfangen Ihre Schwingungen, fühlen sich nicht willkommen, bleiben schließlich wieder fern und nach und nach wächst auch der Eingang wieder zu und wird wieder abweisend.

Variante 2:

Sie bekommen trotz des schönen, neu gestalteten Eingangs nun auch nicht mehr Besuch als vorher, nämlich weil Sie selbst es verhindern, weil Ihre Ausstrahlung über Ihre Grenzen nach außen wirkt und verhindert, dass Menschen angezogen werden. Ihre ablehnende innere Haltung ist so stark, dass sie sogar über die Energie des schönen Eingangs hinauswirkt und andere Menschen trotz der freundlichen Neugestaltung abstößt. Auch in diesem Fall wird der Eingang schließlich nach und nach wieder zuwachsen.

In beiden Fällen stimmt etwas nicht und zwar deshalb, weil Sie nur gestaltet aber nicht hingeschaut haben Das Thema, das dahinter steht, kann sein, dass Sie eigentlich gar keinen Besuch möchten, damit aber nicht glücklich sind. Vielleicht hat etwas in Ihrer Vergangenheit bewirkt, dass Sie sich verschlossen haben. Deshalb haben Sie auch intuitiv ein Haus mit einem abweisenden Eingang gewählt.

Das Beispiel ist natürlich sehr vereinfacht dargestellt, aber ich denke, es verdeutlicht, warum man genau hinschauen sollte.

Besonders wichtige Werkzeuge für die Wohnraumuntersuchung sind:

- das Wissen über die vier Elemente,
- die Polaritäten (weiblich und männlich/ Yin und Yang).

Die Vorstellung dieser „Werkzeuge" erfolgt in den folgenden Kapiteln. Ihnen werden damit die wichtigsten Informationen vermittelt, so dass Sie in der Lage sind, zu erkennen, was sich um sie herum abspielt.

Abhängig davon, ob es schließlich sinnvoll ist, gestaltend einzugreifen, Energien zu stärken oder zu stark wirkende Kräfte einzudämmen, erhalten Sie im Teil C in den Kapiteln „Die geomantische Hausgestaltung" und „Die geomantische Gartengestaltung" einige Tipps und Anregungen.

Möchten wir uns einem Ort nähern, um ihn ganzheitlich zu erfahren, dann bewegen wir uns bei der Untersuchung auf allen dreien der vor beschriebenen Ebenen, der physischen, der energetischen und auch der geistigen Ebene.

Teil A
Energie und Wahrnehmung

Die Energie eines Ortes

Beginnen möchte ich dieses Kapitel mit einem kurzen Ausschnitt aus meinem Buch „Zoe und das Meer“, das von der Reise einer ganz besonderen Hündin handelt. Der Text verdeutlicht sehr schön die Energien unterschiedlicher Orte und die Wechselwirkung zu den Menschen, die dort leben.

> *„Das Ferienhaus liegt in einem sehr schmalen, nur wenige Hundert Meter breiten Landstreifen zwischen dem offenen Meer und einem großen Fjord. Der Landstreifen grenzt somit sozusagen an zwei verschiedene Welten. Auf der einen Seite das tosende Meer mit seinen Gezeiten, kreischenden Möwen, Kraft und Bewegung pur, auf der anderen Seite der stille Fjord. Dieser Platz vermittelt Ruhe und Gelassenheit, ist Rastplatz für Tausende Zugvögel. Der Fjord und das Meer – Erde und Wasser, Ruhe und Bewegung, Yin und Yang in vollendeter Form.*
>
> *Die Fahrt führte vorbei an Häusern, Wiesen und Landstrichen und durch Orte, in denen die Zeit stehen geblieben zu sein schien. Um bestimmte Plätze schien sich ein Schutzmantel gelegt zu haben, der verhindert, dass die Zeit sie verändern kann.*
>
> *So manches Mal werden solche Plätze bewusst von Menschen geschaffen oder geschützt, um ein Stück Vergangenheit zu erhalten. Manchmal scheint aber auch ein „natürlicher“ Schutz da zu sein. Wie auch immer, die Menschen suchen diese Orte. Bei aller Zivilisation und Bequemlichkeit übt die Einfachheit, Schlichtheit, Klarheit dieser Orte eine starke Anziehung auf die Menschen aus.*

Da ist eine Sehnsucht nach einfachen Strukturen, der Wunsch nach Geborgenheit, die Besinnung auf das Wesentliche, das Wichtige im Leben. Die Landschaft hier in Jütland ist rau und karg und besonders in den langen Herbst- und Wintermonaten oft unwirtlich.

Welche Menschen leben hier? Warum leben sie hier? Wer lebt warum wo? Fährt man nicht so manches Mal durch Gebiete und fragt sich, wie man hier leben kann? Warum ziehen die Menschen, die hier wohnen nicht irgendwohin, wo es offensichtlich „schöner" ist, wo das Leben einfacher ist? Sicher hätten viele die Möglichkeit, woanders zu leben, aber entweder wollen sie es bewusst nicht oder sie kommen gar nicht auf die Idee, woanders hinzugehen, obwohl sie vielleicht an dem Ort, an dem sie leben, gar nicht glücklich sind. Im ersten Fall kann ein Grund dafür sein, dass ihnen die Landschaft das gibt, was sie benötigen, im zweiten Fall ist es vielleicht umgekehrt, die Menschen sind hierhergekommen, um Dienste an dem Platz zu leisten. Nicht selten harmonieren die Menschen mit der Landschaft, in der sie leben, die Charaktere von Bewohner und Lebensplatz ähneln sich. Sind nicht Menschen in rauer, karger Umgebung oft auch etwas ruppig, wortkarg und in sich gekehrt und so genügsam wie das Land, auf dem sie leben? Und sind nicht die Menschen in Gebieten mit üppig wuchernder Vegetation und mildem Klima meist temperamentvoll und extrovertiert? Prägt nun die Landschaft die Menschen oder kommen Menschen, die diese Eigenschaften bereits in sich tragen, aus genau diesem Grund in diese Landschaften? Und wenn ja, warum?
So wie unterschiedliche Wesen im Laufe eines Lebens aufeinander treffen, Tiere nicht zufällig zu ihren Menschen kommen, Menschen untereinander sich nicht zufällig begegnen, so kommt kein Mensch zufällig an den Ort, an dem er lebt.

Vielleicht kann es auch sein, dass die Aufgaben mancher Wesen sehr viel mit dem Ort zu tun haben, an dem sie geboren werden oder zu dem es sie zieht, andere vielleicht werden in Familien geboren oder kommen als Tier zu Menschen, weil sie dort bezüglich der Menschen große Aufgaben zu bewältigen haben ..."

(aus „Zoe und das Meer")

Um Sie mit diesen verschiedenen Energien eines Ortes vertraut zu machen und Sie für die Energie Ihres eigenen Wohnortes zu sensibilisieren folgen an dieser Stelle nun einige Ausführungen zu den bereits bekannten drei Ebenen.

Die drei Ebenen eines Ortes

Die physische Ebene

ist die Welt der Gefühle und Emotionen. Sie ist allen Menschen vertraut. Es ist der Lebensraum, der uns umgibt, den wir sehen, hören, riechen, anfassen können.
Bewegen wir uns auf dieser Ebene, dann erfahren wir den Ort, den wir betrachten, durch seine äußeren Merkmale, z. B. durch seine Landschaftsform, die Bedeutung seines Namens, seine Darstellung auf Landkarten, aber auch durch den Bewuchs, der sich zeigt oder die Tiere, die hier leben. Wir erfahren ihn also mit unseren körperlichen Sinnen.

Auf dieser Ebene bewegen wir uns in den ersten Schritten unserer Wohnraumuntersuchung.

Die energetische Ebene

ist die Ebene der Lebensenergie, des Lebensgeistes. Sie wird durch den Begriff „Äther" definiert. Der Äther ist der Träger der allumfassenden Lebenskraft, die universelle Lebensenergie, die alles Lebendige durchströmt und gleichermaßen erfüllt. Er ist überall in der Landschaft vorhanden, an manchen Stellen

sammelt und konzentriert er sich, an anderen ist er schwächer vorhanden. Er kann durch bewusste Gestaltung gelenkt und gestärkt werden, dadurch werden unsere Empfindungen und Gefühle beeinflusst.
Der Äther ist es auch, der uns einen Ort auf der energetischen Ebene näher bringt. Der Äther ist das Bindeglied und der Vermittler zwischen Materie und Geist, zwischen der physischen Ebene und der geistigen Ebene. Er wird auch als Weltenseele bezeichnet oder als Aura der Erde.

Wenn wir in Moorlandschaften melancholisch und schwermütig werden und im Gegensatz dazu euphorisch, beschwingt, kraftvoll und gestärkt hoch auf einer Düne auf das Meer blicken, dann wirken in uns die Kräfte des Äthers, der Lebensenergie, die durch diese unterschiedlichen Landschaften strömt und eine bestimmte Atmosphäre erzeugt. Diese Energien hat nahezu jeder schon empfunden und sie sind auch in weniger ausdrucksstarken Landschaften zu empfangen, wenn man sich darauf einläßt.
Auf dieser Ebene bewegen wir uns beim späteren Erspüren unseres persönlichen Lebensraumes.

Die geistige Ebene

ist die Ebene der Seelenenergie. Wir können uns auf dieser Ebene der geistigen Kraft eines Ortes nähern und mit ihm in Kontakt treten. Es bedarf aber hierzu einer intensiven Beschäftigung mit dem Ort, allein durch Beobachtung, wenn auch intensiver Beobachtung, kann auf dieser Ebene nicht gearbeitet werden.
Auf dieser Ebene erfahren wir den Ort mit unserer erweiterten (außersinnlichen) Wahrnehmung.
Es ist außerdem die Ebene der Sagen, Mythen und Symbole und dem Ort verbundenen Götter und Heiligen und anderen bedeutsamen Gestalten, wie Riesen, Zauberer u. s. w..
Wie tief Sie in diese Materie einsteigen möchten und wohin Sie Ihre Schwerpunkte legen ist abhängig von Ihrer Mentalität. Die-

jenigen unter Ihnen, die sehr intuitiv veranlagt sind, finden meist keinen Zugang zur Recherche in Stadtarchiven, diejenigen, die gerne analytisch vorgehen und nichts übersehen wollen, finden unter Umständen Gefallen daran, Stadtwappen zu ergründen oder nach den Mythen und Legenden zu forschen, die sich um einen Ort ranken.
Das ist vollkommen in Ordnung so. Wenn Sie sich mit dem beschäftigen, was Sie am meisten anspricht, werden Sie die besten Ergebnisse erlangen, nämlich genau die Ergebnisse, die Sie für sich selbst und die Beantwortung Ihrer Fragen benötigen.

Noch ein Wort zum Äther, der universellen Lebensenergie. Er wird uns immer wieder begegnen und Ihnen später auch über Ihren eigenen Lebensraum viele Aussagen liefern.
Wie bereits erwähnt ist der Äther das Bindeglied zwischen Geist und Materie, das sogenannte fünfte Element. Bereits der griechische Philosoph Aristoteles (384 v. Ch. bis 322 v. Chr.) ging davon aus, dass eine Energie vorhanden ist, die alles Lebendige am Leben erhält (Quinta Essentia – im übertragenen Sinn: Das Wesentliche, das Wichtigste).

Entsprechend der vier Elemente Erde, Wasser, Feuer und Luft können wir folgende Landschaftsäther (Landschaftsenergien) wahrnehmen:

- □ Den Erdäther (z. B. in Höhlen oder Senken),
- □ den Wasseräther (z. B. in Seen- und Moorlandschaften),
- □ den Feueräther (z. B. im Bereich gerader, stark befahrener Straßen und Häuserschluchten)
- □ den Luftäther (z. B. im Gebirge, in hügeliger Landschaft).

Auch über die Art des Bewuchses lassen sich Aussagen machen über den vorherschenden Äther in einer Landschaft und damit über die Qualität der Landschaft – Qualität nicht im Sinn von gut oder schlecht sondern im Sinn von Charakter und Eigenschaft.

Wichtig und zu beachten ist jedoch stets, dass nie nur eine der vier ätherischen Qualitäten alleine anzutreffen ist. Erst die Wechselwirkung mit anderen Qualitäten ergibt den Gesamteindruck. Jedoch ist es immer so, dass eine Grundenergie vorherrscht, durch die der Raum, die Landschaft geprägt wird.
Auch innerhalb von Räumen sind diese unterschiedlichen Ätherformen vertreten. Nicht nur äußere Formen, sondern auch Gefühle und Emotionen beeinflussen den Äther. So herrscht in einem Haus, in dem viel Unruhe, viel Streit und Hektik ist, der Feueräther vor. Ein Ort, an dem der Erdäther wirkt, an dem wir eine getragene, gedämpfte Stimmung empfinden und unweigerlich selbst still werden, kann zum Beipiel eine alte, kleine Kapelle sein.

Wir werden sowohl auf den Äther als auch auf die Elemente noch intensiver eingehen. Damit Sie einen Überblick behalten und gegebenenfalls auch Querverbindungen überprüfen können befindet sich am Ende von Teil B des Buches das Kapitel: „Übersicht über die vier Elemente“. Es ist eine Zusammenstellung der Bezüge von Ätherformen, Himmelsrichtungen, Elementen u. s. w., die sowohl bei der Analyse des Ist-Zustandes Ihrer Lebensräume, als auch bei der Gesaltung und beim Ausgleich von Defiziten hilfreich sein kann.

Die unterschiedlichen Energien der vier (Landschafts-) Äther prägen einen Ort sehr stark, deshalb ist es auch relativ leicht, sich dem Ort darüber zu nähern. Aufgrund der Energiedichte ist es deshalb auch verständlich, dass eine große Intensität einer bestimmten Energieform den Menschen, der sich ständig an einem Ort aufhält und sich diesen Kräften aussetzt, stark beeinflusst.

Ein Ort kann lebendig und beweglich, ja sogar dynamisch sein, ein anderer ist beschaulich, ruhig, vielleicht sogar verschlafen. Nur selten können Menschen an einem Ort, der so gar nicht ihrer Mentalität entspricht, lange glücklich sein. Ein wortkarger „Alm-Öhi“ wird in einer umtriebigen Metropole in den seltensten

Fällen aufblühen, genauso wenig wie ein heißblütiger Sizilianer aus „Palermo City“ in einer Kate hinter einem Deich ausgelastet sein wird.

Ich denke hier auch an die Geschichte der kleinen Heidi, die mit Sicherheit jeder Leser kennt. Heidi, das Kind aus dem Hochgebirge, drohte in der Großstadt zu verkümmern, in unendlicher Sehnsucht nach den Bergen, in die sie gehörte.

Dies sind natürlich Extrembeispiele, aber sie sind hilfreich, zu verdeutlichen, wie sehr ein Ort Menschen prägen kann und wie schwer es sein kann, an einem Ort zu bestehen, mit dem man nicht in Resonanz geht, dessen Schwingungen sich vielleicht sogar gegen die des Bewohners richten.

Eine gute Freundin und begeisterte Italienurlauberin berichtete einst, dass sie stets die Schwere spürt, je näher sie, nach dem Urlaub im sonnigen, „leichten“ Italien, ihrem deutschen Wohnplatz kommt. Es scheint also sogar so zu sein, dass eine kollektive Energie über einem ganzen Land liegt: Hier das schwermütige Deutschland, dort die leichte Energie Italiens. Wenn man sich an einem Ort befindet und ihn nicht verlässt, wird einem dies oft gar nicht bewusst. Erst wenn man zurück kehrt, kann man diese Gefühle wahrnehmen.

Zoe hat das in dem Buch „ Zoe und das Meer“ so beschrieben:

> *„Es war schön, nach Hause zu kommen, die anderen Tiere freuten sich über unsere Rückkehr und auch wir waren nicht unglücklich über die vertrauten Räume und unseren großen Garten.*
>
> *Trotzdem spürten wir in dem Zustand des noch nicht wieder richtig angekommen Seins auch Dinge, die wir vor der Abreise so intensiv nicht wahrgenommen hatten. Nach der befreienden Weite des Meeres und dem endlosen Himmel wirkte unser Haus im Wald – ich will*

nicht sagen bedrückend, wohl aber eingeschränkt in seiner Kraft und Energie. Etwas schien hier zu lasten, zu belasten, eine gewisse Schwere war spürbar. Prinzipiell ist uns klar, dass wir an einem besonderen Ort leben, der eine Geschichte birgt, und auch, dass der Platz dadurch viel Energiearbeit benötigt. Allerdings ist uns – da wir eine lange Zeit keine Distanz mehr zu dem Platz gehabt hatten – nicht bewusst gewesen, dass hier offensichtlich noch sehr viel zu tun ist. In der vergangenen Woche hatten wir den Ort erlebt, an dem Thrane Bo zu Hause war, und wir hatten die dort verhafteten Problematiken gespürt. Nun mussten wir erkennen, dass auch unser Platz nicht wirklich lichtvoll ist, obwohl unsere Menschin geglaubt hatte, schon ausreichend viel für ihn getan zu haben, bereits so viel Lichtarbeit geleistet zu haben.

Meist hält dieses sensibilisierte Gefühl nach der Rückkehr an einen Ort nur kurz an. Sind einige Tage vergangen, gewöhnt man sich wieder an die Energie des Ortes und lebt weiter wie zuvor. Beschwerden wie Depressionen, Antriebsschwäche, Müdigkeit, Erstarrung werden auf den Alltagstrott und auf die Belastungen des Alltags geschoben, ohne zu ahnen, dass unter Umständen Energie entzogen, ja sozusagen geraubt wird.

Doch der Platz, an dem man lebt, ist so wichtig, dass keine Mühen gescheut werden sollten, ihm Gutes zu tun und zu ergründen, was er benötigt. Jeder einzelne Mensch ist in der Lage, hilfreiche Energiearbeit zu leisten, das ist nicht schwer.

Zu prüfen ist immer, wann es an der Zeit ist, einen Platz zu verlassen, nämlich dann, wenn man das Gefühl hat, man kann nichts mehr für ihn tun, ihn nicht weiter stärken, und auch dann, wenn man sich selbst dabei dauerhaft schlecht fühlt. Vielleicht benötigt der Ort in diesem Fall andere Energien, neue Impulse von anderen Menschen und Tieren.

Vielleicht ist auch ein Entwicklungsprozess abgeschlossen und eine andere Umgebung wird benötigt, um die Möglichkeit neuer Schritte zuzulassen. Es zieht uns immer dorthin, wo wir gebraucht werden oder wo wir selbst das empfangen können, was wir benötigen. Manchmal mag das der Schutz des Waldes sein – der Wald bestärkt uns darin, in uns zu gehen, uns zurückzuziehen – manchmal eine weite, offene Landschaft. Die Weite öffnet uns und lässt uns stark werden gegen die Einflüsse von außen. So hat jede Landschaft zu einem bestimmten Zeitpunkt für einen bestimmten Menschen ihre ganz eigene wichtige Bedeutung.

Die Kraft des Ortes stärken, an dem wir leben, die Gemeinschaft der Wesen erkennen, die sich an einem Platz versammelt haben, das sind wichtige Aufgaben.

Nicht jedes Wesen passt an jeden Ort, nicht jeder Ort zu jedem Wesen. Aus diesem Grund kann es unter Umständen auch sehr wichtig sein, zu ergründen, ob zum Beispiel Tiere, die in anderen Ländern aus Notsituationen gerettet wurden, ihr Land verlassen möchten, auch wenn die Umstände, unter denen sie leben, mehr als erbärmlich erscheinen. Nicht wenige dieser Tiere wissen genau, wo der Platz ist, an dem es für sie gilt, zu wirken. Und nicht selten geschieht es, dass Tiere, aus schlimmsten Verhältnissen stammend, kaum gerettet und ins Ausland gebracht, dort weglaufen, verunglücken oder gar plötzlich sterben. Natürlich gibt es im Gegensatz dazu viele, die nur darauf warten, ihre wirkliche Bestimmung zu finden, so wie das bei Zoe und Indio der Fall war.

Wenn der Ort und die dort lebenden Wesen zusammenpassen, dann kann viel gute Energie entstehen.

Wo auch immer wir sind, sollten wir versuchen, die Kraft und die Weisheit der Erde zu achten und die Erde als lebendiges Wesen anzuerkennen."

(aus „Zoe und das Meer")

So kann die Energie eines Ortes uns sehr gut tun, sie kann uns aber auch krank machen. Oft bemerken wir es gar nicht gleich. Und wenn wir es bemerken? Warum bleiben wird dann an diesem Ort? Und wenn wir wissen, dass er uns schadet, warum gehen wir dann dorthin? Eine mögliche Antwort ist: Um genau das zu erkennen. Wir bekommen dadurch die Chance, Dinge zu durchschauen und uns selbst etwas besser kennenzulernen, etwas über uns zu erfahren.

Ich möchte nochmals auf das kollektive Gefühl der Energie an einem Ort zurück kommen, das kann z. B. das erwähnte Gefühl der Schwere sein. Wir Deutschen werden in anderen Ländern ja häufig als schwermütig und sauertöpfisch bezeichnet. Man sagt uns nach, wir können das Leben nicht feiern, nicht ausgelassen sein. Oft werden wir als akribisch, pedantisch und penibel bezeichnet aber auch als pünktlich und zuverlässig. Diese Energie „lastet" unter Umständen über einem ganzen Land, und kaum hat man eine Ländergrenze überfahren, ändern sich Stimmung, Energie und Mentalität und es kann sich zeigen, dass die Menschen jenseits dieser Grenze mit ganz anderen Lebensthemen beschäftigt sind.

Kommen wir in eine hektische, laute Stadt, dann neigen wir dazu, mit der Zeit – manch einer vielleicht sehr schnell – selbst unruhig und fahrig zu werden, während eine geruhsame Umgebung uns nach und nach zur Ruhe kommen lässt.

In besagter hektischer Stadt leben zumeist auch viele bewegliche, aktive Menschen oder zumindest solche, denen Hektik nichts ausmacht, die sie vielleicht suchen, selbst wenn sie nicht oder noch nicht so sind.

Eine besondere, zu diesen Aussagen konträre, Beobachtung machte ich in Cluj (Klausenburg), Rumänien.

Die Innenstadt von Cluj wird geprägt von dem lauten, lärmenden und hektischen Autoverkehr, den wir auch aus südeuropäischen Ländern kennen. Auch das Klima im Sommer ist mediterran und erinnert an Südeuropa. Die Menschen, die hier leben, scheinen aber im Gegensatz zu den hitzigen, temperamentvollen Südeuropäern eher friedlich und ruhig zu sein, fast duldsam.

Die Atmosphäre in der Stadt vermittelt keine „Gefahr", keine Hektik, keine Bedrohung. Die Passanten (viele junge Leute) bewegen sich eher langsam als zu schnell, sie scheinen ihre Umgebung (auch bedingt durch die permanente Konzentration auf das Handy am Ohr) gar nicht wirklich wahrzunehmen. So zeigte sich mir persönlich die Lage. Auf mich hingegen hatte der lärmende Verkehr eine ganz andere Wirkung, ich wurde unruhig und fahrig und besonders dadurch wurde mir der Gegensatz zwischen der Umgebung und dem Verhalten der Menschen sehr wohl bewusst.

Warum nun ist das so? Warum scheinen diese Menschen nicht auf die (selbst produzierte) Hektik ihrer Umgebung zu reagieren? Warum gehen sie nicht in Wechselwirkung damit? Oder anders herum: Warum produzieren sie diese Hektik, wenn sie selbst eigentlich ruhig und gelassen sind?

Antworten auf diese Fragen sind nicht leicht zu erstellen, man schüttelt sie nicht so einfach aus dem Ärmel. Hierzu ist es nötig, einzutauchen in das Thema, sich auf einen Ort einzulassen und ihn auf der energetischen (und eventuell geistigen) Ebene zu untersuchen.

Auf diese Weise kann man unter Umständen ergründen welche Energien hier im Verborgenen schwingen und welche Grundqualität hier vorherrscht.

Doch obwohl man einem Ort seinen eigenen Charakter, seine Qualität und Stimmung zuordnen kann, heißt das nicht, dass jeder Flecken an diesem Ort eine identische Energie aufweist.

Die Energie eines bestimmten Platzes innerhalb eines Ortes weicht sogar mitunter stark von der Umgebung ab und damit von der Grundqualität. Das kann bedeuten, genau der Platz an dem Sie wohnen könnte unter Umständen etwas ganz Besonderes und anders als die Umgebung sein. Deshalb ist es so wichtig, ihm besondere Aufmerksamkeit zu schenken und genau hinzuschauen.

Die energetische Kraft einer bestimmten Stelle wird durch die folgende kleine Geschichte verdeutlicht:

Im Rahmen einer geomantischen Hausuntersuchung besuchte ich vor einigen Jahren einen kleinen Ort in Bayern. Es war einer dieser Orte, die keinen Kern, keine Mitte haben, die nur aus einer langen Hauptstraße bestehen, an der die Häuser beidseitig aufgereiht nebeneinander stehen. Die Lage war idyllisch, der Ort lag umgeben von Wiesen und Wäldern, doch leider bildete die Durchgangstraße den Verbindungsweg zwischen anderen Orten und der Verkehr war deshalb nicht unerheblich.

Im Gespräch mit der Dame des Hauses (einer großen Katzenfreundin) erfuhr ich, dass an dieser Straße leider immer und immer wieder Katzen überfahren wurden und zwar hauptsächlich ihre eigenen Katzen, die der Nachbarn seltener. Die Nachbarskatzen schienen für ihre Kontrollgänge die Wälder und Wiesen hinter den Gärten der Wohnhäuser zu bevorzugen und mieden die Straße. Ihre Katzen dagegen hielten sich oft an der Straße auf und überquerten sie häufig.

Bei meinen Untersuchungen vor Ort beschränkte ich mich natürlich nicht nur auf das Wohnhaus, sondern schaute mir auch die nähere Umgebung an und zwar zuerst analytisch, d. h. auf der physischen/analytischen Ebene. Meist wechsele ich aber sehr schnell auf die energetische/intuitive Ebene, so war es auch hier. Der energetische Sog dieser Straße war sehr stark und ich empfand sehr deutlich, dass auf der Straße ein Energiestrom floss, der auch den Gebäuden und Vorgartenbereichen, sofern vorhanden, Energie entriss und diese mitnahm.

Zwar floss von diesem Energiestrom auch wiederum Energie in die Vorgärten hinein, jedoch eine Art von Energie, die man nicht unbedingt haben möchte, sie brachte Unruhe und Zerrissenheit. Eine Abschottung in Form einer Mauer oder Bepflanzung sollte also in einer solchen Situation auf jeden Fall erfolgen, erstens um zu verhindern, dass zu viel Energie abgezogen wird, zweitens um zu vermeiden, dass die hektische Energie der schnell fahrenden Autos auf der Durchreise in den Garten und das Haus strömt. Dies aber nur am Rande. Die Katzen des Ortes schienen diesen starken Energiefluss normalerweise zu meiden und gingen nach hinten in die Wiesen, doch warum nicht die Katzen meiner Auftraggeberin?

Eine mögliche Antwort auf diese Frage war schnell gefunden. Schräg gegenüber dem untersuchten Wohnhaus befand sich ein unbebautes Grundstück, dessen hintere Grenze direkt in die Wiesen und Wälder der anderen Ortsseite überging. Auf diesem Grundstück spürte ich eine extrem hohe Energieansammlung.

Gemäß dem Gesetz, wo schon viel Energie (Äther) ist, wird noch mehr Energie (Äther) angezogen, strömte Energie von der Straße auf dieses Grundstück, aber auch über die offene Grenze zu Wald und Wiesen. Diese extreme Energieballung zog die Katzen aus der direkten Nähe, nämlich die meiner Auftraggeberin, offensichtlich stark an. Je weiter entfernt die Katzen wohnten, desto schwächer wirkte der Energiesog.

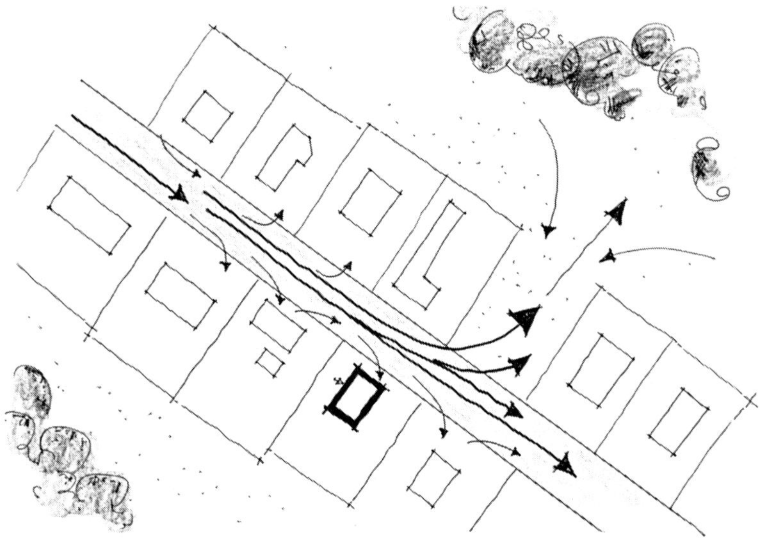

Die Lageplanskizze zeigt den starken Energiefluss entlang der Straße sowie die Ballung der Energie auf dem unbebauten Grundstück, schräg gegenüber des Wohnhauses meiner Auftraggeberin.

Energie zieht Energie an – im positiven wie auch im negativen Sinn.

Andersartigkeiten (Erhöhungen, Freiflächen, Schwachpunkte in einem intakten System u. s. w.) ziehen Energie auf sich – und: Räume und Grundstücke können Energie speichern.
Räume, Häuser, Grundstücke können Energie speichern? Das glauben Sie nicht? Sie fragen sich, wie soll das gehen?
Nicht selten übersteigt der Glaube daran, dass „Dinge", die nicht lebendig sind, ein Bewusstsein haben sollen, die Vorstellungskraft der Menschen. Das Resultat ist oft Misstrauen gegen Menschen, die „solche Sachen" erzählen und eine Ablehnung dieser Menschen sowie auch der angeblichen Tatsache. Dabei haben die meisten Menschen solche angeblich „übernatürlichen" Dinge nicht selten bereits selbst erlebt.

Sicher kennen Sie zumindest eines, der im Folgenden beschriebenen Gefühle:
Sie kommen in einen Raum, in dem noch kurz zuvor heftig gestritten wurde. Schon bevor sie mit den dort anwesenden Menschen sprechen oder auch nur in ihre Gesichter schauen, spüren sie die „dicke Luft" im Raum.
Sie kommen in ein Gebäude, das seit vielen Jahren leer steht oder auf einen Dachboden, auf dem schon seit langer Zeit niemand mehr war. Schmutz und Staub haben sich angesammelt, die Räume scheinen alles Leben, alle Energie verloren zu haben, es herrscht eine gewisse Erstarrung. Sie haben das Bedürfnis, die Fenster zu öffnen, um Luft, Licht und Bewegung hineinzulassen, um damit die Räume neu zu beleben.
Sie machen eine Wohnungsbesichtigung und obwohl die Wohnung gut geschnitten ist und in Ihrer Wunschgegend liegt, fühlen Sie sich darin nicht wohl und beschließen, sich nicht als Mieter zu bewerben, denn sie haben ein „komisches Gefühl".

Streit, Zank, Gewalt, alles ist Energie und kann sich in Räumen festsetzen. Aber auch die persönliche Energie eines Bewohners, der vielleicht jahrzehntelang in einer Wohnung gelebt hat, verschwindet nicht mit dem Auszug dieses Menschen. Die gelebte Energie verbleibt in den Räumen. Diese Energie muss nicht unbedingt negativ sein, aber es ist nicht Ihre, nicht die desjenigen, der nun in diesen Räumen leben möchte.

Die meisten Menschen haben das Bedürfnis, in einer neuen Wohnung gründlich sauber zu machen, bevor sie einziehen. Sie möchten auf der materiellen Ebene die Rückstände der Vorbewohner beseitigen, auch wenn offensichtlich bereits eine intensive Reinigung durchgeführt worden ist.

Aber auch die feinstoffliche Ebene bedarf einer Reinigung, denn die hier verbliebene Energie haftet in den Räumen. Das Ergebnis dieser Art der Reinigung (Räucherung, Lichtenergie u. s. w.) ist durchaus konkret wahrzunehmen, obwohl sie auf einer nicht sichtbaren Ebene erfolgt. Der Raum erscheint danach klarer, durchsichtiger, reiner und offen für neue Bereicherungen durch den Bewohner.

Eine besonders intensive Geschichte, die einiges Kopfzerbrechen bereitete, erlebte ein Bekannter, der damals – beruflich noch recht unerfahren – darum gebeten wurde, ein Wohnhaus nach geomantischen Richtlinien zu untersuchen und zu optimieren.
Es handelte sich um ein Gebäude aus den 50er Jahren, ein großzügig gebautes Wohnhaus auf einem riesigen Grundstück. Die Familie, die das Gebäude erst vor kurzem erstanden hatte, fühlte sich jedoch nicht wirklich wohl dort. Eigentlich gab es dazu keine Veranlassung, das Gebäude war gepflegt, frisch renoviert und repräsentativ. Es thronte auf einer kleinen Anhöhe und war zu erreichen über eine herrschaftliche Zufahrt, die über das mit altem Baumbestand bewachsene, parkähnliche Grundstück verlief.

Der Bekannte untersuchte das Grundstück, machte Veränderungs- und Verbesserungsvorschläge, fand Bauteile und bautechnische Gegebenheiten, die es zu optimieren galt und kreierte ein Farbkonzept, fein abgestimmt auf die Bewohner. Die Auftraggeber setzten alle Vorschläge um und gaben nach kurzer Zeit auch eine positive Rückmeldung.

Ungefähr zwei Jahre später wurde er jedoch ein zweites Mal mit diesem Anwesen konfrontiert. Allerdings hatten die Besitzer mittlerweile gewechselt. Die ursprünglichen Auftraggeber waren ausgezogen, eine Trennung war vorausgegangen und da keiner das Haus behalten konnte oder wollte, war es verkauft worden. Auch die neuen Besitzer bemerkten bereits nach kurzer Zeit, dass etwas mit dem Haus „nicht stimmte“.

Obwohl keinerlei Verbindung bestand zwischen ihnen, den vorherigen Besitzern und meinem Bekannten und er auch nicht unbedingt in der Nähe lebte, beauftragten auch sie ausgerechnet ihn mit der Untersuchung des Hauses.

Diesmal ging er anders vor als beim ersten Mal, da er vermutete, bzw. eigentlich wusste, dass etwas im Verborgenen zu liegen schien, etwas, das er bei der ersten Untersuchung „übersehen“ hatte. Er ließ sich Zeit mit der Untersuchung, obwohl die neuen Besitzer mehr und mehr Probleme bekamen, je länger sie das Haus bewohnten. Eines der Kinder verletzte sich beim Spielen auf dem Grundstück schwer, zwischen den Eheleuten mehrten sich Konflikte.

In der Zeit während seiner Bemühungen um das Haus traf er unverhofft die frühere Besitzerin und ehemalige Auftraggeberin wieder. Diese teilte ihm mit, dass nach seiner Umgestaltung des Hauses zwar zuerst eine Verbesserung der Situation eingetreten war, dann aber nach und nach wieder Unstimmigkeiten auftauchten. Die Frau beschrieb, dass sie damals das Gefühl hatte, über dem gesamten Anwesen läge eine zwar unsichtbare, aber deutlich spürbare Bedrohung. Besonders sei ihr aufgefallen, dass das Gefühl schon beim betreten des Grundstückes über sie kam und sich verstärkte, je mehr sie sich dem Gebäude näherte. Ganz schlimm sei es in der Mitte des Gebäudes gewesen und das, obwohl sie sich nicht als besonders feinfühlig beschrieb ...

Mein Bekannter hatte schon bei der ersten Beratung Lagepläne zur Hand genommen und es war ihm bereits aufgefallen, dass das Wohnhaus auf der kleinen Anhöhe, genau in der Mitte des Grundstücks stand und dass die Mitte des großen Gebäudes gleichzeitig identisch war mit der Mitte des Grundstücks. Im Gebäude befand sich an dieser Stelle ein Feuerplatz, ein sehr großer, offener Kamin.

Während eines Begehungstermins mit den neuen Bewohnern konzentrierte er sich nun hauptsächlich auch auf diesen Bereich des Gebäudes und er bemerkte, wie schlecht es ihm dort ging. Gefühle tauchten in ihm auf, die er ungefiltert den Bewohnern nicht mitteilen wollte, sie veranlassten ihn aber dazu, bezüglich des Grundstückes intensiver zu recherchieren.

Es gelang ihm, sehr alte Pläne einsehen zu dürfen und dort entdeckte er, dass die Straße, die als Sackgasse zu diesem Anwesen führte und die nun „Am Eichenwald" hieß, vor langer Zeit einen anderen Namen hatte. Sie hieß „Zum alten Gericht" ...

Das Grundstück selbst war offensichtlich vor langer, langer Zeit der Richtplatz des Ortes und der Gegend gewesen und auf der kleinen Anhöhe, auf der das Haus gebaut worden war, hatte früher der Galgenbaum gestanden.
Noch eine Besonderheit erschloss sich ihm mit diesem Wissen. Eine Drehung des Grundriss-Planes ließ auch die Form des Hauses in einem anderen Licht erscheinen – es ähnelte stark einem Galgen.
Der Architekt des Gebäudes hatte mit Sicherheit nichts von der früheren Nutzung dieses Areals gewusst – und selbst wenn, hätte er sicherlich nicht absichtlich die Form eines Galgens in seine Entwürfe einfließen lassen. Viel wahrscheinlicher ist, dass der Planer durch die verhaftete Energie dieses Ortes in seinem Ausdruck, seiner Ausführung beeinflusst wurde.

Da über viele Jahrtausende immer wieder Kult- und Kraftplätze an Orten entstanden und entstehen, an denen auch zuvor besondere Gebäude und Energien vorhanden waren, liegt nahe, dass dieser Platz auch für Verbrennungen von „Hexen" genutzt worden war, denn dieses Gefühl hatte sich meinem Bekannten während der intuitiven Begegnung mit der Mitte des Hauses – des jetzigen Feuerplatzes – gezeigt.
Mit diesem Wissen folgten daraufhin viele Zeremonien und viel Heilarbeit für das Grundstück und die dort verhafteten Seelen. Der Feuerplatz in der Mitte des Hauses wurde entfernt und es erfolgte in diesem Bereich eine besonders lichtvolle Gestaltung.

Die Bewohner sind, wie ich hörte, an dieser Geschichte sehr gewachsen und sehen nun ihr Leben mit komplett anderen Augen.

Mir ist das Thema nicht unbekannt, ich wohne selbst in einem Gebiet mit Namen „Galgenfeld" und hatte bereits kurz nachdem ich hierhergezogen war die ersten, meist nächtlichen „Besucher“, in Form von eher dunklen Energien, die mich zu Beginn sehr erschreckten.

Spannend ist diese geschilderte Geschichte jedoch noch in anderer Hinsicht. Besonders faszinierend finde ich die Anhäufung der „Zufälle“:

1. Der Bekannte wurde zum zweiten Mal beauftragt. Das war offensichtlich nötig, denn ein anderer Geomantie-Berater hätte vielleicht nicht so intensiv hingeschaut, sondern unter Umständen nur die Arbeit des Vorgängers bemängelt oder einige andere Schwerpunkte gelegt.
2. Mein Bekannter traf nach der zweiten Beauftragung den ersten Auftraggeber wieder und konnte durch das Gespräch neue Erkenntnisse gewinnen.
3. Auch die neuen Käufer waren, wie die vorherigen Besitzer, nicht abgeneigt, geomantische Untersuchungen anzustellen und Maßnahmen zu ergreifen. Sie stießen „zufällig“ auf die Adresse meines Bekannten und hatten keine Ahnung davon, dass er bereits in diesem Haus tätig gewesen war.
4. Mein Bekannter hatte eigene Themen aufzuarbeiten, hinsichtlich erfolgter Hinrichtungen diverser Vorfahren – wurde also genau mit dem Thema konfrontiert, das auch bei ihm Handlungsbedarf forderte.

Es erfolgte also in vielerlei Hinsicht Heilung: Für den Bekannten, die verhafteten Seelen, das Grundstück und die Menschen, die das durch ihre Offenheit alles ermöglicht haben.

Es lohnt sich immer, genauer hinzuschauen, warum, wo, was passiert. So ist zum Beispiel auch bekannt, dass sich an bestimmten Stellen Autounfälle häufen. Manchmal wird von Menschen berichtet, die dort besondere Erlebnisse hatten, vielleicht Lichter oder Gestalten sahen.

Seien Sie offen für solche Geschichten. Sie sind nicht immer wahr und manches Mal einfach nur Geschichten – sie sind aber auch nicht immer unwahr und oft mehr als nur Geschichten. Bilden Sie sich von allem, mit dem sie konfrontiert werden, stets ihre eigene Meinung und lassen sie sich nicht beirren. Wenn schließlich etwas für Sie wahr und stimmig erscheint, dann ist es das sehr oft auch. Selbst wenn Sie vielleicht als einziger etwas wahrgenommen haben und andere Anwesende nicht, dann heißt das noch lange nicht, dass es falsch oder nicht vorhanden ist. Es heißt vielleicht nur, dass die anderen nicht oder noch nicht in der Lage sind, es wahrzunehmen.

Beispiele für Energien (ob negativ oder positiv), die auf einem Platz, in einem Gebiet liegen, begegnen uns ständig und mit der Zeit werden Sie lernen, die Energien zu ergründen und zu unterscheiden, auch wenn sich vielleicht sogar mehrere überlagern. Erst durch das Erkennen dieser Energien können wir einwirken und vielleicht in gewisser Weise mit „einfachen Mitteln" auch heilend wirken.

Ein letztes Beispiel und ein guter Übergang in das nächste Kapitel ist folgende Geschichte:
Unser Pferdesenior lebt zusammen mit seinen Herdenmitgliedern in schöner Natur auf großen Koppeln. Hin und wieder ist es jedoch erforderlich, dass diese Wiesen wenn sie abgegrast sind, etwas Ruhe zur Regeneration benötigen. Dann ziehen die Pferde für einige Wochen auf andere Koppelflächen, auf denen sie wieder ausreichend Futter finden. Einige dieser Wiesen sind sehr beliebt bei den Pferden, andere weniger oder gar nicht. Auf den ersten Blick ist nicht auszumachen woran das liegt. Die Wiesen haben alle sowohl schattige als auch sonnige Bereiche, Gras und Kräuter sind vorhanden und auch an Wasser, Baumbestand und Ruheplätzen mangelt es nicht.

Warum nun sind die Pferde auf der einen Wiese zufrieden, ruhig und gelassen, während sie sich auf der anderen nervös, fast ängstlich verhalten, kaum Ruhe finden und oftmals günstige Gelegenheiten nutzen um auszubrechen?

Meist hat man keine Zeit, sich näher damit zu beschäftigen, es zu ergründen, schiebt es immer wieder auf. Schnell sind dann vier Wochen vergangen und die Sache hat sich erledigt, da es zurück auf die Lieblingswiese geht.

Im vorletzten Jahr jedoch, während der besonders heißen Augustwochen, sollten die Pferde auf eine Wiese umziehen, die sie ganz und gar nicht mögen. Es ist ein Hang, mit Baumbestand und direkt angrenzendem Wald, in dem sie in der Mittagshitze einen schattigen Ort ohne Insektenbelastung vorfinden könnten. Jedoch meiden sie diesen Wald und selbst den Waldrand. Stattdessen quetschen sie sich zu viert unter ein kümmerliches, müdes Bäumchen, das ein karges Leben inmitten der sonnenbestrahlten Wiese fristet. Es hat nur eine kleine, sehr lichte Krone, wirft kaum Schatten und schützt deshalb auch nicht vor den Insekten. Mir tut es jedes Mal aufs Neue weh, zu sehen, wie „unkomfortabel" die alten Pferde die Hitze des Tages ertragen müssen. Wenn sie sich wenigstens unter einen der etwas größeren Bäume, in der Nähe des Waldrandes, stellen würden – aber nicht einmal das tun sie. Selbst wenn man sie dorthin führt und ihnen Leckereien an diese Stelle legt, verlassen sie den Platz unverzüglich wieder, sobald das gute Futter vertilgt ist.

Direkt neben dieser Wiese liegt eine zweite, die ebenfalls an einen Waldrand grenzt. Sie ist von der ersten nur getrennt durch einen Wiesenpfad. Seltsamerweise nutzen die Pferde auf dieser Wiese den Schattenbereich des Waldes sehr wohl. Es liegt also nicht am Wald an sich, was man vielleicht vermuten könnte, da Pferde Fluchttiere sind, die einen weiten Blick über die Landschaft bevorzugen, um nahende Feinde früh sehen zu können.
Weil ich möchte, dass es den Pferden gut geht, nahm ich mir in diesem Sommer vor zwei Jahren ein bisschen Zeit und besuchte die Koppel am Tag bevor die Pferde umziehen sollten.

Ich ging langsam über die Wiese, ließ die Ruhe des Platzes auf mich wirken und stimmte mich auf seine Energie ein. Zuerst fand ich es einfach nur angenehm auf diesen satten, sonnenüberfluteten Flächen mit dem schönen Weitblick. Es dauerte aber nicht lange und die ersten Empfindungen stiegen in mir auf. Meine Blicke und meine Aufmerksamkeit wurden gelenkt, fielen auf verschiedene Bereiche und verhafteten dort.

Zuerst verweilte mein Blick auf dem hohen Sendemast, der etwas entfernt auf einem nahen Hügel thront und hoch in den Himmel ragt.

Ich wusste nicht genau, welchen Zweck dieser Mast erfüllt, hatte auch gehört, dass er nicht mehr „aktiv" ist. Trotz allem erzeugte er in mir ein unangenehmes Gefühl, nun, nachdem ich meine inneren Antennen auf Empfang gestellt hatte. Ich spürte dem Gefühl einen Moment nach und ließ meinen Blick dann wieder schweifen. Er wurde angezogen vom äußeren höchsten Punkt der Koppel. Zuerst wusste ich nicht was dort ist, dann aber entdeckte ich die Reste eines kleinen Hochsitzes, direkt am Waldrand, zwar am Wegesrand aber innerhalb der ungeliebten Koppel. Er war mir noch nie aufgefallen, da er zerfallen und fast zugewachsen war. Von diesem Hochsitz aus konnte früher, als er noch intakt war, die gesamte Wiese überblickt werden.

Ich wanderte langsam über die Wiese, blieb hier und da stehen und setzte mich dann in das hohe Gras. Meine Empfindungen wurden schwer und traurig und ganz deutlich spürte ich auf diesem Boden den gewaltsamen Tod vieler Tiere. Mir wurde sofort klar, dass die Präsenz des Funkmastes zwar nicht angenehm war, die Pferde damit aber gut leben konnten. Jedoch musste das im Boden gespeicherte Leid der Wildtiere eine sehr abschreckende Wirkung auf sie haben. Einige der Tiere schienen kurz vor ihrem Tod aufgeschreckt und zum nahen Wald gelaufen zu sein bevor sie dort erschossen wurden, einige rannten auch bereits schwerverletzt dorthin. Je intensiver ich mich auf dieses Stückchen Erde einließ, desto deutlicher wurden die Bilder.

Der Platz war plötzlich nicht mehr schön und angenehm sondern bestimmt von Leid und Trauer. Mir wurde bewusst, wie oft ich schon hier gewesen war, im vorbeigehen mit den Hunden, beim Besuch der Pferde, stets hatte ich es als angenehm empfunden.

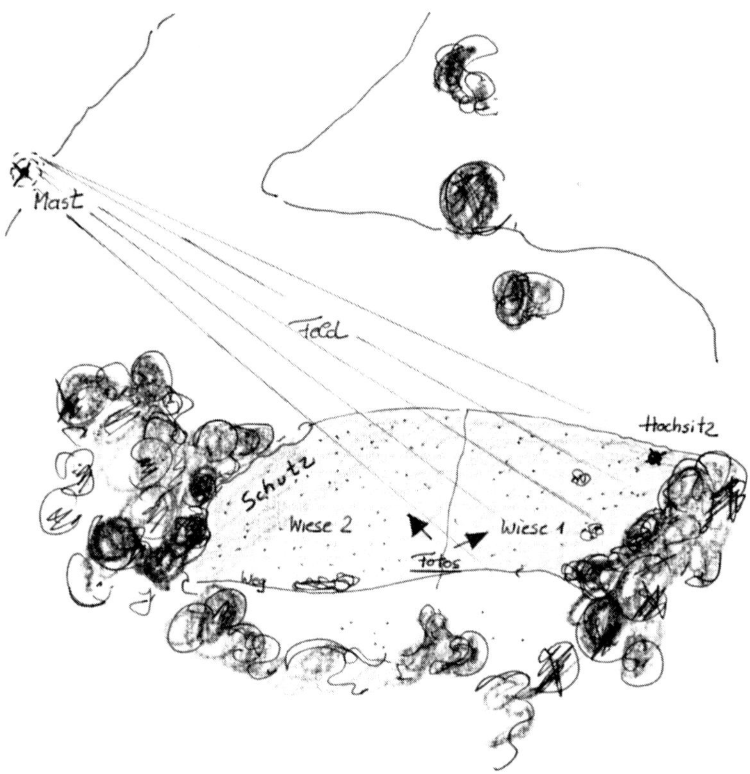

Der die zweite Wiese begrenzende Wald schien den Einfluss des Mastes zu mildern, bzw. schirmte einen großen Bereich der Wiese komplett ab.

Das erste Bild zeigt die „belastete“ Wiese, mit Blick in Richtung Hochsitz, das zweite die „angenehme“ Wiese mit Blick auf den Mast im Hintergrund.

Sie sehen, beide Wiesen scheinen „identisch“ zu sein. Auf den ersten Blick mag man nicht glauben, dass so unterschiedliche Energien auf ihnen lasten. Der Standpunkt von dem aus die Bilder aufgenommen wurden ist auf der Lageplanskizze vermerkt.

Das Beispiel kann Ihnen verdeutlichen, dass es im normalen Alltagsgeschehen schwer ist, erweitert wahrzunehmen (außer das, was da ist, ist sehr dominant). Erst wenn man sich auf etwas wirklich einlässt ist man in der Lage, hinter die Dinge zu schauen, Schwingungen aufzunehmen. Im Prinzip ist das auch sehr wichtig für unser Alltagsleben, es kann als Schutzmechanismus wirken. Wenn Sie vollkommen offen und mit allen Antennen auf Empfang geschaltet durch ihren Tag gehen, werden Sie ihn wahrscheinlich nicht mehr bewältigen können. Emotionen und Empfindungen werden auf Sie einprasseln, die in Ihnen unter Umständen das Gefühl aufsteigen lassen, gleich verrückt zu werden. Aus diesem Grund ist es wichtig, stets geschützt, zwar wachsam aber nicht komplett geöffnet und vor allen Dingen geerdet, durch den Tag und die Welt zu gehen.

Anhand der geschilderten Geschichte können Sie erkennen, wie „einfach“ es ist, einen Platz tiefer zu ergründen, mit ihm in Verbindung zu treten, seine Wahrheit zu erfahren und sich nicht von den gewohnt oberflächlichen Wahrnehmungen täuschen zu lassen.

So wie ich mit dieser Wiese können auch Sie sich mit einer Landschaft verbinden, Ihrem Garten oder dem Grundstück auf dem das Gebäude steht, in dem Sie wohnen, ganz gleich ob es ein Einfamilienhaus ist oder ein Hochhaus mit dutzenden Wohnungen.

Wichtig ist dabei, zumindest am Anfang, dass Sie möglichst alleine sind, bzw. mit Menschen unterwegs, die das gleiche Anliegen wie Sie verfolgen. Während Sie plaudernd und auf Ihren Gesprächspartner konzentriert durch den Wald gehen, werden

Sie in den wenigsten Fällen erweitert wahrnehmen können, besonders wenn Sie noch keine Übung darin haben. Auch die Begleitung eines Hundes ist unter Umständen nicht hilfreich. Natürlich kommt es auf den Hund an, in der Regel jedoch mögen die meisten Hunde zum Beispiel keine Naturgeister. Sie können die Elfen und Gnome lange vor Ihnen sehen und werden sie höchstwahrscheinlich verjagen.

Probieren Sie es einfach aus. Es ist wichtig, dass Sie zur Ruhe kommen können und nicht ständig mit einem Auge schauen müssen, was ihr Hund gerade macht.

Was aber passierte nun mit der Pferdekoppel?

Ich blieb noch eine ganze Weile dort und versuchte mit Lichtenergie die Wiese zu reinigen. Wichtig war mir auch, das Leid der Tiere anzuerkennen, sie um Verzeihung zu bitten, ihnen zu danken und ihnen zu versichern, dass ich, wo und wann immer möglich, versuchen werde, auf ihr Leid aufmerksam zu machen und dabei zu helfen, es zu verhindern.

Ich baute Säulen aus Licht, für das Land, die Wildtiere und die Pferde und bat um Reinigung und Schutz.

Am nächsten Tag führten wir die Pferde auf diese Wiese. Ich beobachtete, dass sie nun auch an Stellen grasten, die sie in den Jahren zuvor gemieden hatten, und die Mittagsstunden verbrachten sie zum ersten Mal im Schatten des Waldrandes. Sie gingen zwar nicht ganz so weit in den Wald hinein, wie es ihnen möglich gewesen wäre, aber sie gingen hinein.

Ich muss gestehen, ich war selbst überrascht und hatte einen solchen „Erfolg“ gar nicht erwartet, so viel hatte ich gar nicht getan ... offensichtlich aber doch.

Die erweiterte (außersinnliche) Wahrnehmung

Zu Beginn unserer geplanten Analyse Ihres Wohnplatzes werden die Betrachtungen unserer Wohnraumes und Wohnumfeldes zuerst ganz neutral und objektiv wahrgenommen (physische Ebene). Um schließlich jedoch das Analysierte zu vertiefen und die eigenen Themen erkennen zu können, ist die erweiterte Wahrnehmung ein wichtiges Werkzeug.

Doch was genau ist „erweiterte Wahrnehmung" und wie funktioniert sie?

Um den Begriff Wahrnehmung erklären zu können unterscheiden wir zuerst zwischen der *sinnlichen Wahrnehmung* und der *außersinnlichen* oder auch *übersinnlichen Wahrnehmung*.

Wahrnehmung ist also nicht nur das, was wir mithilfe unserer Sinnesorgane hören, sehen, riechen, schmecken, fühlen? Nein, es gibt zusätzliche Formen der Wahrnehmung, die nicht eindeutig zu erklären, nicht messbar, oft nicht beweisbar, aber trotzdem da sind.

Wenn Sie das Gefühl habe, etwas zu sehen, ist es nur dann da, wenn Sie es auch mit Ihren Augen sehen können? Ein schönes Beispiel ist der Mond, der, auch wenn wir ihn nur halb sehen können, trotzdem immer ganz da ist.

Vielleicht können auch Sie öfter oder hin und wieder Dinge hören oder sehen, die andere Menschen nicht hören oder sehen? Sehr schnell wird dann geurteilt und in falsch und richtig unterteilt. Vergessen wird in diesen Momenten, dass uns allen gewisse Formen der erweiterten Wahrnehmung durchaus vertraut sind. Das beliebteste Beispiel hierfür ist der Gedanke an jemanden, der dann ganz kurz danach anruft. Auch bemerkt, spürt nahezu jeder Mensch wenn er von jemand anderem – der sich außerhalb seines Gesichtsfeldes befindet – angestarrt wird.

Vielleicht hatte der eine oder andere Leser auch in der Vergangenheit in einer Sache, vielleicht einer Entscheidungsfrage – scheinbar grundlos – ein ungutes Gefühl. Dieses veranlasste ihn, sich letztendlich gegen etwas, auf den ersten Blick positives, zu entscheiden und im Nachhinein hat es sich als gut und richtig erwiesen.

Was ist mit Eingebungen? Ideen? Geistesblitzen? Eigentlich sind das doch alles nichts anderes als Intuitionen, also erweiterte Wahrnehmungen.
Über eine Intuition sind sie vielleicht auch zu Ihrer momentanen Wohnung, Ihrem Haus oder Ihrer Arbeitsstelle gekommen oder über die Intuition eines Menschen, der Ihnen nahesteht, der das Gefühl hatte, dass dies genau das Richtige für Sie ist und sie darauf aufmerksam gemacht hat.

Wie oft haben Sie schon gesagt: „Da geht etwas nicht mit rechten Dingen zu“, wenn plötzlich Dinge geschehen, von denen Sie zuvor geträumt hatten oder die sich scheinbar zufällig gefügt haben.

Ist das außersinnlich, übersinnlich? Ja, warum nicht? Was sonst ist es? Leider erscheint vielen Menschen das Außersinnliche übernatürlich zu sein – also nicht so wie es „normal“ ist, es erscheint oft seltsam, dubios, mit Vorsicht zu genießen. Es macht Angst, weil man es nicht versteht. Aus diesem Grund nenne ich diese Form der Wahrnehmung meist nicht „übersinnlich“ sondern allgemein „erweiterte Wahrnehmung“ oder „Bewusstseinserweiterung“, wobei die Bewusstseinserweiterung zusätzlich noch ein anderes Feld abdeckt.

Die erweiterte Wahrnehmung beginnt bereits bei unseren körperlichen Sinnen und zwar dort wo die Grenzen der Wahrnehmung bei den meisten Menschen erreicht sind.

Mit unseren Sinnesorganen nehmen wir all das wahr, was sich in unserer objektiven Realität befindet: Lebewesen, Objekte, Geräusche, Gerüche. Durch jedes Sinnesorgan bekommen wir Eindrücke, die uns zur Erfassung eines Bildes verhelfen.

Doch nicht alleine die Aufnahme dieser Eindrücke mit den uns zur Verfügung stehenden Sinnesorganen vermittelt uns die vollständige Wahrnehmung, erst die im Gehirn erfolgte Interpretation dieser Informationen vervollständigt das Bild.

Die Sinnesorgane der Tiere verdeutlichen uns allerdings bereits, dass unsere menschliche Art der Wahrnehmung nur außerordentlich begrenzt zu sein scheint. Fast alle Tiere besitzen Sinnesorgane, die den menschlichen bei weitem überlegen sind. So können sie z. B. Töne hören und Lichtspektren sehen, die für uns Menschen im Verborgenen liegen.

Wo nun hören die Möglichkeiten der Wahrnehmung für uns Menschen auf? Auf körperlicher Ebene ist diese Frage leicht zu beantworten. Die Funktionen des menschlichen Körpers sind erforscht und vermessen. Aber wie verhält es sich mit den Bereichen außerhalb des Messbaren? Lassen wir uns vielleicht von dem, was messbar ist, einschränken und versuchen erst gar nicht über das Potenzial hinauszuwachsen, das uns von Medizin und Wissenschaft zugestanden wird? Inwieweit ist es uns möglich, wesentlich mehr wahrzunehmen, als es unsere momentanen „normalen" Fähigkeiten ermöglichen?

Fakt ist, dass wir mit der Fähigkeit zur Wahrnehmung bereits geboren werden und dass dieses Wahrnehmungsvermögen in bestimmten Bereichen zum Zeitpunkt der Geburt und auch danach von dem abweicht, das wir als Erwachsene besitzen. Doch es ist nicht so, wie man vielleicht denken mag, dass wir mit zunehmendem Alter immer besser wahrnehmen können. Leider nein, denn mit zunehmendem Alter und erfolgter Erziehung verlernen wir viele Fähigkeiten bzw. sie verkümmern, da wir zu einer Überbetonung des Verstandes erzogen werden.

Die Sensibilisierung der körperlichen Sinne

Bevor wir uns der außersinnlichen/übersinnlichen Wahrnehmung zuwenden, ist die Schulung der körperlichen Wahrnehmung – des Hörens, Sehens, Riechens, Schmeckens und Fühlens – ein sinnvoller Schritt. Die körperliche Wahrnehmung, als Basis für die erweiterte Wahrnehmung, kann im übertragenen Sinn wie ein Muskel trainiert werden. Dies ist relativ einfach und mühelos in jeden Tagesablauf einzubauen.

Im normalen Alltag nutzen wir unsere Sinne ohne darüber nachzudenken, im Regelfall auch mehrere Sinne gleichzeitig. Um nun eine Sensibilisierung einzelner oder aller Sinne herbeizuführen ist es hilfreich, die Wahrnehmung zu konzentrieren und zu fokussieren, d. h. sich auf ein einzelnes Sinnesorgan zu konzentrierten und die anderen in den Hintergrund treten zu lassen.

Im Folgenden schauen wir uns die verschiedenen Möglichkeiten in den einzelnen Sinnesbereichen anhand von Beispielen an.

Hören

Das bewusste Hören

Wir verursachen und hören permanent Geräusche: Das Klappern der Tastatur beim Schreiben, das Fließen des Wassers aus dem Wasserhahn, das Scheppern von Geschirr – die Aufzählung könnte Seiten füllen. Versuchen Sie, während Sie das Geräusch entstehen lassen, genau zuzuhören. Registrieren Sie auch welches Geräusch Sie als angenehm, welches als unangenehm empfinden.

Hören Sie auf die Geräusche in Ihrer Umgebung. Vielleicht sind da welche, die permanent da sind, die bereits so vertraut geworden sind, dass Sie sie ausgefiltert haben, also gar nicht mehr bewusst wahrnehmen. Vielleicht sind sie der Grund für Kopfschmerzen oder anderes Unwohlsein.

In der Dunkelheit hören

Setzen Sie sich in einer lauen Sommernacht nach draußen (oder natürlich auch im Winter mit dicker Jacke) und registrieren Sie an Orten, an denen Sie sich auch tagsüber aufhalten, die unterschiedlichen Geräusche. Versuchen Sie zu ergründen, welche die typischen nächtlichen Geräusche sind und welche auch tagsüber zu hören sind. Vielleicht wird Ihnen dabei bewusst, dass Sie bei Helligkeit bestimmte Alltagsgeräusche anders wahrnehmen, schwächer oder vielleicht auch gar nicht.

Wenn Sie die Möglichkeit haben, begeben Sie sich nachts in ein naturnahes Gebiet. Sie werden staunen, welche Geräusche Sie dort wahrnehmen können. Einige davon werden Ihnen die Haare zu Berge stehen lassen und Sie vielleicht fluchtartig den Heimweg antreten lassen, weil Sie der festen Überzeugung sind, ein Heer von Außerirdischen oder Zombies bewegt sich geradewegs auf Sie zu. Wenn Sie ein mutiger Mensch sind und sich der „Gefahr" stellen, ihr geradewegs ins Auge blicken, werden Sie höchstwahrscheinlich einen Igel, eine Kröte, ein Käuzchen oder ein anderes Nachttier erblicken. Nehmen Sie stets eine Taschenlampe mit, damit Sie sich zur Not davon überzeugen können, dass die Geräusche eine harmlose Ursache haben und das Tier, das sie verursacht hat, meist nur ganz klein ist.

Die Geräusche der Tiere der Nacht sind uns nicht so geläufig, deshalb sind Irritationen verständlich. Erstaunlich ist außerdem, dass wir Geräusche, die wir auch tagsüber hören, nachts ganz anders wahrnehmen, viel intensiver. Das kann daran liegen, dass andere Umgebungsgeräusche nicht mehr vorhanden sind, aber vor allem liegt es daran, dass unsere Augen, bedingt durch die Dunkelheit, mehr oder weniger ausgeschaltet sind und wir gezwungen sind, uns vermehrt auf unser Gehör zu verlassen. So kann eine Katze, die nachts in einer Hecke herum strolcht, ganz andere für uns wahrnehmbare Geräusche – und damit verbundene Gefühle – erzeugen als wenn sie dies tagsüber tut. Da uns diese Wahrnehmungen letztendlich so wenig vertraut sind, ängstigen sie uns oft.

Wenn uns bereits Wahrnehmungen irritieren können, die wir tatsächlich mit unseren eigenen Ohren hören, vielleicht noch begleitet von huschenden Schatten, dann ist es eigentlich kein Wunder, dass sich die meisten Menschen ablehnend verhalten gegenüber Wahrnehmungen, die sie keinem Sinnesorgan zuordnen können. Diese Wahrnehmungen werden gerne als Sinnestäuschung, als Irrtum ausgeblendet. Was nicht sein soll oder darf, das wird schließlich auch nicht (mehr) wahrgenommen und auch anderen Menschen wird diese Wahrnehmung sozusagen nicht gestattet.

Das Herausfiltern von Geräuschen

Im Wald, beim Spaziergang, während der Gartenarbeit, auf einer Parkbank, wo wir auch sind, was wir auch tun, wir haben überall die Gelegenheit dazu, zu üben, einzelne Geräusche zu isolieren und zu versuchen, diese verstärkt wahrzunehmen. Das können Vogelstimmen sein, der Wind, ein Flugzeug, ein raschelndes Tier im Gebüsch und vieles mehr.

Natürlich ist es zu Beginn einfacher, wenn die Geräuschkulisse nicht zu groß ist und die Geräusche leichter voneinander zu trennen sind. Mit etwas Übung können Sie irgendwann die Vogelstimme aus dem Lärm des Bahnhofsvorplatzes herausfiltern.

In einer Menschenmenge, ob in einer Gaststätte oder auf einer Party, herrscht meist ein hoher Schallpegel. Stimmenwirrwarr ist aus der Entfernung wahrnehmbar, wenn überhaupt dringen meist nur Wort- oder Satzfragmente bis zu unseren Ohren vor.

Versuchen Sie in einer solchen Situation Ihre konzentrierte Aufmerksamkeit auf ein Gespräch zu richten, das in einiger Entfernung von ihnen stattfindet und von dem Sie, ohne sich anzustrengen, kein Wort verstehen. Blenden Sie alle anderen

Geräusche aus. Im Vordergrund befindet sich nun ausschließlich Ihr Gehörsinn und Sie werden feststellen, dass Sie plötzlich Worte verstehen können. Durch diese Übung wird Ihr Gehör geschärft und erweitert. Wenn Sie dies einige Male geübt haben werden Sie nicht nur nach und nach besser hören können, auch das ein- und ausschalten Ihrer einzelnen Sinne wird Ihnen geläufiger werden.

Das Lauschen

Eine Steigerung des vor beschriebenen konzentrierten Hörens ist das Lauschen.

Während wir lauschen befinden wir uns vollkommen im Hier und Jetzt, denn während wir uns auf das Lauschen konzentrieren können wir nicht nachdenken.

Wir können gleichzeitig hören und denken aber wir können nicht gleichzeitig lauschen und denken. Das Lauschen verschafft uns deshalb die Möglichkeit, das Gefühl kennenzulernen, vollkommen im Augenblick zu sein.

Lauschen Sie den Klängen der Natur. Seien Sie ab und zu allein unterwegs und vor allem bewusst unterwegs. Oft sind wir geistig zu beschäftigt und in Gedanken versunken. Versuchen Sie im Hier und Jetzt zu sein und konzentrieren Sie sich auf einzelne Geräusche, denen Sie nachlauschen.

In Ihrem Haus oder der Wohnung können Sie das Lauschen üben, indem Sie das Radio oder auch Ihre Lieblingsmusik so leise abspielen, dass Sie ganz genau hinhören müssen. Sollten sich Gedanken eindrängen, dann akzeptieren Sie sie und lassen Sie sie vorbei ziehen.

Sehen

Bei den folgenden Übungen geht es nicht darum, die objektive Sehkraft unserer Augen zu verbessern, sondern der Sinn der Übungen ist, Dinge zu sehen, über die wir normalerweise hinwegblicken, denen wir bewusst oder unbewusst keine Beachtung schenken.

Den Blick fokussieren

Fokussieren Sie ein Detail in weiter Ferne und zoomen Sie es sozusagen heran. Versuchen Sie die Umgebung, alles was Sie noch in den Augenwinkeln sehen, auszublenden und wie durch ein imaginäres Fernglas zu schauen.

Einer Sache Priorität geben

„Programmieren" Sie sich beim Spaziergang auf ein Wunschobjekt. Das können bestimmte Pflanzen sein, Tiere, Steine oder was auch immer. Halten Sie nach diesen Dingen Ausschau, nehmen Sie sich vor, möglichst viele davon zu registrieren. Wenn Sie gerne fotografieren und nach bestimmten Motiven Ausschau halten, sollte Ihnen diese Fokussierung geläufig sein.

Auf diese Weise habe ich vor einigen Jahren meine Kamera wiedergefunden, die ich am Vortag verloren hatte. Da ich kreuz und quer auf riesigen Wiesen unterwegs gewesen war, die zwar gemäht waren aber trotzdem viele Unebenheiten, höhere Grasflächen, Mulden u. s. w. hatten, wäre ein systematisches Abgehen der Wiese eine zeitraubende Angelegenheit geworden. Deshalb programmierte ich mir die Information „Kamera" ein und ging langsam mitten über die Wiese. Ich scannte sozusagen die Wiese ab und sah bereits nach wenigen Minuten in weiter Entfernung einen kleinen, dunklen Fleck, der meine Aufmerksamkeit fesselte. Zusätzlich zum Sehen war allerdings auch noch ein Gefühl da, das mich veranlasste, dorthin zu gehen. Es war tatsächlich die Kamera, die dort lag, sogar im halbhohen

Gras und etwas verdeckt. Mit normaler „Ich geh´ halt mal Schauen“ Einstellung wäre ich garantiert in einigen Metern Abstand vorbeigegangen, ohne sie zu sehen.

Diese Art der Wahrnehmung ist eigentlich wirklich nur zum üben gedacht oder um ein bestimmtes Ziel zu erreichen. Grundlos sollte man das nicht tun, denn der Nachteil der Fokussierung auf ein bestimmtes Detail ist, dass man die restliche Umwelt kaum noch wahrnimmt. So fällt es normalerweise bereits schwer, in die Natur aufzubrechen, mit dem Wunsch ganz bestimmte Fotomotive zu finden und nebenbei noch besondere Kräuter zu sammeln. Programmiert man sich auf Kräuter übersieht man nicht selten tolle Motive – oder sieht sie erst im letzten Moment. Möchte man Fotomotive finden, läuft man nicht selten an den schönsten Kräutern vorbei. Aber auch dies ist natürlich eine Sache der Übung und vielleicht als „Programmierungsübung für Fortgeschrittene“ geeignet.

<u>Dinge aus verschiedenen Perspektiven, Blickwinkeln, Richtungen betrachten</u>

Schenken Sie Kleinigkeiten ihre Aufmerksamkeit und betrachten Sie sie genau. Oft schweift unser Blick umher und alles, was uns unscheinbar und uninteressant erscheint, beachten wir nicht weiter. Doch oft zeigt sich genau dort etwas Neues, Unbekanntes. Das mag ein gewöhnlicher Zweig sein, eine Blume oder vieles mehr. Haben Sie zum Beispiel schon mal eine Kastanienblüte genau betrachtet? Normalerweise hat man gar nicht die Möglichkeit dazu, denn Kastanien sind große Bäume und die „Kerzen“ befinden sich meist hoch über unseren Köpfen. Ein kleiner Kastanienbaum, der in meinem Garten wächst, ermöglichte mir vor einigen Jahren ein genaueres Betrachten, da die ersten Blütenrispen des jungen Baumes genau in meiner Augenhöhe wuchsen. Ich war begeistert und erstaunt. Die unzähligen kleinen Blüten hatte ich zwar stets als vorhanden registriert, aber bisher aus einiger Entfernung immer nur als Ganzes wahrgenommen. Dass die einzelnen kleinen Blüten in ihrer Schönheit durchaus mit Orchideen vergleichbar sind, war mir bis dahin entgangen.

Schmetterlinge und Insekten betrachten

Folgen Sie einem Schmetterling, einer Biene oder einem anderen Insekt mit den Augen. Registrieren Sie es nicht nur im vorbeiflattern oder vorbeifliegen, sondern lassen Sie Ihre Augen seinem Flug folgen. Wenn Sie die Möglichkeit haben, gehen Sie dem Tierchen eine Weile hinterher und schauen Sie, welche Blüten es anfliegt, welchen Weg es wählt und was genau es tut.

In den Himmel schauen

Schauen Sie auch öfter nach oben in den Himmel und beobachten Sie, was sich dort tut. Ich kann mich erinnern, als Kind habe ich es geliebt, mich im Sommer auf einer Wiese auf den Rücken zu legen und die Wolken zu betrachten. Je länger ich sie betrachtete desto mehr Gestalten konnte ich in ihren Formen erkennen. Meist zeigten sich mir die Silhouetten von Tieren. Besonders spannend war es, mitzuerleben, wie die Wolken weiter zogen und sich dabei langsam aber beständig in ihrer Form veränderten oder wie sie von der Sonne aufgelöst wurden, wenn sie sich ihr näherten. Heutzutage hat man ja leider meist „keine Zeit“ so etwas zu tun ...

Zurück blicken

Auf einem Spaziergang sind wir meist darauf bedacht, vorwärts zu kommen. Vielleicht bleiben wir mitunter stehen, um etwas zu betrachten, das wir neben uns am Wegesrand entdeckt haben. Aber wann schauen wir schon mal zurück? Drehen Sie sich ganz bewusst um und betrachten Sie den Weg, den sie gekommen sind. Das ist das, was sie hinter sich haben, was sie geschafft haben. Vielleicht war es mühsam, steinig, vielleicht sind sie den Weg freudig und beschwingt gegangen. Auf jeden Fall ist er es wert, etwas genauer betrachtet zu werden. Sie haben diesen Weg zwar gesehen und erlebt, da Sie ihn ja gerade gegangen sind, Sie können aber sicher sein, er sieht in diese Richtung geblickt ganz anders aus.

Ein- und Ausblick

Beim Herausschauen und Hineinschauen können sich vom gleichen Standpunkt aus sehr unterschiedliche Anblicke zeigen. Besonders deutlich wird dabei die Bedeutung von Grenzen, die trennen und gleichzeitig verbinden. So kann der Blick vom Waldrand aus in den Schutz des Waldes fallen, nach Änderung des Standpunktes oder auch nur der Blickrichtung, in die Weite der Landschaft.

In Pfützen schauen

Nach einem heftigen Gewitterregen ist ein Spaziergang in der Natur erfrischend und schön. Besonders wenn sich die Wolken verzogen haben und die Sonne wieder hervor lugt, glitzert die

Welt in einem silbernen Licht. Wenn Sie in diesen Momenten in Pfützen schauen, dann können Sie dort wunderschöne, leuchtende Bilder wahrnehmen – den blauen Himmel, schneeweiße Wolken, klar abgegrenzte Äste, die sich ganz deutlich spiegeln und vieles mehr.

Den Eulenblick üben

Normalerweise ist unser Blick meist nach vorne gerichtet. Das, was seitlich von uns passiert nehmen wir nur am Rande wahr. Wir können unser Gesichtsfeld erweitern, indem wir es ausdehnen.
Legen Sie hierzu die Hände wie Schalen rechts und links neben die Augen an den Kopf, die Handflächen nach innen, und biegen Sie sie nach hinten, so dass Sie sie kaum noch sehen können. Schauen Sie nun nach vorne und versuchen Sie trotzdem, die Hände zu sehen. Nach und nach weitet sich dadurch der Blick.

Besonders Naturgeister halten sich oft am Rande unseres Gesichtsfeldes auf. Sie zeigen sich erst dann, wenn wir an Ihnen vorbeigegangen sind. Mit ausschließlich nach vorne gerichtetem Blick können wir sie nicht sehen. Manchmal nimmt man einen Schatten oder ein Huschen im Augenwinkel wahr, dreht man dann den Kopf, ist nichts mehr zu sehen. Ein geweitetes Gesichtsfeld kann Ihnen dazu verhelfen, vermehrt zu registrieren, was sich seitlich und hinter Ihnen abspielt.

Meiner Meinung nach ist diese Übung auch durchaus hilfreich, sich sicherer im Straßenverkehr zu bewegen. Oft bin ich erstaunt, wie wenig manche Autofahrer zu registrieren scheinen, was sich seitlich von ihnen tut. So trete ich manchmal absichtlich, unverhofft aus einem Waldweg abbiegend, sehr dicht an unsere Autos führende Waldstraße heran und wundere mich immer wieder, dass die vorbeifahrenden Personen starr geradeaus blicken und mich und meine drei Hunde, direkt seitlich am Fahrbahnrand, offensichtlich gar nicht wahrnehmen. Dabei sind wir eine ziemlich bunte Truppe und eigentlich nicht zu übersehen ...

Ein-Auge-Blick

Schließen Sie abwechselnd ein Auge und registrieren Sie, wie sich Ihr Blickfeld verändert. Sie werden bemerken, dass sich nach dem Schließen eines Auges automatisch der Blickwinkel des geöffneten Auges zu erweitern scheint.

Sehen in der Dunkelheit

Die vielen Geräusche der Nacht waren bereits Thema und ich riet Ihnen, stets eine Taschenlampe mitzunehmen, um den Geräuschen auf den Grund gehen zu können. Versuchen Sie aber stets, zuerst mit Ihren Augen zu ergründen, wer der Verursacher des Geräusches sein könnte. Selbst in nahezu kompletter Dunkelheit können wir dadurch unser Sehvermögen schulen.

Hierbei können Sie außerdem gut bemerken, wie sich unsere anderen Sinne hinzu schalten, wenn der Sinn, auf den wir uns normalerweise hauptsächlich verlassen, nicht dienlich zu sein scheint.

Schauen statt „nur" sehen

Wie das Lauschen ist das Schauen eine Form der Wahrnehmung, die bereits einen kleinen Schritt über die der reinen Sinneswahrnehmung hinausgeht.
Wir sind es gewohnt, Dinge zu betrachten, sie anzuschauen, aber das wirkliche „Schauen" ist uns nicht geläufig.
Wir bemerken es meist nicht, dass wir nicht objektiv sehen und betrachten. Es entgeht uns, dass wir die Menschen, die Natur, unsere Umgebung in Schubladen gesteckt haben und im Endeffekt so sehen, wie wir sie gestern und vorgestern gesehen haben, nämlich mit all unserem Wissen und den Erfahrungen, die wir gemacht haben.

Wir lassen meist nicht zu, etwas neu zu sehen, meist können wir es gar nicht mehr. Wir haben verlernt, die vertraute Welt und die

Dinge von gestern, täglich mit anderen Augen zu sehen, mit frischen, wachen, gereinigten, offenen Augen, so wie es die Kinder tun.

Sie können das aber wieder erlernen. Schauen Sie vertraute Menschen jeden Tag als völlig neue Menschen an. Betrachten Sie jeden Baum, jedes Tier, jede Blume, als sähen Sie sie zum ersten Mal. Schieben Sie die Vorstellung weg, die Sie sich über die Identität der Wesen gemacht haben. Bald wird sich die Beziehung zu dem jeweiligen Wesen ändern, sie wird kreativer, offener, liebevoller. Außerdem entwickeln Sie auch eine andere Beziehung zu sich selbst, da Ihnen auch das Neue an sich selbst bewusst wird – und in diesem Neuen liegt die Möglichkeit, zu erfahren, wer Sie eigentlich wirklich sind.

Wir sehen die Dinge nicht wie sie sind,
wir sehen sie so, wie wir sind.

Anaïs Nin

Riechen

Das Riechen hat normalerweise in unserer Gesellschaft – auf den ersten „Blick“ – eine eher untergeordnete Bedeutung. Sind wir im Haus und hören Geräusche, gehen wir normalerweise nicht nach draußen und versuchen zu „erschnüffeln“, wer das Geräusch verursacht hat. Schon unsere Wortwahl zeugt davon, dass das Sehen und vielleicht noch das Hören Priorität haben, das Riechen spielt daneben keine so große Rolle. Es gibt unzählige Sprüche wie: „Da gibt es etwas zu sehen...“, „ich sehe was, was du nicht siehst...“, „wer nicht hören will muss fühlen“, u. s. w., ein Satz, der sich auf das Riechen bezieht fällt mir auf die Schnelle nicht ein. Wir nehmen es stets zusätzlich zu unserer visuellen Ausrichtung wahr und unterscheiden diverse Gerüche: blumig, herb, sauer, rauchig, muffig, frisch – angenehm und unangenehm.

Besonders an unserer Nahrung riechen wir allerdings immer noch häufig, bevor wir sie als gut bezeichnen und aufessen, hauptsächlich dann, wenn es sich um uns nicht bekannte Lebensmittel handelt. Doch auch hier dominiert bei den meisten Menschen mittlerweile das Sehen und etwas, das schön und appetitlich aussieht, wird oft ohne zu zögern und ohne Geruchskontrolle gegessen. Dabei könnte uns ein schlechter Geruch durchaus vor verdorbenem Essen warnen.

Geruch kann uns – nicht nur bezüglich unserer Nahrung – in Situationen dienlich sein, in denen andere Sinnesorgane noch keinerlei Möglichkeiten haben, denken Sie nur an Brandgeruch, den wir oft wahrnehmen können, lange bevor unsere Augen oder Ohren ein Feuer registrieren können. Genauso ist es mit Gerüchen, die keine seh- oder hörbaren Begleiterscheinungen haben, wie z. B. Gasgeruch. Eine gut funktionierende Nase ist hier auf jeden Fall von Vorteil.

Auch riechen können wir üben. Wer tut das nicht gerne in einem Garten mit duftenden Blüten, in einem Tee- oder Kräuterladen oder der ein oder andere in einer Parfümerie. Meist unterscheiden wir instinktiv und schnell in angenehm und unangenehm und oft bleibt es bei dieser Einordnung.

Wenn Sie üben möchten, gewöhnen Sie sich an, Gerüche, die Sie wahrnehmen, einzuordnen und versuchen Sie, sie zuzuordnen und ihre Ursache zu ergründen. Beispiel: In Ihrer Küche fliegt Ihnen ab und zu ein seltsamer, leicht unangenehmer Geruch entgegen. Sie könnten ihn jetzt ignorieren – wahrscheinlich nicht sehr lange, weil er meist nicht von alleine wieder verschwindet sondern höchstwahrscheinlich mit jedem Tag etwas intensiver wird ... Sie können aber auch versuchen, ihn zu ergründen. Das kann funktionieren, indem Sie alle Schränke öffnen und hineinschauen, Sie können aber auch versuchen, sich auf den Geruch zu konzentrieren und ihn nach und nach stärker und facettenreicher wahrzunehmen um schließlich zu dem Schluss zu kommen, dass verborgen in einer Ecke eines Schrankes eine nicht mehr taufrische Kartoffel vor sich hin müffelt.

Dieses Identifizieren von Gerüchen kann erfolgen auf der Basis des Erkennens, d. h. sie riechen intensiv, und mit der verstärkten Wahrnehmung des Geruches erkennen Sie den Geruch von schlechten Kartoffeln. Die Zuordnung kann aber auch auf Basis der Erinnerung erfolgen: Sie erinnern sich, dass Sie diesen Geruch vor Monaten, Jahren bereits gerochen haben, damals war es eine verdorbene Kartoffel.

Gerüche werden sehr oft mit Erinnerungen in Verbindung gebracht, sei es der Geruch nach exotischen Blumen, der uns an den vergangenen Urlaub erinnert, das Parfüm, das riecht, wie das der Lieblingstante aus Kinderzeiten oder der Kuchenduft, der in uns das Bild vom gedeckten Ostertisch und Großmutters Rührkuchen entstehen lässt.

Auch mit verbundenen Augen riechen ist eine gute Übung zur Stärkung des Geruchssinns. Das könnte so ganz nebenbei ein lustiges Familienspiel werden, wenn alle Teilnehmer mit verbundenen Augen Dinge am Geruch identifizieren müssen.

Es kann trotz und vielleicht sogar wegen der vermehrten visuellen Eindrücke, die täglich auf uns einprasseln, sehr spannend sein, sich ab und zu intensiv mit Gerüchen zu beschäftigen. Je intensiver wir das tun, desto mehr Gelegenheiten fallen uns wahrscheinlich ein, mit denen wir aufgrund von Gerüchen intensive Gefühlserlebnisse verbinden. Denken Sie nur an den Geruch vom ersten Schnee, der an einem Spätherbsttag in der Luft liegt. Denken Sie an den Duft von frisch gemähtem Gras, der uns den Höhepunkt der Sommerzeit erahnen lässt, den Geruch, den der Waldboden nach frisch gefallenem Regen verströmt oder den verlockenden Duft von Zuckerwatte und gebrannten Mandeln, der uns an den in Kindertagen lang ersehnten Jahrmarkt erinnert ...

Schmecken

Ähnlich wie das Riechen spielt auch das Schmecken nach dem Sehen und Hören eine eher untergeordnete Rolle, streng genommen ist es auf die Nahrungsaufnahme beschränkt. Die ist zwar nicht unwichtig aber individuell sehr unterschiedlich. Außerdem hilft uns das Schmecken nur eher am Rande, erweiterte Wahrnehmungserfahrungen zu machen. Zumindest kenne ich niemanden, der sich diesbezüglich auf das Schmecken spezialisiert hat.

Trotzdem ist es eine spannende Erfahrung, sich intensiver mit seinem Geschmacksinn zu befassen. Das kann mit bewusstem Essen beginnen, verbunden mit der Unterscheidung unterschiedlicher Geschmacksrichtungen wie süß, sauer, bitter, herb, scharf u. s. w., bis zum Nachspüren eine Geschmackes.

In vielen Städten gibt es sogenannte Dunkelrestaurants. Hier werden die Speisen in Dunkelheit serviert und verzehrt. Sie erhalten die Möglichkeit, sich ausschließlich auf den Geschmack zu konzentrieren und werden dabei feststellen, dass Sie meist nicht in der Lage sind alle Nahrungsmittel zu identifizieren.

Neben dem Geschmack wird Ihnen hierbei auch das Fühlen der Konsistenz behilflich sein, womit wir beim „Fühlen“ angekommen sind.

Übrigens: Bienen schmecken mit den Beinen ...

Fühlen und Spüren

Fühlen und Spüren können wir, wie vor erwähnt, mit dem Mund, über die Haut, hauptsächlich auch mit den Fingern.

Babys erkunden Dinge mit dem Mund, bevor sie sich mit zunehmendem Alter auf die Finger beschränken. Beobachten wir ein Baby, wie es intensiv und versunken einen Gegenstand untersucht, schmeckt, fühlt und befingert, dann wird uns bewusst, wie selbstverständlich wir alles hinnehmen, was wir anfassen und in die Hand nehmen. Nur wenige Gegenstände lassen in uns das Bedürfnis entstehen, sie intensiver zu befühlen. Das sind z. B. schöne glatte Steine, sogenannte „Handschmeichler" oder Glaskugeln, also hauptsächlich runde, glatte Dinge. Auch Sand fasst man gerne an und lässt ihn durch die Finger rieseln.

Wenn Sie Ihr Gefühl sensibilisieren möchten, dann sollten Sie sich bewusst unterschiedliche Dinge aussuchen, die feucht, trocken, kühl, warm, hart, weich, spitz, eben, uneben, porös u. s. w. sind. Fühlen Sie zuerst, während Sie diese Dinge gleichzeitig betrachten und schließen Sie danach die Augen, während Sie fühlen. Dies kann auch gemeinsam mit anderen Personen geübt werden, so dass Sie nicht wissen, nicht sehen können, was Sie befühlen, was Ihnen Ihr Gegenüber reicht.

Ich erinnere mich an eine Begebenheit in meiner Schulzeit. Ich ging die breite Treppe des Schulgebäudes hinauf, von oben kam mir mit schnellen Schritten eine Klassenkameradin entgegen. Als sie mich sah hob sie ihre Hand, rief so etwas wie: „Ach hier, magst Du ...", und drückte mir etwas in die Hand, während sie schnell vorbeiging. Ich griff im Reflex danach, ohne gesehen zu haben was es ist. Als ich es in meiner Hand spürte stieß ich einen unwilligen Schrei aus und schüttelte das „Ding" angeekelt aus der Hand auf die Treppe. Das war eine instinktive Reaktion, weil es sich für mich sehr unangenehm anfühlte und wahrscheinlich mein Gehirn eine Verbindung entstehen ließ zu etwas, an das es mich erinnerte. Für mich fühlte es sich an wie eine kalte Schnecke, ein toter Goldfisch oder was weiß ich. Letztendlich war es ein Stückchen einer Mandarine. Die Schulkameradin hatte im Gehen gerade eine Mandarine geschält und wollte mir netterweise ein Stück abgeben ...

Fühlen können wir auch sehr gut mit den Fußsohlen. Denken Sie an die „Barfuß-Wege", die mit verschiedenen Materialien wie Moos, Steinen, Erde u. s. w. belegt sind und die uns ermöglichen, die unterschiedlichen Materialien, Konsistenzen und Temperaturen über die Fußsohlen zu spüren. Auch ein barfüßiger Gang über eine Wiese im Morgentau ist ein sehr schönes „Fühl-Erlebnis“.

——————— ... ———————

Wie bereits erwähnt scheint die Priorität auf dem Sehen, Hören und Fühlen zu liegen. Der Grund hierfür mag einerseits sein, dass auch ich hier die Prioritäten setze, außerdem ist in unserer westlichen Welt tatsächlich hauptsächlich die Fähigkeit des Hörens und Sehens intensiver ausgeprägt. Besonders das Riechen und auch das Schmecken sind eher in den Hintergrund getreten – oder waren es schon immer – und nicht so stark entwickelt wie vielleicht in anderen Ländern.

Dem Fühlen kommt nochmals eine speziellere Bedeutung zu und zwar in seiner erweiterten Form, dem „emotionalen Fühlen“ über das Sie im nächsten und übernächsten Kapitel nachlesen können.

Sie haben wahrscheinlich schon bemerkt, dass ich sehr „naturlastig“ bin und meist von der Wahrnehmung und der Schulung der Sinne in der Natur berichte. Natürlich können Sie nahezu alle diese Übungen auch in der Stadt machen. Sicher gibt es dort noch viele zusätzliche und auch andere Möglichkeiten. Wenn Sie ein Stadtmensch sind, der aufmerksam seiner Wege geht, werden Sie sehr wahrscheinlich eine Vielzahl von Dingen entdecken, die es wert sind, genauer betrachtet zu werden.

Nach diesen Übungen – wo auch immer Sie sie absolvieren – fällt es Ihnen mit Sicherheit leichter, die außersinnliche Wahrnehmung über Ihre vier medialen Sinne zu praktizieren, die diese Form der Wahrnehmung bestimmen.

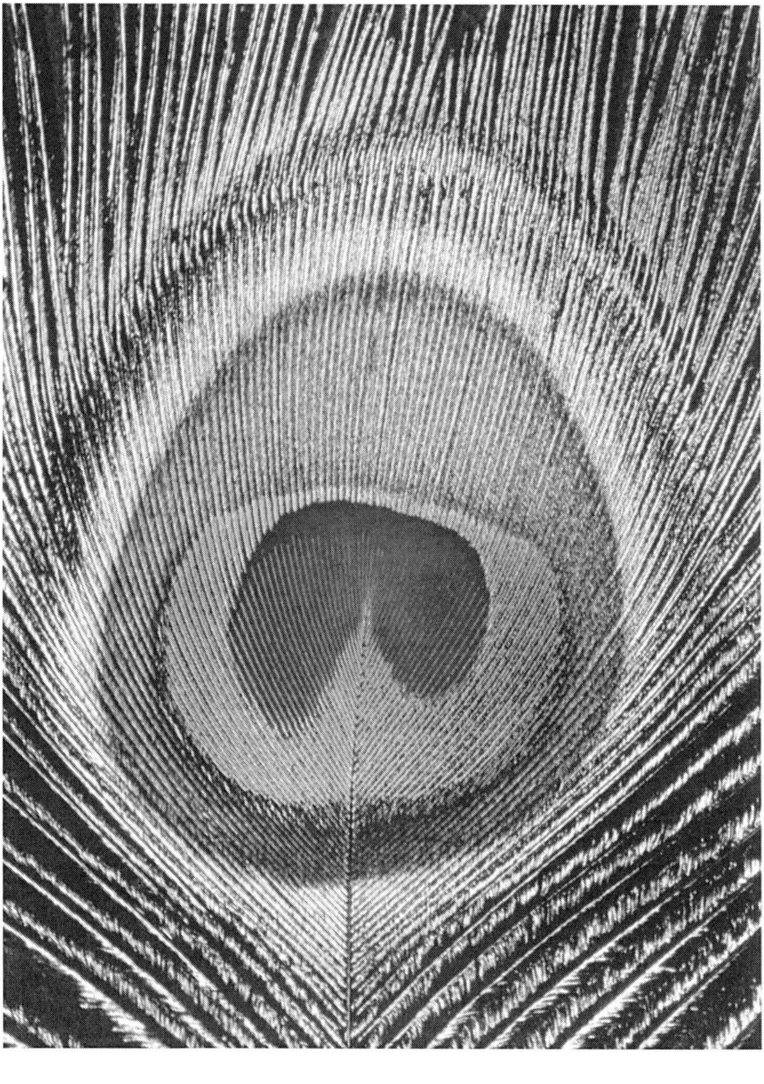

Die außersinnliche Wahrnehmung und die vier medialen Sinne

Die folgenden Begriffe prägen und bestimmen die außersinnliche Wahrnehmungen:

Das Hellsehen

bedeutet das Sehen von gegenwärtigen Dingen oder Eigenschaften, z. B. das Sehen bzw. Erkennen des Charakters eines Fremden oder das Sehen von Geschehnissen, die sich gerade zu dieser Zeit an einem entfernten Ort ereignen.

Das Hellhören

ist das Hören von Stimmen, auch der inneren Stimme, die zu uns sprechen, die aussprechen, was unter anderem auch in schwierigen Situationen zu tun ist.

Das Energielesen

ist das Lesen von Informationen in einem Gegenstand, zum Beispiel über seine Herkunft oder über seinen Besitzer.

Das Klarfühlen

kann uns z. B. empfinden lassen, ob jemand die Wahrheit spricht oder lügt, oder kann uns die Antwort auf eine Frage fühlen lassen, ohne jegliche Art von Hintergrundwissen.

Das Voraussehen

ist die Fähigkeit, spezielle Situationen oder Geschehnisse zu sehen, die sich in der nahen oder fernen Zukunft ereignen werden.

Das Zurücksehen

ist das Vermögen, spezielle Situationen oder Geschehnisse zu sehen, die sich in der nahen oder fernen Vergangenheit ereignet haben, auch vor der eigenen Geburt, ohne spezielles Wissen über diese Zeit.

Die Fernwahrnehmung

Ist das Wahrnehmen von Gefühlen und Befindlichkeiten anderer, die sich an einem mehr oder weniger weit entfernten Ort aufhalten.

Die Telepathie/Gedankenübertragung

ist das Aufnehmen und Erkennen der Gedanken anderer Menschen sowie das Übermitteln von Gedanken an andere Menschen, so dass diese sie aufnehmen können.

Alle diese Fähigkeiten werden uns über diese vier medialen Sinne übermittelt:

Das mediale Hören ist auch verbunden mit dem Begriff der „inneren Stimme“. Unsere Aufmerksamkeit konzentriert sich hierbei auf den Bereich der Schläfen.

Das mediale Sehen vermittelt uns innere Bilder, visuelle Einsichten in Meditationen und Träumen und ist direkt mit dem Stirn-Chakra, dem sogenannten „dritten Auge“ in Verbindung zu bringen.

Das mediale Fühlen ist unser „Bauchgefühl“. Dies ist in der Regel den meisten Menschen geläufig. Die Wahrnehmung des Bauchgefühls im Bereich des Solarplexus kann sogar bis hin zu Übelkeit oder Magenschmerzen gehen, allein verursacht durch den Gedanken an ein bestimmtes Problem oder Thema.

Das mediale Wissen, das innere Wissen, ist äußerst nahe verwandt mit der Intuition. Der körperliche Bereich für diese mediale Wahrnehmung ist das Kronen-Chakra, der Scheitelpunkt am oberen Ende des Kopfes.

Nun möchten wir ja gar nicht alle als Medium arbeiten oder die Gedanken anderer Menschen lesen können. Sinn und Zweck unserer Übungen ist es, ein bisschen hinter die Kulissen zu schauen, das Offensichtliche, das Oberflächliche zu durchschauen und dadurch eigene innere Gefühle und im Idealfall Blockaden wahrzunehmen und sie aufzulösen, da sie uns vielleicht daran hindern, ein freudvolles und glückliches Leben zu führen. Auch unser Dasein auf dieser Erde, der Sinn, der hinter allem steht kann dadurch etwas beleuchtet werden, so dass wir vielleicht erkennen, wohin wir unsere Prioritäten legen sollten und möchten. Aus diesen Gründen ist es durchaus sinnvoll, wichtig und wertvoll, sich mit diesen Themen zu beschäftigen.

Die Schulung der erweiterten, der übersinnlichen Wahrnehmung erfordert allerdings in der Regel etwas Hinwendung. Jedoch sind verhältnismäßig viele Menschen mit durchaus gut funktionierenden übersinnlichen Wahrnehmungsfähigkeiten ausgestattet, sie wissen es nur nicht oder trauen es sich nicht zu.
Das liegt unter anderem daran, dass wir uns im Alltag instinktiv verschließen. Das ist im Großen und Ganzen auch gut und wichtig, um einen gewissen Schutz vor „Angriffen" aus der Umwelt aufzubauen. Wenn wir permanent jede Schwingung, die uns umgibt, in uns aufnehmen, kann uns das unter Umständen schaden und uns im schlimmsten Fall geradezu aus der Bahn werfen. Wichtig ist deshalb, dass wir uns darüber bewusst sein sollten, in welchem Zustand (offen oder geschlossen) wir uns gerade befinden. Wir sollten uns die Möglichkeit schaffen, unsere Aufnahmefähigkeit zu steuern. Gänzlich ausschalten kann sie kein sensitiver Mensch, aber jeder kann sich insoweit ausklinken, dass er dadurch verhindert, dass unerwünschte Energien in ihn eindringen.

Ganz ausschalten wollen wir außerdem unsere Sensitivität nicht, denn dann würden uns ja Dinge entgehen, die wir aufnehmen möchten.

Bei den wenigsten Menschen sind die medialen Wahrnehmungsformen – genauso wie zuvor bereits erwähnt, die körperlichen – gleich gut ausgebildet. Es macht deshalb Sinn, sich besonders mit den Formen zu beschäftigen, zu denen man persönlich bereits einen guten Zugang hat. So sieht, denkt und fühlt der eine Mensch hauptsächlich in Bildern, ein anderer nimmt hauptsächlich Geräusche oder Gerüche wahr und der dritte fühlt oder weiß Dinge über große Distanz, vielleicht auch aus der Zukunft oder Vergangenheit.

Nicht nur bei unserer geplanten Wohnraumuntersuchung, auch in Ihrem Alltag ist die erweiterte Wahrnehmung, die Schulung und Sensibilisierung unserer Sinne, hilfreich. Sie erleichtert Ihnen eine umfassendere Beurteilung von Dingen oder Situationen, mit denen Sie konfrontiert werden, ermöglicht Ihnen schnellere Entscheidungen und Reaktionen und das Erkennen von Zusammenhängen.
Ihre Grundhaltung gegenüber Ihrer Umwelt wird sich nach und nach verändern und ihnen dazu verhelfen, im Hier und Jetzt präsenter zu sein. Sie werden intensiver und umfassender registrieren, was um Sie herum geschieht.

Wahrnehmung und damit auch Realität wird bestimmt durch die Regeln der westlichen Gesellschaft, in der wir leben. Diese Gesellschaft erzieht ihren Kindern die Feinfühligkeit ab, die telepathischen Fähigkeiten, mit Tieren und Wesen aus Anderswelten zu kommunizieren, was die meisten Kinder bis zum Alter von etwa vier Jahren tatsächlich tun.

Die Gesellschaft bestimmt, was sein darf und was nicht. Paradoxerweise ist da eine ganz tiefe Sehnsucht nach dem, was eigentlich in uns allen schlummert. Die Menschen, besonders die in der hoch technisierten westlichen Welt, hungern nach der

Beantwortung so vieler Fragen, suchen aber die Antworten weit weg von sich selbst. Sie reisen in ferne Länder und bestaunen das Wissen und die Fähigkeiten anderer Kulturen. Indianische Weisheiten werden ehrfurchtsvoll bewundert – das eigene Kind, das Elfen sehen kann und mit Tieren spricht, wird belächelt.

Die Menschen suchen immer dort, wo es am wenigsten mit ihnen selbst zu tun hat. Dabei sind die Antworten auf all unsere Fragen in uns selbst verborgen – aber wir trauen uns nicht, auf das zu hören, was in uns spricht. Wir vertrauen nicht darauf, dass das, was wir zu hören glauben, Antworten sind. Es gibt so viele Wege, die uns tiefer eindringen lassen in den Kern der Dinge. Wir sehen und gehen oft nur die oberflächlichen Pfade und die führen uns im Kreis. Das Wundervolle und Fantastische ist überall, wir müssen nur zulassen, dass es da sein darf, es uns erlauben, es zu sehen.

Nutzen Sie deshalb jede Möglichkeit, alle Ihre Sinne zu trainieren, auch das meist vernachlässigte Riechen, Schmecken und Fühlen, vielleicht erschließen sich Ihnen dadurch neue Wege. Beobachten Sie dabei auch stets Ihre Empfindungen und die Gefühle, die über die erweiterte Wahrnehmung zu Ihnen kommen. Dies wird nämlich zwangsläufig geschehen, wenn Sie sich intensiver damit beschäftigen.

Sie werden auch registrieren, wie leicht wir uns im Alltag manipulieren lassen, wie leicht wir dazu neigen, uns von der Oberflächlichkeit und der Hektik um uns herum desensibilisieren zu lassen und schließlich geduldig mit dem Strom schwimmen.

Auch das Erkennen von Gefahren unterschiedlichster Art wird durch die Schulung der Wahrnehmung und die Erweiterung des Bewusstseins gefördert. Damit wird der Weg geebnet, sich vor drohenden Gefahren schützen zu können, denn schützen kann man sich nur, wenn man eine Bedrohung überhaupt erkennt. Eine große Bedrohung ist z. B. auch der Alltagsstress, nicht nur für unsere körperliche Gesundheit, sondern auch für unsere sensible Wahrnehmungsfähigkeit. Er ist eine Bedrohung weil er uns lähmt und auslaugt, uns unserer Kräfte beraubt und damit verhindert, dass wir uns mit dem beschäftigen, was wichtig ist, nämlich der Innenschau und der Findung unseres Lebenssinns.

Mir fällt oft auf, dass ich in Zeiten besonderer Belastung und Anspannung verstehen kann, dass viele Menschen nicht nachempfinden können und nicht „glauben“ was in Parallelwelten um uns herum passiert, bzw. nicht glauben, dass es sie überhaupt gibt.
An einem Tag voller Termine und Zeitdruck, beim Hetzen über den Parkplatz des Einkaufszentrums, mag es in der Tat manchmal schwer nachvollziehbar sein, dass dieser Platz eine Seele hat und zu uns sprechen kann, dass wir die Bäume spüren können, die hier vor vielen Jahren standen, dass sich im nahen Park Elfen tummeln und vieles mehr ...
Baumseelen und Elfen ... typischer Fall von Wahnwahrnehmung mögen da viele sagen und hetzen weiter durch den Tag, verbringen Ihre Zeit mit Tätigkeiten, die sie nicht tun möchten, kaufen Dinge, die sie nicht benötigen, häufen materielle Güter an, die nur belasten und werden dabei schließlich krank und müde ...

Ich weiß, dass es nicht richtig ist, so zu leben, kann es aber bis zu einem bestimmten Punkt auch in meinem Leben nicht verhindern. Trotzdem versuche ich immer wieder und immer aufs Neue zu stoppen und zurück zu rudern, wenn ich die Anbindung zu verlieren drohe. Wenn ich schreibe „Anbindung“, dann meine ich das Wissen um dieses nebulöse „große Ganze“, das uns alle verbindet und das mich gelehrt hat, dass es die wichtigste Aufgabe in unserem Leben ist, uns selbst zu erkennen.

Viele Menschen lassen erweiterte Wahrnehmung schlichtweg nicht zu und es sind nicht selten Menschen, die diesbezüglich eigentlich besonders gute Fähigkeiten haben. Sie verschließen sich jedoch so extrem vor „Übersinnlichem“ jeglicher Art, dass sie es wahrscheinlich nicht einmal annehmen könnten wenn etwas komplett „Unmögliches“ direkt vor ihren Augen passieren würde. Selbst dann finden sie „Erklärungen“ und halten sich daran fest, mögen diese auch noch so stumpfsinnig sein.

Diese Menschen sollte man nicht bekehren oder missionieren wollen, auch wenn man selbst erfahren durfte welche Bereicherung die erweiterte Wahrnehmung ins eigene Leben bringt. Irgendwann wird es jeder erfahren dürfen. Bis dahin kann man nicht mehr tun, als selbst daran zu wachsen, den Mitmenschen die veränderten Einstellungen aufgrund der gemachten Erfahrungen vorzuleben und dabei stets geerdet zu sein und zu bleiben.

Um möglichst exakt wahrzunehmen sollten wir neben einer guten Erdung auf eine bewusste Atmung achten, uns Zeit lassen und weitestgehend von äußeren Umständen unbeeinflusst sein.

Als „Anfänger“ sollten Sie Orte aufsuchen, die wenig oder gar nicht frequentiert sind bzw. ihre Umgebung zu Zeiten erkunden, in denen Sie ungestört sind. Im Feierabendtrubel einen Supermarkt erweitert wahrnehmen zu wollen sollte deshalb nicht unbedingt ganz oben auf Ihrer Liste stehen, alleine schon deshalb weil Sie sich höchstwahrscheinlich sehr unwohl fühlen würden, während Sie versuchen, sich vor dem Suppenregal in die Energie des Platzes einzuspüren.

Eine ruhige, bewusste Atmung lässt uns zur Ruhe kommen und eine gewisse Gelassenheit empfinden. Sie verhilft uns zu einer guten Erdung, einer notwendigen Basis zum empfangen von besonderen Wahrnehmungen.

Die Verbindung zur Erde stärkt unsere Standfestigkeit und lässt uns realitätsnah und im Gleichgewicht bleiben, auch wenn sich vielleicht Dinge zeigen, die vieles von dem in Frage stellen, was bisher unser Weltbild prägte. Die notwendige Erdung verschafft uns eine Bodenhaftigkeit, die uns neben allen außersinnlichen Wahrnehmungen auch unseren irdischen Alltag meistern lässt.

Sind sie noch ungeübt, können Sie davon ausgehen, dass Sie sich durchaus selbst sabotieren. Sie werden nicht unterscheiden können zwischen dem, was vielleicht wirklich da ist und dem, was Sie sich vielleicht einbilden zu sehen, was Ihr Gehirn, Ihr Verstand ihnen vorgaukelt. Sie werden urteilen wollen und einteilen in möglich und unmöglich. Auch zu hohe Erwartung oder Erfolgsdruck können Sie blockieren und verhindern, dass Sie Ihre Antennen frei und unbefangen auf Empfang stellen. Vielleicht erschrecken Sie auch vor dem, was sich Ihnen zeigt, bauen Ängste oder Unbehagen auf.

Beginnen Sie deshalb mit kleinen Wahrnehmungsübungen. Versuchen Sie stets in Ihrer Mitte zu bleiben, gehen Sie mit Zuversicht, Vertrauen und Optimismus in Ihre Wahrnehmung, dann wird in Ihnen keine Angst und kein Unbehagen vor dem Unbekannten aufsteigen.

Achten Sie während Ihrer Wahrnehmungsübungen stets auf Ihr Körpergefühl. Ihr Körper kann zu einem wertvollen Hilfsmittel werden und Ihnen als sicheres Werkzeug, als Messinstrument dienen. Gerade beim Erspüren einer Raumqualität kann Ihr Körper deutlich anzeigen und zum Ausdruck bringen, ob das Raumgefühl eher angenehm und positiv oder eher unangenehm ist. Schon beim betreten eines Raumes können Ihnen ein „mulmiges Gefühl" und ein Zurückweichen vermitteln, dass mit dem Raum etwas nicht stimmt. So können Sie das zurückkippen als nein – eher negativ – werten, ein Vorbeugen des Körpers als ja – eher positiv. Ihr Körper ist in dem Fall das Werkzeug, Sie benötigen kein anderes, kein Pendel, keinen Tensor, keine Wünschelrute, denn alle diese Werkzeuge machen im Endeffekt nur das sichtbar, was Ihr Körper empfängt.
Achten Sie auf kleinste Körperreaktionen und erinnern Sie sich daran, wenn sie zu einem anderen Zeitpunkt an einem anderen Ort Ähnliches empfinden oder beobachten.
Je sensibler sie werden, desto leichter werden Sie energetische Schwingungen aufnehmen und umsetzen können. Zuerst ist es

vielleicht ein Bild, das Sie vor Ihrem geistigen Auge sehen, ein Geräusch, eine Stimmung, die Sie aufnehmen und schließlich setzt es sich zu einem ganzen Film zusammen.

An jedem Platz gibt es Überlagerungen verschiedenster Wirklichkeiten, Dimensionen, Strahlungen und sonstiger Energien. Alle Ereignisse und Gefühle, die jemals hier stattgefunden haben, werden im Energiefeld des Ortes gespeichert.

Vielleicht stehen Sie dann irgendwann, im Urlaub oder während eines Ausflugs, in einem romantischen, verwunschenen Altstadt-Gässchen – und plötzlich hören sie die Rufe der Kinder, das Getrappel der Pferde und sehen seltsam gekleidete, in Kutschen sitzende Menschen aus längst vergangenen Tagen – genau dort, wo Sie sich gerade befinden.

Erweiterte Wahrnehmung bedeutet nicht nur zu empfangen, was gerade um Sie herum geschieht – außerhalb des Wirkungskreises Ihrer körperliche Sinne – nein, es bedeutet auch, dass sich die zeitlichen Begrenzungen auflösen und Sie alles das empfangen, was dort, wo Sie sich gerade befinden, jemals geschehen ist.
Vielleicht wird es Sie erschrecken, vielleicht sogar ängstigen, denn das, was sich schließlich an dem Ort an dem Sie leben zeigt, hat unter Umständen auch mit Ihnen zu tun, mit Ihnen und ihrer Vergangenheit aus anderen Zeiten.
Lassen Sie sich bitte weder ängstigen noch verwirren, noch beirren. Nehmen Sie vorerst einfach alles hin, ohne sich zu intensiv in das erlebte, gesehene, gehörte hineinzusteigern. Vertrauen Sie darauf, dass sich Ihnen nur das zeigt, was für Sie gut und richtig ist. Versuchen sie so wenig emotional wie möglich an diese Sache heranzugehen. Lassen Sie sich aber auch nicht beirren von der ablehnenden Reaktion von Menschen, denen Sie eventuell davon erzählen. Seien Sie stets geerdet und in sich gefestigt, lassen Sie sich zu keiner Zeit aus dem Gleichgewicht bringen und vergessen Sie nie, dass Sie sich hier und jetzt auf

dieser Erde befinden, um das Leben zu meistern, in dem Sie sich befinden. Versuchen Sie, alles, was sich Ihnen zeigt, als Geschenk und Entwicklungsmöglichkeit dankbar anzunehmen auch wenn es vielleicht dazu beiträgt, dass Sie vieles infrage stellen. Auch kann es möglich sein, dass Sie Erlebnisse haben werden, die Ihr Leben verändern, denn die Fähigkeit, Dinge wahrzunehmen, beschränkt sich natürlich nicht nur auf Orte.

Das intensive Vordringen in den Bereich der erweiterten Wahrnehmung wird es unmöglich machen, das alte, gewohnte Leben weiter zu leben wie bisher. Was wir erleben, erfahren und erkennen können wir nicht rückgängig machen. Früher oder später dringt man in Bereiche vor, die einen alles anzweifeln lassen. Man wird mit allen Wesen empfinden können, den Tieren, den Pflanzen, den Mineralien, den Naturwesen ... Man wird große Weisheit aber auch unermessliches Leid mit ihnen teilen ...

Erinnern Sie sich an die Entwicklung, die Sie in diesem Leben vielleicht bereits gemacht haben, an die Entwicklungssprünge, die die Bevölkerung eines ganzen Landes hin und wieder zu machen scheint. Ich denke dabei gerade an die Welle der veganen Ernährung, die im Moment über unser Land gespült wird. Wer hätte das noch vor einigen Jahren gedacht? Wer hätte gedacht, dass auf einmal und ganz plötzlich ein Bewusstsein entsteht für das grausame Schicksal der „Nutztiere“, die zu Millionen für uns Menschen leiden. Und plötzlich gibt es offizielle „Tierschutzprofessoren“, die das Leid der Tier in Versuchslaboren vermeiden oder wenigstens lindern sollen. Selbst wenn Sie nicht zu denjenigen gehören, deren Bewusstsein bezüglich der Nutz- und Versuchstiere einen Sprung gemacht hat, gehören Sie nicht vielleicht auch zu den Menschen, die nicht nachvollziehen, nicht verstehen können, wie Menschen in südlichen und östlichen Ländern, ungerührt und scheinbar teilnahmslos, an ausgemergelten, fast verhungerten und vertrockneten Hunden und Katzen vorbeigehen, die auf schmutzigen Straßen sterbend in der prallen Sonne liegen? Aber wie oft gehen wir, die wir die Hunde und Katzen lieben, behüten und beschützen, in Ihnen die Seelenwesen erkannt haben, wie oft gehen wir vorbei an einem sterbenden Baum, an einem hilflosen, verletzten Käfer oder treten auf eine Blume, die um Wasser bittet. Worin besteht dann der Unterschied zwischen uns und den Menschen, die keine Gefühl, keine Wahrnehmung für die Hunde und Katzen haben, für diejenigen, die wir so lieben, die unser Mitgefühl erhalten?

Genau das ist die Erweiterung der Wahrnehmung, die Bewusstseinserweiterung, in der wir uns gerade im Moment befinden, das Erkennen von verborgenen Wirklichkeiten, von Zusammenhängen, die uns vor einer Weile noch unbekannt waren, genauso unbekannt wie sie im Moment noch den Menschen sind, die kein Gefühl für einen sterbende Hund – oder ein hungerndes Kind – am Straßenrand haben.

Ich weiß, es ist krass, was ich schreibe, aber es dient zur Verdeutlichung der Situation. Zuerst müssen wir auf uns schauen, bevor wir über andere urteilen und wir müssen das vorleben, was wir erkannt haben, praktisch, nicht nur theoretisch. Vielleicht führt das dann irgendwann dazu, dass die Menschen aller Nationen Erbarmen haben mit den Hunden und Katzen und dass alle Menschen, überall auf der Welt, die Seelen der „Nutztiere“ erkennen. Irgendwann und irgendwo wird es schließlich Menschen geben, die keine Bäume mehr fällen oder verletzte Käfer zertreten und zwar viele Menschen, nicht nur einzelne, die im Moment noch oft als „seltsam“ bezeichnet werden.
Ich weiß nicht wie lange es noch dauert, bis es so sein wird. Aber wenn Sie zu den Menschen gehören, die diese Fähigkeiten der erweiterten Wahrnehmung entwickeln, dann wird Ihnen unweigerlich bewusst werden, dass Sie zu denjenigen gehören, deren Aufgabe es in diesem Leben ist, auf all das aufmerksam zu machen. Und damit helfen Sie mit bei einer energetischen Aufwertung unserer Welt, bei einer „Heilwerdung“, die nicht „nur“ einem Gebiet zugutekommt, sondern unserer gesamten Erde und all ihren Wesen.

Die Schulung der außersinnlichen Wahrnehmung

Unser Anliegen ist zwar hauptsächlich, uns mit der Energie unseres Wohnplatzes auseinanderzusetzen, trotzdem sollte sich die Sensibilisierung der Wahrnehmung nicht darauf beschränken – was praktisch auch gar nicht möglich ist, wie Sie meinen Ausführungen auf den vorigen Seiten bereits entnehmen konnten ...

In diesem Kapitel sind nun einige Übungen und Beispiel für Sie zusammengestellt, die ihnen ermöglichen können, erste tiefer gehende Empfindungen zu sammeln.

Grundsätzlich ist es so, dass es an bestimmten Orten, z. B. Kraftplätzen und Dimensionstoren (das sind besondere Plätze in der Landschaft, die einen erleichterten Übergang in andere Dimensionen ermöglichen), einfacher ist, erweitert wahrzunehmen, als an Plätzen, an denen ständige Reizüberflutung herrscht. Ebenso ist dort ein Übergang in die Anderswelten besonders gut möglich.
Nicht nur der Ort, auch die Uhrzeit, zu der wir uns auf einem Platz aufhalten, spielt eine Rolle. So hat die Morgen- und die Abenddämmerung einen ganz bestimmten Zauber, die Zeit um Mitternacht, die Zeit zwischen Wachen und Schlafen und zwischen Schlafen und Wachen und – besonders im Sommer – die Mittagszeit mit ihrer flirrenden Hitze, dann, wenn alles zu ruhen scheint.
Besondere Beachtung sollten die Übergänge und Schnittstellen erhalten, nicht nur die zeitlichen, wie vor erwähnt, sondern auch die tatsächlichen irdischen Bereiche wie Höhlen, Schluchten, Berggipfel, Randgebiete (z. B. Waldränder), Flussufer aber auch Stadtränder, Grenzgebiete zwischen menschlichen Siedlungen und der Natur. Es sind Bereiche, die trennen, aber gleichzeitig auch verbinden – zwischen Himmel und Erde, zwischen oben und unten, zwischen hier und dort.

Auch in der Lücke zwischen zwei Gedanken kann es uns gelingen, in Anderswelten und tiefe Wahrnehmungen einzutauchen, und so manches Mal scheint dann die Zeit stillzustehen und es gibt kein Erkennen mehr, ob Bruchteile von Sekunden oder gar Stunden vergangen sind, denn in der Anderswelt existieren keine Gesetze von Raum und Zeit.

Im Prinzip müssen wir nicht weit gehen, denn die Anderswelten beginnen auch an der Grenze unseres Gesichtsfeldes. Ist es Ihnen nicht auch schon das eine oder andere Mal so vorgekommen, als wäre da eine Bewegung, ein Huschen in ihrem Augenwinkel? Drehen Sie dann den Kopf, um zu schauen, ist nichts zu sehen ...

Erweiterte Wahrnehmung beginnt beim bewussten wahrnehmen. Suchen Sie sich zu Beginn, aber auch prinzipiell, am besten das aus, was ihnen am meisten liegt, denn es ist klar, dass nicht bei jedem alle Sinne gleich gut ausgebildet sind, das habe ich zuvor bereits erwähnt. Wir müssen uns nicht zwingen, alle unsere Sinne gleichermaßen zu schulen. Das sind genau die Zwänge, die uns oft veranlassen, Dinge zu tun, die wir gar nicht tun wollen mit dem Resultat, dass wir uns überfordern.

Wenn Sie das Sehen bevorzugen, wenn Ihr Alltag aus Bilder besteht, Sie in Bildern denken und fühlen, dann werden Sie höchstwahrscheinlich auch im Bereich der übersinnlichen Wahrnehmung auf die Welt der Bilder fokussiert sein.

Genau dort liegt dann Ihre Begabung und Feinfühligkeit. Unterwerfen Sie sich also in dieser Beziehung keinen von außen gesetzten Regeln sondern folgen Sie dem Weg, der breit und bequem vor Ihnen liegt, ansonsten kann es sein, dass Sie die Lust und die Freude an der Sache verlieren und das wäre schade. Sind Sie in einer Sache schließlich sicherer geworden, sind motiviert und freuen sich über Ihre Fortschritte, können Sie immer noch schauen, ob Sie Ihre Fähigkeiten nun daraufhin eventuell noch erweitern möchten.

In den Anfängen meiner Tierkommunikationsausbildung beneidete ich stets diejenigen, die nach der Kommunikation mit einem Tier ganze Seiten geschrieben hatten. Ich dagegen bekam meist nur Satzfragmente übermittelt, jedoch dafür, zum Ausgleich sozusagen, eine Flut von Bildern, während diejenigen, die den Text erhalten hatten, kaum Bilder sahen. Mittlerweile erhalte ich die Botschaften auch in Textform – zusätzlich zu den Bildern. Jedoch kommen bei mir kaum oder nur wenige reale, irdische Beschreibungen an (die zum Beispiel dringend nötig sind, wenn ein Tier verschwunden ist und nach seinem Aufenthaltsort gefragt wird) sondern hauptsächlich Informationen auf der emotionalen Ebene.

Nun aber zu den Übungen zur erweiterten Wahrnehmung, beginnend mit denen, die relativ einfach durchzuführen sind.

Energien wahrnehmen

Alles ist Energie, alles ist ständig in Schwingung und alles speichert Energie, nicht nur das für uns offensichtlich Lebendige, wie Menschen, Pflanzen, Tiere, nein, auch Steine, Erde, Holz – gesundes und auch scheinbar „totes“ gefälltes Holz ...

Um zu Beginn eine deutliche Resonanz auf Ihre Bemühungen zu erhalten, die Sie in Ihrem Tun bestätigt, eignet sich das Erspüren von Wasser sehr gut.

Die Energie des Wassers wahrnehmen

Suchen Sie sich in ihrer Umgebung ein stehendes Gewässer, einen See oder Teich. Stellen Sie sich an sein Ufer, werden Sie still, atmen Sie ruhig und lassen Sie sich ein auf die Stimmung des Wassers.
Im Gegensatz dazu wiederholen Sie diese Übung danach an einem bewegten Gewässer (ein kleiner, munter fließender Bach ist ausreichend), an dessen Ufer oder auf einer Brücke darüber.

Sie werden deutlich die unterschiedlichen Energien spüren können, die Qualitäten von Ruhe, Rückzug und Stille zu beweglicher Lebendigkeit, von Yin und Yang.
Diese Übung – wie viele andere auch – können Sie auch mithilfe von Fotos machen, in die Sie sich einfühlen oder selbst nur mit der gedanklichen Einstimmung an einen ruhigen See oder einen tosenden Gebirgsbach.

Stille spüren

Wenn Sie einen Ort kennen, an dem es in der Regel oder meistens sehr still ist, dann sollten Sie ihn hin und wieder aufsuchen um in die Stille zu lauschen und sie zu spüren. Momente, in denen wir gar nichts hören, verschaffen uns die Möglichkeit in uns selbst hineinzuhorchen, beziehungsweise es fällt uns leichter, zu verstehen, was die Stimme in unserem Inneren sagt. Wenn dann vielleicht der Wind ein leichtes Blätterrauschen verursacht, irgendwann ein Flugzeug in der Ferne brummt oder ein Vogel ruft, empfinden wir diese Geräusche als besonders intensiv.

Achtsam durch die Natur gehen

Öffnen Sie beim Gang durch die Natur stets alle Sinne, achten Sie auf Besonderheiten, auf Tiere und Pflanzen, auf das Wetter. Manchmal kommen Eingebungen, Intuitionen und die Brücke ist errichtet zwischen sinnlicher und übersinnlicher Wahrnehmung.
Oft vermitteln uns die Naturgeister Intuitionen über den Weg ganz plötzlicher, erstaunlicher Gedankengänge.
Schreiben Sie Zuhause ihre Gedanken und Empfindungen auf, besonders dann, wenn sie außergewöhnlich waren, nicht einzuordnen und Sie im Moment nichts damit anfangen können.

Meditieren in der Natur

Es gibt viele Möglichkeiten, sich in der Natur oder auch in Ihrem Garten, anderen Dimensionen auf besondere Weise zu näheren.

Sie können Sie ausprobieren, für sich ergründen auf welche Weise Sie sich am besten fühlen und am intensivsten empfinden.

Mit einem Steinkreis, den sie um sich legen, verschaffen Sie sich einen Ort der Ruhe. Er bietet Ihnen Schutz, da Sie im Zustand der erweiterten Wahrnehmung auch Energien Einlass bieten, für die Sie vielleicht nicht offen sein möchten. Je größer die Steine sind, desto leichter kann Ihnen diese Übung fallen. Im Idealfall sollten die Steine mindestens die Größe einer kleinen Ananas haben.

Setzen Sie sich in den Steinkreis, werden Sie ruhig und still. Betrachten Sie ihre Umgebung ganz genau, prägen Sie sich die Landschaft ein, in der Sie sitzen. Verlagern Sie schließlich Ihre Energie vom außen nach innen. Schaffen Sie nun Ihre ganz individuelle Weise, die Anderswelt zu betreten. Visualisieren Sie ein Tor, eine Nebelwand oder einen Lichtvorhang, und durchschreiten Sie schließlich diesen Übergang. Schauen Sie, was sich Ihnen zeigt und achten Sie auf Botschaften. Wenn Sie zurückkehren möchten, durchschreiten Sie den Übergang in die andere Richtung und kommen Sie bewusst wieder im Hier und Jetzt an.
Bedanken Sie sich und würdigen Sie das, was Sie erlebt haben, hinterlassen Sie vielleicht eine kleine Gabe.

Auch ohne Steinkreis, während eines Spaziergangs, können Sie Schwellen überschreiten, die Sie sich selbst errichten. Stellen Sie sich die Nebelwand, das Tor oder den Lichtvorhang an einer bestimmten Stelle Ihres Weges vor, einen zweiten Übergang in einiger Entfernung. Gehen Sie nun bewusst und langsam diesen Weg und bitten Sie beim Überschreiten der ersten Schwelle um besonderen Schutz und Führung. Verlassen Sie schließlich das Wegstück über die zweite Schwelle. Schaffen Sie sich dabei stets einen Anfang und ein Ende, das erhöht Ihre Achtsamkeit und erschwert, dass ungebetene Energien sich an Sie heften können und unbemerkt haften bleiben.

Würdigung der Natur, der Tiere und Pflanzen, der Geister, Naturgeister, Elementarwesen und sonstiger Wesen aus anderen Dimensionen

Würdigen Sie das Geben und Nehmen in der Natur. Bringen Sie etwas mit, singen Sie ein Lied, schicken Sie Licht, bedanken Sie sich und bitten Sie um Dinge, fragen Sie um Erlaubnis, bevor Sie etwas mitnehmen wie z. B. einen schönen Stein oder einen Blumenstrauß.

Mit der Würdigung und Achtsamkeit, die Sie allen Wesen entgegen bringen, erhöhen Sie die Chance, dass sie sich Ihnen zeigen.

Entlang eines Waldweges fand ich vor einiger Zeit viele kleine Würdigungen dieser Art. Irgendjemand hatte offensichtlich in der Umgebung flache Steine gesammelt und auf den Stümpfen gefällter Bäume kleine Steintürme aufgestapelt. Wunderschön anzuschauen schmückten diese Türmchen die Reste des Baumes. Wollte da jemand die Bäume um Entschuldigung bitten, Wunden heilen oder einfach nur eine Gabe in der Natur hinterlassen? Ich weiß es nicht. Auf jeden Fall war es deutlich zu empfinden, dass durch diese Intention und vor allem auch durch die reale Ausführung, durch die liebevolle Präsenz dieser kleinen Kunstwerke, die Energie dieses Platzes höher schwang.

Baumwahrnehmung

Bäume gelten als Bindeglieder zwischen Erde und Himmel und im Glauben vieler Kulturen bringen Bäume Segen und Ge-sundheit. Bäume sind natürlich Pflanzen, trotzdem haben sie eine Sonderstellung und deshalb werden sie auch meist zu-sätzlich zu den Pflanzen separat erwähnt.
Bäume geben uns – neben physischen Geschenken, wie Schatten, Schutz, Früchte, Holz, Sauerstoff und vieles mehr – auch Trost und Geborgenheit, Leichtigkeit und Kraft.
Suchen Sie sich einen Baum aus, z. B. eine Kastanie, eine Eiche, Linde oder Buche.

Betrachten Sie ihn aus einem Abstand von ungefähr zehn Metern. Näheren Sie sich nach einer Weile dem Baum auf ungefähr fünf Meter. Treten Sie schließlich direkt an ihn heran, berühren Sie ihn, schauen Sie nach oben in seine Krone, setzen Sie sich zu ihm, lehnen Sie sich mit dem Rücken an seinen Stamm.

Stellen Sie sich vor, Sie wären ein Teil von ihm.
Welche Gefühle kommen in Ihnen auf?

Machen Sie später die gleiche Übung mit einer Birke.

Vergleichen Sie Ihre Empfindungen. Welcher Baum verursachte welche Gefühle?

Bäume wie Kastanien und Buchen vermitteln uns eine gewisse Schwere, dabei aber Schutz und Geborgenheit, sie sind erdig. Birken inspirieren uns, sind leicht und vermitteln Unbeschwertheit, sie sind luftig.
Auch spielt es eine Rolle, wo der Baum steht. Geht es ihm gut dort? Wird er geachtet? Steht er bewundert auf einem Dorfplatz oder als einziger Überlebender zwischen gefällten Freunden?

Bäume sind individuelle Wesen und es ist leicht, mit Ihnen in Kontakt zu treten. Ein Baum auf dem Mittelstreifen einer Schnellstraße oder einbetoniert in einer Fußgängerzone gibt uns andere Signale, als ein Baum in einem verwunschenen Hain. Seien Sie aber vorsichtig mit einfließenden eigenen Gedanken und Gefühlen. Es ist nicht unbedingt gesagt, dass sich der Baum auf der Schnellstraße oder der in der Fußgängerzone schlecht fühlt. Vielleicht ist er stolz auf die Aufgabe, die er an seinem Platz erfüllt und zufrieden mit seinem Leben ...

Mit allem, was uns umgibt, in Verbindung treten – emotional fühlen

Üben Sie, alles Lebende um Sie herum als Verkleidung Ihres Selbst zu betrachten.

Sehen Sie <u>sich</u> in Ihren Freunden, der Familie, den Tieren, den Pflanzen – und auch in den Menschen und Wesen, die Sie <u>nicht</u> mögen.

Setzen Sie sich ganz bewusst gegen die Illusion des „Getrennt-Seins“ zur Wehr.
Wenn Sie ständig üben, alles in der Umgebung als Verkleidung des eigenen Selbst zu sehen, dann werden Sie irgendwann wissen, dass Sie nicht nur so tun, sondern, dass es so ist. Das ist ein überwältigendes Gefühl und die Beziehung zum Leben wird sich grundlegend ändern.
Dann werden Sie auch den Schmerz anderer Lebewesen mit Ihren eigenen Sinnen spüren und möglichst vermeiden, andere zu verletzen, mögen sie auch noch so klein sein.
Konzentrieren Sie sich darauf, Ihr Bewusstsein zu erweitern und innerlich zu erwachen. Irgendwann, zum richtigen Zeitpunkt, werden Ihnen die erfahrenen Wahrheiten dabei helfen, Illusionen und Beschränkungen zu überwinden, in denen Sie – und wir alle – gefangen sind.

<u>Fragen stellen</u>

Wenn Sie ein Problem haben, eine Entscheidung treffen müssen, nicht wissen, wie Sie sich verhalten sollen, dann stellen Sie eine klare Frage bevor Sie sich in die Natur begeben. Sie können viele Antworten in der Natur erhalten, z. B. durch wie J und N (Ja und Nein) geformte Bäume oder Äste, durch eine Geschichte oder eine Erinnerung, die Ihnen plötzlich einfällt, durch das Verhalten eines Vogels und vieles mehr. Vielleicht nehmen Sie es bewusst wahr, vielleicht wissen Sie auch ganz einfach am Ende des Spaziergangs, was zu tun ist.

Von einem besonders schönen realen Beispiel für diese Übung erfuhr ich kurz vor Fertigstellung des Buches: Eine junge Frau ging spazieren auf der Suche nach einer Erkenntnis, einer Antwort. Während sie in Gedanken versunken ihres Weges ging fiel ihr Blick auf den Boden und sie sah einen Stein. Sie stolperte

geradezu über ihn und war erstaunt, denn auf ihm stand das Wort „Grenzpunkt“ geschrieben. Doch was sollte ihr das sagen? Wie sollte sie das interpretieren? Möglichkeiten gibt es einige. Vielleicht war sie an Ihre Grenzen gegangen, vielleicht war es eine Aufforderung, ihre Grenzen zu erkennen, oder sie zu übergehen, zu überschreiten – in diesem Fall im wahrsten Sinn des Wortes.
Vielleicht sollte es sie darauf hinweisen, dass nur sie selbst sich Grenzen setzte, vielleicht sollte sie Grenzen (eigene und die anderer) respektieren, oder, oder, oder ... Niemand kann uns in einer solchen Situation den Sinn erklären und auch wir selbst sind nicht schlauer als zuvor, wenn wir nicht klar in unserer Absicht waren.

Dieses Beispiel zeigt deutlich, wie wichtig es ist, möglichst konkret zu fragen um die Antwort auch verstehen zu können. Sind wir klar und präzise in Frage und Formulierungen, dann sind die Geschehnisse, Zeichen und Antworten mit denen wir konfrontiert werden, klar und deutlich und es fällt uns leicht, ihre Aussagekraft zu deuten.

Die Nacht erleben

Erweiterte Wahrnehmung ist, wie die Schärfung der sinnlichen Wahrnehmung, gut in der Dunkelheit zu üben weil wir dann, wenn unsere Augen ihren Dienst weitestgehend aufgeben, besonders empfänglich sind. Wir werden in dieser Situation auch nicht abgelenkt von allen möglichen visuellen Reizen.

Wenn Sie mitten in der Nacht aufwachen, nicht mehr schlafen können und vielleicht wie viele Menschen dazu neigen, alle möglichen Probleme zu durchdenken, ist es ein guter Zeitpunkt, erweiterte Wahrnehmung zu üben und sich z. B. Ihren Ahnen zu widmen. Stehen Sie dann nicht auf, machen Sie kein Licht an. Werden Sie ruhig, kommen Sie bei sich an und bitten Sie darum, dass sich Ihnen Ihre Ahnen zeigen. Unsere Ahnen sind uns in den allermeisten Fällen sehr wohl gesonnen und sind stets bereit, ja warten sogar darauf, uns zu unterstützen. Auch verbirgt sich hier ein großes Potenzial an unterschiedlichstem Wissen und Können. Bitten Sie um Kraft und Unterstützung von demjenigen, der Ihnen in Ihrer jetzigen Situation, bei einem aktuellen Problem oder was auch immer, am besten helfen, sie am intensivsten unterstützen kann.

Vielleicht können Sie sehr schnell beruhigt einschlafen, ohne das Gefühl bekommen zu haben, dass ein Kontakt da war, vielleicht spüren Sie davor aber auch eine besondere Geborgenheit oder Wärme.

Es lohnt sich auf jeden Fall, dies auszuprobieren, wenn Sie sowieso nicht schlafen können ist es einen Versuch wert.

Die Wahrnehmungen, die wir nachts machen, sind auch deshalb wichtig, weil sie dazu beitragen, Ängste vor dem Unbekannten abzubauen, denn nachts zeigen sich uns andere Energien als am Tag. Auch wenn diese Energien am Tag genauso vorhanden sind empfinden wir sie nachts meist intensiver.

Ein besonderes Erlebnis hatte ich vor einigen Jahren. Ich kam eines Abends im Herbst in Begleitung meines Hundes nach Hause. Es war ca. 20.00 Uhr und bereits dunkel und zwar so dunkel, dass ich wirklich die Hand vor Augen nicht sehen konnte. Da wir mitten im Wald leben, weder Straßenlaternen noch Gartenbeleuchtung unseren Weg erhellen und ich die Taschenlampe vergessen hatte, tastete ich mich langsam vom Auto Richtung Haus.

Auf halbem Weg ertönte plötzlich vom unteren Ende des Gartens ein wirklich markerschütterndes Geschrei. In diesem Bereich, der direkt in den Wald übergeht, sind ständig die Laute von Füchsen, Rehen, Wildschweinen und vielen anderen Tiere zu hören. Einige dieser Geräusche sind hin und wieder seltsam, ja sogar gruselig anzuhören und oft nicht gleich zu deuten, schließlich aber erklärbar. Doch diesmal war es anders, solche Laute hatte ich noch nie zuvor gehört. Ich war wie zur Salzsäule erstarrt stehen geblieben und rief mir gedanklich alle Tierstimmen in Erinnerung, die ich kannte, um eventuell diesem eben gehörten Laut, eine passende Ursache zuordnen zu können. Mir fiel jedoch nichts und niemand dazu ein. Fuchs, Marder, Marderhund, Eule, Rehbock, Wildkatze – nichts passte. Und da war es wieder, langanhaltend und ganz nah, vielleicht höchstens fünfzig, sechzig Meter entfernt. Es war eine Mischung aus jammervollem Schrei und kraftvoller, energiegeladener Präsenz. Das angsteinflößende war, dass der Schrei etwas Menschliches hatte. Ich konnte mich nicht rühren, kaum atmen oder schlucken, ich konnte lediglich registrieren, dass mein Hund neben mir, genauso wie ich, keine Bewegung machte und nur gebannt lauschte. Normalerweise war es eine seiner Lieblingsbeschäftigungen bellend in die Nacht zu rennen und die diversen Tiere, die da an seiner Reviergrenze zugange waren, zur Rede zu stellen und zu verjagen.

Trotz des gehörigen Respektes, den ich in diesem Moment empfand, schaltete sich schließlich in mir ein Wahrnehmungssystem ein, das über das der körperlichen Sinnesorgane hinausgeht. Ich hatte mich – ohne es bewusst zu steuern – mit der Stimme dieses Wesens verbunden und sah es schließlich ganz deutlich vor meinem geistigen Auge. Mein Verstand sagte daraufhin zuerst: „Alles Quatsch, kann nicht sein, Einbildung“ und schob das Bild weg. Doch zu geschärft sind mittlerweile meine erweiterten Sinne, um meinem Verstand den Vorrang zu gewähren. Ich war verblüfft und ergriffen und konnte es in diesem Moment noch gar nicht wirklich als Tatsache registrieren, aber ich stellte es schließlich nicht länger infrage, denn ich konnte es nun ganz deutlich „sehen“ und ließ es deshalb als Wahrheit zu. Und mit dem Bild vor Augen verlor auch das fremde, unbekannte Geräusch seinen Schrecken. Es brachte mir außerdem die Fähigkeit zurück, meine Starre zu lösen und ich ging zum Haus. Vom Fenster aus lauschte ich dann noch eine Weile den langsam abklingenden und sich entfernenden Schreien.

Natürlich möchten Sie nun wissen, was es war. Okay, ich verrate es Ihnen nicht erst im nächsten Buch ☺ .

Einige Tage später erzählte ich diese Begebenheit einem mir bekannten Förster, und dieser bestätigte das, was ich „gesehen“ hatte. Es war geheim gehalten worden, um die Leute hier im Ort nicht zu sehr „aufzumischen“, nur wenige Menschen hatten „Ihn“ gesehen. Mein abendlicher Besucher war ein einsamer Luchs gewesen, der unseren Taunus durchquert hatte, auf der Suche nach einer Gefährtin.
Mit dieser Geschichte möchte ich verdeutlichen, wie sehr uns Wahrnehmungen, die wir nicht kennen, beängstigen können und wie nachvollziehbar es ist, dass die meisten Menschen ihre eigenen übersinnlichen Wahrnehmungen verdrängen. Gleichzeitig möchte ich aber dazu ermutigen, diese Wahrnehmungen anzunehmen und durch „Hinzuschaltung“ unserer Wahrnehmungsmöglichkeiten und -fähigkeiten unsere Wirklichkeit zu erweitern. Wir alle schränken uns massiv ein, indem wir Dinge nicht zulassen, nicht als vorhanden anerkennen, die unsere Erfahrung und unseren Horizont überschreiten.

Mit einem Ort in Verbindung treten – vielleicht sogar die Seele des Ortes spüren?

Wenn ich zu Beginn des Kapitels geschrieben habe, dass besonders an Kraftplätzen und Dimensionstoren eine erweiterte Wahrnehmung sehr gut möglich ist, dann bedeutet das nicht, dass nicht auch andere Gebiete bestens geeignet sind. Wir sollten stets genau hinterfragen, was genau wir eigentlich erreichen wollen. Für Besuche der Anderswelten und das Empfangen sehr starker, „überirdischer“ Präsenzen sind Besuche von Kraftplätzen und Dimensionstoren zweifelsfrei am idealsten.

Für unsere momentanen praktischen Übungszwecke, nämlich das Empfinden eines erstmaligen Gefühls für die Energie eines Platzes, sind auch – oder gerade – andere Gebiete gut geeignet. Besonders empfehlen kann ich Industriegebiete und zwar in ihrem Randbereich, der meist, oder zumindest sehr oft, direkt an die Natur grenzt, an Wiesen oder Wälder. Diese Situation ist in der Tat sehr häufig anzutreffen. Meistens entstehen Industriegebiete an den Rändern der Stadt und grenzen unmittelbar an bis dahin unberührte Natur, die sie zu einem Teil durch ihr Entstehen verdrängt haben.

Diese Grenzgebiete gehören somit zu den „Übergangsbereichen“, die ich schon zuvor erwähnt habe. Meist verlaufen hier trennende Straßen, die noch zusätzlich zu den extrem unterschiedlichen Nutzungen und damit Qualitäten der beiden Gebiete wirken.

Wie geht das nun genau: Die Energie eines Platzes, eines Gebietes oder Gartens spüren?

Um einen Platz zu erspüren benötigen wir hauptsächlich die erweiterte Wahrnehmung, die Anerkennung alles Beseelten und die Würdigung dessen, was sich uns zeigt. Dies ist von großer Bedeutung, nicht nur um unsere Antennen zu richten, sondern auch um überhaupt Antworten zu erhalten. Abhängig von der

Gesinnung eines Menschen ist es auch durchaus möglich, dass der Kontakt verwehrt wird.
Es sollte also selbstverständlich sein, dass wir uns nicht über den Rest der Schöpfung erheben und als heilende Gönner auftreten oder aus anderen unlauteren Gründen, sondern in Demut und Achtung. Dann reichen innere Ruhe und Zentrierung aus, um sich in den Energiefluss eines Platzes einzuspüren, seine Lebensenergie, aber auch seine Blockaden zu fühlen. Wenden Sie sich gerne auch direkt an den „Hüter des Platzes", eine geistige Präsenz, die an jedem Ort, jedem Platz vorhanden ist. Bitten Sie ihn um Unterstützung bei Ihrer Kontaktaufnahme. In den allermeisten Fällen steigen danach sehr schnell die ersten Gefühle und Empfindungen in Ihnen auf.

Aber Achtung: Es kann Ihnen nun durchaus passieren, dass Bäume und Büsche, Blumen und Tiere auf sie einreden, sich beschweren, Mitteilungen machen, Gefühle und Bilder schicken und Sie damit komplett überfordern und überlasten. Oder Sie bekommen das Gefühl, dass Sie gar nichts empfangen außer Ihren eigenen Gedanken. Vielleicht können Sie ihr „Gedankenmännchen" nicht zum Schweigen bringen. Es schüttelt vielleicht beharrlich den Kopf und ist nicht bereit, seinen Platz für eine Weile zu räumen. Vielleicht kommen in Ihnen Zweifel auf, Zweifel an der Sache an sich, aber auch an Ihren Fähigkeiten, überhaupt etwas wahrnehmen zu können oder Sie sind abgelenkt durch Geräusche: Rasenmäher, Flugzeuge, Hundegebell ...

Das ist alles völlig in Ordnung. Setzen Sie sich nicht unter Druck. Versuchen Sie es bei nächster Gelegenheit wieder.
Wie können Sie prinzipiell sicher sein oder sicherer werden, dass es nicht ihre eigenen Gedanken sind, die sich zeigen?
Das ist natürlich schwer zu sagen. Je lockerer und entspannter Sie an die Sache herangehen, desto sicherer werden Sie im Umgang mit Ihren Wahrnehmungen.
Am idealsten ist es natürlich, wenn Sie am Anfang zu zweit oder in einer Gruppe unterwegs sind und sich nachher über Ihre Emp-

findungen austauschen können. Wenn zwei oder drei Leute das gleiche empfunden haben ist das bereits sehr bestärkend und macht Sie sicherer. Meist ist es so, dass es mit Sicherheit nicht Ihre Gedanken sind, wenn diese absolut konträr sind zu dem äußerlichen Zustand des Platzes.

In einer Gruppe mit acht weiteren Leuten war ich vor einigen Jahren in einem Gebiet unterwegs gewesen, in dem sehr viel Natur zerstört worden war. Wir stimmten uns gemeinsam in das Gebiet ein und verbrachten ungefähr 20 Minuten mit unserer Kommunikation. Während der gesamten Zeit wurden wir sehr eindringlich und nicht überhörbar von Krähengeschrei unterstützt. Es setzte genau in der Sekunde ein, in der wir unsere Verbindung mit dem Flecken Erde starteten und hörte exakt in dem Moment auf, in dem sich die ersten unserer Gruppe aus dem Kontakt lösten. Wir verweilten noch einen Moment und sprachen dann der Reihe nach über unsere Empfindungen. Sieben Gruppenmitglieder vermittelten ihre Emotionen bevor ich an der Reihe war – kein einziger von ihnen erwähnte das Krähengeschrei. Ich war irritiert. Was hatte das zu bedeuten? Wenn es „echte" Krähen gewesen wären, hätten die anderen sie auch hören müssen. Oder hatten sie sie nicht erwähnt, weil es ihnen nicht wichtig erschien? Das hielt ich für unwahrscheinlich. Also hatte offensichtlich nur ich die Vögel gehört – aber warum? Oder war es meine Einbildung gewesen? Vielleicht hatten meine Gedanken beschlossen, dass in eine solche Gegend Krähen gehören ...

Sie merken, ich begann sofort zu zweifeln – natürlich an mir. Es hätte ja auch sein können, dass die sieben anderen Personen „falsch" oder unzureichend gehört hatten ... Zuerst wollte ich die Krähen wegen meiner Zweifel gar nicht erwähnen, aber als ich an der Reihe war erzählte ich doch davon. Wie vermutet hatten die sieben anderen nichts gehört. Doch da sprach der Neunte der Gruppe, der schließlich als letzter an der Reihe war. Er hatte die Krähen auch gehört und zwar ganz genauso „unwirklich" intensiv und dominant wie ich. Das war nun wirklich seltsam. Waren die Krähen „wirklich“ da gewesen und die anderen hatten sie aus welchen Gründen auch immer nicht wahrgenommen? Oder waren sie nicht „wirklich“ gewesen und wir beide, die wir sie gehört hatten, waren auf einer bestimmten gemeinsamen Frequenz unterwegs gewesen, die vielleicht noch eine tiefere Bedeutung hatte?

Wir konnten es nicht klären und ließen es einfach im Raum stehen ...

Ich möchte Sie mit dieser kleinen Geschichte nochmals bitten, Ihrer Wahrnehmung zu vertrauen, wenn Sie sich „eigentlich“ sicher fühlen. Seien Sie nicht rechthaberisch und selbstgefällig, aber vertrauen Sie sich.

Sehr gerne füge ich an dieser Stelle die schlichte aber sehr schöne Affirmation der Autorin Jeanne Ruland ein:

„Ich nehme wahr, was wahr ist, sonst würde ich es nicht wahrnehmen.“ (Jeanne Ruland)

Wahrnehmung in Ihrem Garten, auf einem (Ihnen bekannten) Platz

Wenn wir uns im normalen Alltagsleben von A nach B bewegen passieren wir viele Male unterschiedlichste Plätze. Wir sind sicher, diese Plätze zu kennen, haben wir sie doch schon so viele Male gesehen. Nicht anders geht es uns natürlich mit unserem eigenen Grundstück, dem Flecken Erde, auf dem wir leben, den wir pflegen, der uns vertraut ist.
Doch bergen diese Plätze meist viel mehr in sich, aber im Alltagsleben sind wir selten in der Lage, Dinge wahrzunehmen, die außerhalb des Wirkungskreises unserer Sinnesorgane liegen. Wir sehen zwar die Pflanzen und Gebäude, doch wir schauen nicht tief. Hinzu kommt, dass unsere Gedanken sich meist mit den unterschiedlichsten Dingen beschäftigen und wir uns selten

im Hier und Jetzt aufhalten, stattdessen meist in der Zukunft oder der Vergangenheit. In diesem Zustand läuft man nicht nur unter Umständen sondern mit an Sicherheit grenzender Wahrscheinlichkeit an den schönsten Dimensionstoren oder beeindruckenden Geistwesen vorbei, die sich vielleicht direkt neben uns befinden.

Jedoch können Sie mit jedem beliebigen Ort oder Wesen ohne große Hilfsmittel in dauerhafter, tiefer gehender Verbindung sein, wenn Sie sich nur ein kleines bisschen aus der Sie umgebenden Hektik und der von materiellen Dingen geprägten Welt herausnehmen und schauen, lauschen und horchen.

Bereits wenn wir einem Platz Achtung und Beachtung geben treten wir bereits mit ihm in Verbindung. Das kann jeder Mensch zu jeder Zeit machen.

Einkaufszentren, Supermärkte, Parkplätze ...
Gehen Sie abends, wenn niemand mehr dort ist, zu dem leeren Platz. Betrachten Sie das Gebäude von außen, spüren sie die Stimmung, stellen sie sich mitten auf den riesigen Parkplatz und wenden Sie sich den Himmelsrichtungen zu.
Spüren Sie den Boden unter ihren Füßen, der wahrscheinlich, hart, gepflastert oder geteert ist, durch den die Erde nicht mehr atmen und kein Wasser mehr in den Boden fließen kann.
Betrachten sie die Bäume und anderen Pflanzen, die hier wachsen, vielleicht kümmerlich in Betonkübeln, vielleicht auch wuchernd, vielleicht mit dem Anliegen, den Platz zu unterstützen. Vielleicht fließt irgendwo noch ein begradigtes, in Fesseln gezwängtes Rinnsal. Egal was Sie sehen, bringen Sie allem Ihre Achtung entgegen, entschuldigen Sie sich wenn Sie das Bedürfnis haben oder senden Sie Kraft, Dankbarkeit oder Segen. Was auch immer Sie in dieser Richtung tun, es wird die Energie des Platzes höher schwingen lassen und je mehr Menschen das tun, desto stärker wird sich die Atmosphäre des

Platzes verändern. Dies wird schließlich nach und nach auch für andere spürbar sein.
Seien Sie versichert, dass das, was Sie tun, niemals umsonst ist, es verändert die herrschende Energie ein kleines bisschen zum besseren.

Auf die gleiche Art und Weise können Sie auch mit Ihren eignen Räumen in Verbindung treten.

Fragen Sie den Raum, was ihm fehlt oder spüren Sie in sich, was nicht stimmig ist. Vielleicht bekommen Sie formulierte Antworten, hören Geräusche, nehmen Gerüche war oder spüren Unwohlsein, Frösteln, Hunger, Durst, Unruhe oder auch Frieden und Harmonie.

Immer wieder kann es vorkommen, dass wir etwas spüren, aber nicht wissen, ob wir dieser Empfindung Glauben schenken, ihr trauen können, auch wenn wir bereits viele Erfahrungen gesammelt haben. Umso schöner und hilfreicher ist es, wenn eine direkte Bestätigung erfolgen kann.

Bei der geomantischen Untersuchung eines alten Hauses, mitten im Kern eines kleinen Ortes, durfte ich eine solche Bestätigung erfahren. Nachdem ich das Kellergeschoss und das Erdgeschoss untersucht hatte ging ich in ein Zimmer des Obergeschosses, das mir bereits gleich beim eintreten eine ganz besondere Atmosphäre vermittelte. Die Zeit schien hier stillzustehen, meine Schritte hörten sich gedämpfter an als in den anderen Räumen, und mich empfing eine gewisse erwartungsvolle Stimmung. Es fühlte sich für mich an, als hätte der Raum mich schon erwartet, nicht ungeduldig und fordernd sondern freundlich und gütig. Ich schloss die Tür hinter mir, setzte mich auf das kleine Sofa und es schien mir als sei ich angekommen, wie nach einer langen Reise. Ich fühlte mich geschützt, geborgen, zufrieden und wäre am liebsten für immer hier sitzen geblieben. Das Draußen interessierte mich nicht mehr. Ich begann meine Empfindungen zu notieren, so wie ich es auch in den anderen Räumen des Hauses getan hatte. Ich bemerkte gleich, dass die Worte mir hier sozusagen zuflossen, ich konnte gar nicht so schnell schreiben wie sie in mich hineinströmten. Ich schrieb und schrieb und innerhalb weniger Minuten hatte ich Seiten gefüllt.

Der Raum, der als Teil des betagten Hauses ja auch schon sehr alt war, hatte offensichtlich bereits viel erlebt. Ich spürte die Energien der Menschen, die sich in ihm aufgehalten hatten, es waren scheinbar ohne Ausnahme sehr angenehme, friedvolle und gebildete Menschen gewesen. Doch ich spürte auch eine Traurigkeit, die sich verstärkte, je mehr Raum ich ihr gab und die schließlich zur Trauer wurde. Ich empfand einen Verlust. Zuerst glaubte ich, es sei der Verlust gewesen, den ein Mensch hier erlitten hatte. Als ich dieser Vermutung nachfühlte erschien sie mir jedoch nicht stimmig. Es schein ein Verlust zu sein, der direkt etwas mit dem Raum zu tun hatte, den der Raum erlitten hatte. Mein Blick wurde von dem kleinen Fenster des Zimmers angezogen und fiel nach draußen auf das Nachbargebäude, ein ebenfalls sehr altes Haus, jedoch mit einer sehr stolzen Ausstrahlung. Es war schief, doch hatte es energetisch eine sehr aufrechte Haltung. Die Trauer, der Schmerz verstärkten sich. Es musste also etwas mit diesem Nachbargebäude zu tun haben. Aber was? Ich fragte nach, bekam aber nur Antworten, die ich mir in diesem Moment nicht erklären konnte. Ich empfing Satzfragmente, die besagten, Verbindungen seien getrennt worden, das, was zusammengehörte sei auseinandergerissen worden und auf sich alleine gestellt sei das Leben schwer geworden ...

Ich konnte das Gefühl nicht ergründen und da ich bereits viel Zeit in dem Raum verbracht hatte, beschloss ich, schweren Herzens, zu gehen. Es fiel mir wirklich nicht leicht. Einige Male versuchte ich aufzustehen, aber das Gefühl von Frieden, Stärke und Geborgenheit war in diesem Zimmer – trotz dieses traurigen Aspektes – so stark, dass ich einige Minuten benötigte, bis ich endlich stand und zur Tür gehen konnte, in der Hand einen ganzen Packen dicht beschriebener Zettel.

Nachdem ich auch die anderen Räume des Obergeschosses untersucht hatte – bei keinem waren ähnliche Gefühle in mir aufgestiegen – setzte ich mich mit der Dame des Hauses zusammen, um ihr einige erste Ergebnisse meiner Untersuchungen zu berichten.

Dabei zeigten sich einige deutliche Parallelen meiner Empfindungen zu denen, die sie für diesen besonderen Raum hegte. Auch sie zog sich hierher sehr gerne zurück, fühlte sich wohl und geborgen und auch ihr – selbst dem Schreiben zugetan – fiel es in diesem Raum besonders leicht, Texte und Geschichten zu verfassen. Solche Bestätigungen sind stets sehr schön und hilfreich und ich freute mich darüber. Als ich ihr jedoch von den Empfindungen der Trauer berichtete und ihr die Worte vorlas, die ich empfangen hatte, war sie doch sehr erstaunt oder besser gesagt beeindruckt und das, was sie mir daraufhin erzählte, löste einige Rätsel.
Das untersuchte Haus und das Gebäude auf der anderen Straßenseite, das mich so stark angezogen hatte, waren ursprünglich miteinander verbunden gewesen und zwar mit einem Verbindungstrakt, der von besagtem Raum zu dem Nachbargebäude geführt hatte. Der darunter liegende Bereich war ein offener Laubengang gewesen. Dieser Laubengang musste bereits vor ca. 100 Jahren als erstes weichen, weil hier eine kleine Versorgungsstraße gebaut wurde, die danach lange Jahre unter dem Verbindunggang verlief. Als jedoch vor vielen Jahrzehnten die Straße durch den Ort erweitert wurde, musste der Verbindungstrakt abgerissen werden, die Durchgänge der beiden Gebäude wurden verschlossen. Zu gleicher Zeit entbrannte auch ein Streit zwischen den Familienmitgliedern, die beide Gebäude bis dahin gemeinsam genutzt hatten.
Meine Auftraggeberin, die jetzige Hausbesitzerin, hatte dies von mittlerweile verstorbenen Nachbarn erfahren. Weitere Einzelheiten, was damals noch geschehen war, kannte sie nicht und längst waren die beiden Gebäude jeweils mehrere Male verkauft worden. Das erklärte vieles und ich war sehr berührt davon.

Wenn man für eine Empfindung eine so exakte Bestätigung bekommt, dann ist das natürlich ein großer Glücksfall.

Welch unglaubliches Glück, dass die Mieterin des Hauses von diesen Begebenheiten wusste, ansonsten wären meine Gefühle nicht erklärbar geblieben. Natürlich weiß ich mittlerweile, dass ich mir vertrauen kann, aber so oft werden Dinge, die nicht stimmig zu sein scheinen, als nicht richtig abgetan.

Jedoch ist alles wichtig, was sich zeigt, auch wenn es nicht unbedingt zeitnah oder auch gar nicht zu klären ist. Passt etwas im Moment nicht zusammen, lassen Sie es trotzdem zu, es kann durchaus sein, dass zu einem späteren Zeitpunkt alles einen Sinn erhält.

Ich hätte nun noch wesentlich tiefer in diese Materie einsteigen können, weiter ergründen, fühlen spüren. Dieses Gebäude war auch hinsichtlich anderer Besonderheiten außerordentlich interessant. Auf der anderen Hausseite befand sich nämlich noch ein Anbau, der erst vor einigen Jahren hinzugefügt wurde und große bauliche Probleme verursachte. Dieser Anbau und das ursprüngliche alte Haus symbolisierten die Geschichte der jetzigen Bewohnerin exakt und es zeigten sich viele Parallelen zwischen ihr und dem Gebäude. Auch das Thema hinter besagtem Abbruch des Verbindungstraktes und die Trauer der Trennung fanden sich im Leben der Bewohnerin mehrfach wieder ... Einzelheiten würden ein ganzes Buch füllen.

Auf diese Weise können wichtige Geschehnisse im Haus sowie die Energien früherer Bewohner aufgedeckt und ergründet werden, bis hin zu Gewaltverbrechen, die oft eine so starke energetische Präsenz haben, dass andere Energien nahezu überdeckt werden. Nun stellen Sie sich vor, Sie ziehen in ein Haus, in dem eine solche Energie permanent auf Sie einwirkt. Wen wundert es, dass dies auf Dauer Spuren hinterlässt? Aber – und nun sind wir wieder beim eigentlichen Anliegen des Buches: Niemand zieht in ein solches Haus, der nicht in Resonanz damit geht, der nicht ein Thema hat mit diesem sich zeigenden Geschehnis und

deshalb ist es wichtig, sich mit den Hintergründen auseinander zu setzen, ein alleiniges „Entfernen" der Energie wäre ein verpasste Chance zur Heilung und persönlichen Entwicklung.
Ein klärendes Wort noch zur „Kontaktaufnahme" mit dem Haus, den Räumen. Der Rat, den Raum anzusprechen, ihm Fragen zu stellen, mag sich fremd und seltsam anhören. Natürlich sind es nicht die Mauern und Fenster, die hören und sprechen. Es wird in diesem Buch an einigen Stellen darauf hingewiesen, aber ich erwähne es mehrmals, weil Sie es sich verinnerlichen sollten, obwohl es vielleicht ungewohnt, fremd und unwirklich erscheint: Es ist die energetische Schwingung, die eine Information trägt und die von uns aufgenommen werden kann, weil wir und alles auf dieser Welt energetisch miteinander verbunden sind, wie mit vielen dünnen Fäden miteinander verknüpft. Und über diese Fäden laufen die Informationen.
Diese Verbundenheit zu anderen Menschen, Tieren, Pflanzen, Mineralien ist da und zwar bei jedem. Über diese unsichtbaren Fäden werden Sie irgendwann spüren, was andere empfinden und Sie werden spüren, dass Sie dadurch logischerweise alles, was sie einem anderen Wesen antun sich selbst antun – sei es, dass Sie ihm Gutes tun oder es schlecht behandeln, es erniedrigen oder zertreten ... Auch alles, was Sie sich selbst antun, tun Sie im Endeffekt damit allen anderen an.
Deshalb sollten wir uns bewusst machen, wie wichtig es ist, mit jeder Veränderung, die wir uns für die Welt wünschen, bei uns selbst zu beginnen. Wenn wir uns Glück, Frieden und Liebe für die Welt wünschen, dann sollten wir uns selbst Liebe und Frieden geben. Das senden wir hinaus in die Welt und es wird sich verbreiten und gestärkt wieder zu uns zurückkommen.

Ihre individuelle erweiterte Wahrnehmung

Mit Bäumen und Tieren kommunizieren, Elfen wahrnehmen, in andere Dimensionen „schauen" ... vielleicht ist da noch etwas ganz anderes, vielleicht etwas, das nur Sie wahrnehmen können oder eine Art der Wahrnehmung, die bisher noch kaum bekannt

ist. Seien Sie offen für alles, was zu Ihnen kommt, was plötzlich da ist, ohne, dass Sie wissentlich etwas dafür getan haben. Bitten Sie darum, dass sich Ihnen das zeigt, was wichtig für Sie ist und vor allen Dingen auch darum, es verstehen zu können. Vielleicht kommt es sogar an dem Ort zu Ihnen, an dem Sie leben.
So war es auf auch bei mir, im Endeffekt war es eine wahre Kettenreaktion. Zuerst kam etwas über die erweiterte Wahrnehmung zu mir – in diesem besonderen Fall waren es Orbs, jene Lichterscheinungen am Himmel, die in unterschiedlichsten Farben und Formen auftauchen können. Sie veranlassten mich schließlich mit deutlicher Botschaft, mich dem Platz an dem ich lebe zu widmen und dieses wichtige Thema auch weiter zu geben.

Ihnen zu Ehren möchte ich an dieser Stelle einige Bilder dieser wunderbaren Lichterscheinungen einfügen, die sich mir dort zeigten wo ich lebe. Bunte Farben, bezaubernde Gespinste in Weiß und Rosa ..., doch da das Buch in Schwarzweiß gehalten wurde habe ich beschlossen, auch die Lichtwesenbilder dem anzupassen. Ich glaube, auch ohne Farben kann man ihren Zauber bewundern und es lehrt uns einmal mehr, auch ohne unseren gewohnten Fokus auf Äußerlichkeiten, viel zu sehen.

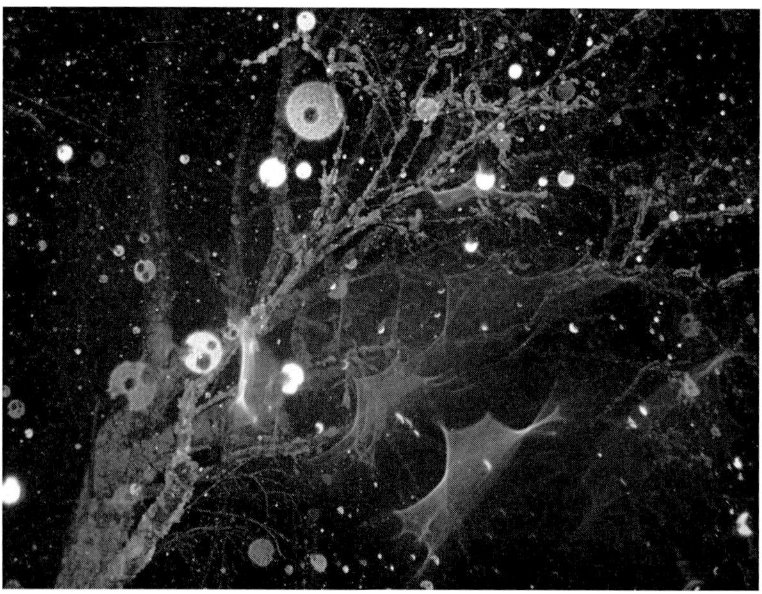

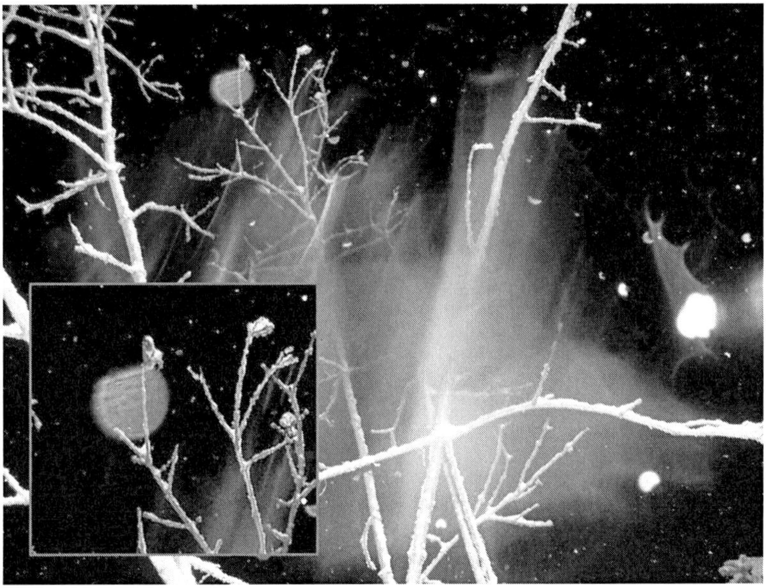

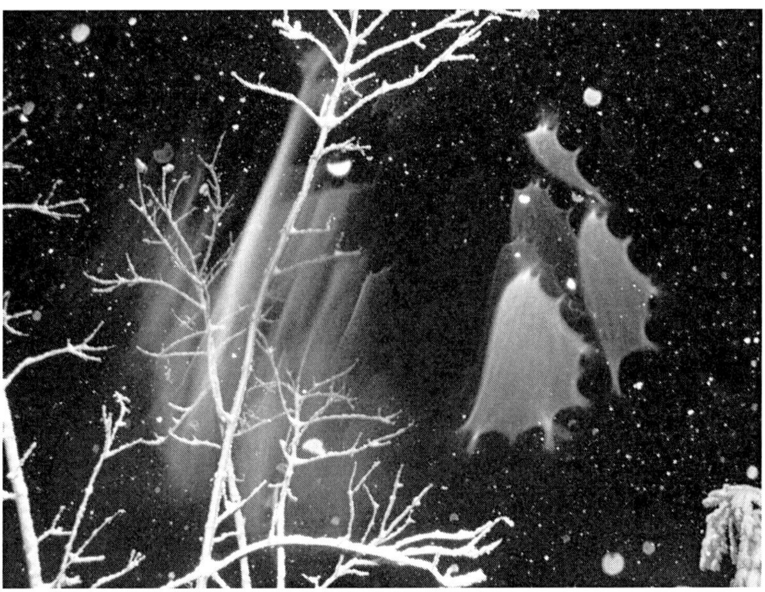

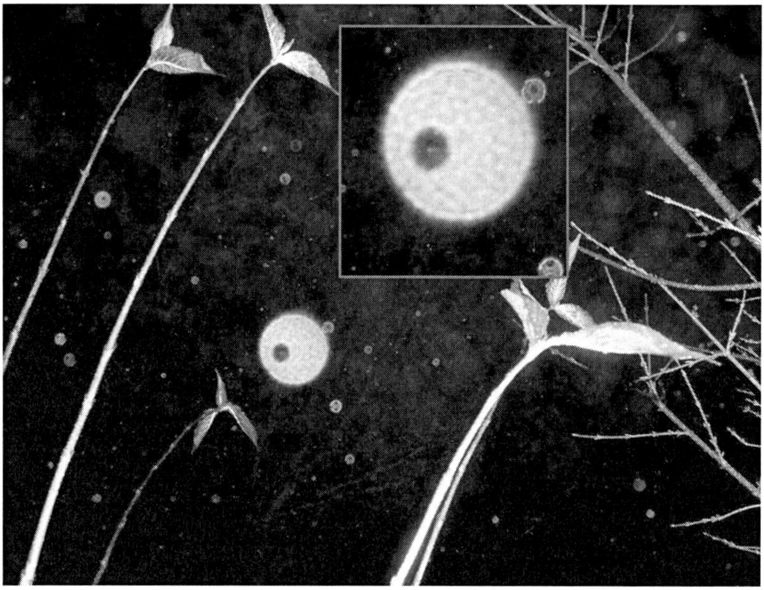

Sind wir offen und bereit, unsere anerzogene, vernunftgeleitete Prägung, unser an Zwecken ausgerichtetes Alltagsdenken loszulassen – dieses Denken, das alles werten, bewerten, beurteilen und katalogisieren muss – dann spüren wir bald, wie sich unser Geist befreit. Die Schranken, die uns umgeben lösen sich auf und das plötzliche Wissen, dass alles möglich ist, bringt uns auf eine komplett andere Schwingungsebene.

Alleine mit der Bereitschaft, das selbst gemachte enge Schubladendenken verlassen zu wollen, ermöglichen wir uns selbst einen ersten großen Schritt, andere Welten und Dimensionen erfahren zu können.

Wenn wir diese neuen Formen der Wahrnehmung in unseren Alltag einbauen, dann sensibilisieren sich nach und nach unsere Sinne. Wir nehmen Dinge wahr, die wir vorher nicht wahrgenommen haben und wir spüren auch die energetischen Veränderungen, die uns umgeben.

Die Informationen und Übungen zur Wahrnehmungserweiterung können an dieser Stelle nicht vollständig sein, das würde den Rahmen und den Sinn des Buches sprengen. Doch dieser kleine Einblick in das große Thema „erweiterte Wahrnehmung" verschafft Ihnen bereits eine gute Basis, um sich nun schließlich dem zuwenden, das für Sie persönlich am wichtigsten und interessantesten ist: Der Platz an dem SIE leben.

Das folgende Kapitel bringt uns nun direkt mitten hinein in diese Thematik, in Ihre ganz persönliche Thematik.

6

Teil B
Ihre persönliche Wohnplatzuntersuchung

Der Platz an dem SIE leben

Sie haben inzwischen viele theoretische Informationen erhalten, die Ihnen behilflich sein werden, sich nun nach und nach und mit steigender Intensität mit Ihrer eigenen Umgebung zu beschäftigen – wahrscheinlich auf eine etwas andere Art als Sie es in der Vergangenheit getan haben.

Natürlich gibt es mit Sicherheit viele Dinge, die Sie bisher bereits offensichtlich als gut oder schlecht wahrgenommen haben, aber ein Großteil dessen, was Sie eventuell belastet oder was Fragen aufwirft, liegt mit Sicherheit noch im Verborgenen. Sie wissen zwar, dass es Ihnen nicht gut geht, wissen aber nicht warum, oder es geht Ihnen zwar gut, Sie haben aber das Gefühl, dass etwas gesehen werden will oder dass da viel Potenzial ist für eine persönliche Entwicklung.

Diesen Teil des Buches, der sich mit Ihrer ganz persönlichen Wohnraumsituation befasst, möchte ich wiederum einleiten mit einem Ausschnitt aus meinem Buch „Zoe und das Meer".

Es wurde geschrieben unter dem Einfluss der Kommunikation mit der Hündin Zoe, unter dem Einfluss der Energie und der Themen, die mir diese Hündin vermittelt hat.

Sie sind mittlerweile damit vertraut, dass auch Orte lebendige Energie besitzen, dass alles auf der Welt beseelt ist. Genauso, wie Sie die Energie eines Ortes, eines Gebäudes, eines Berges oder Baumes spüren und empfangen können, können Ihnen natürlich auch Tiere Botschaften vermitteln. Ich habe für mich persönlich erfahren dürfen, dass sie wesentlich weisere Wesen sind, als viele Menschen für möglich halten.

Im Folgenden vermittelt uns nun Zoe ihre Meinung und Beobachtungen bezüglich des Ortes an dem sie lebt:

> *„ … `Dieser Ort ist sehr wichtig für mich und für alle, die hier wohnen. Seltsam, dass viele Menschen es meist nicht erkennen können, wie wichtig der Platz ist, an dem sie leben. Oft schimpfen sie über ihr Zuhause oder die Umgebung und bemängeln vieles. Anderswo erscheint ihnen das Leben schöner, leichter, angenehmer zu sein, das Wetter, die Landschaft, alles ist anderswo besser. Ab und zu ist es deshalb wichtig für die Menschen, den Ort mal zu verlassen, denn dann schätzen sie ihn neu, wenn sie wieder zurück nach Hause kommen. Und wenn sie dann trotzdem weiterhin feststellen, dass der Ort, an dem sie leben, nicht gut für sie ist, dann sollten sie in Erwägung ziehen, ihn für immer zu verlassen. Warum aber tun sie das in den seltensten Fällen? Meist gibt es dafür viele Gründe, allerdings oberflächliche Gründe wie Arbeitsplatz, Geld oder auch einfach nur die eigene Trägheit und Bequemlichkeit. Die Menschen denken, sie müssten ausharren, weil sie keine andere Möglichkeit haben. Es gibt aber immer Alternativen – nur muss man nach allen Entscheidungen, wie immer im Leben, bereit dazu sein, die daraus resultierenden Konsequenzen zu tragen …*
>
> *Oft ist es aber so, dass man mit dem Ort verbunden, vielleicht sogar dort verwurzelt ist, weil man an diesem Platz eine Aufgabe zu erfüllen hat, weil der Ort das hat, was man selbst unbewusst benötigt, oder man selber etwas zu geben hat, das wiederum der Ort benötigt.*
>
> *Meist kann man dies jedoch erst dann erkennen, wenn man die Dinge aus der Distanz betrachtet. Ich weiß wovon ich spreche, schließlich hatte ich selbst genug Probleme als ich hier ankam.*

Lösungen erkannte ich allerdings erst, nachdem ich aus einer gewissen Entfernung auf mein Leben schaute ...`

Zoes Gedankengänge waren durchaus berechtigt. Es stimmte, manchen Orten wurde viel gute Energie gegeben, anderen weniger. Auch wenn vielleicht viele Menschen sich nicht vorstellen können, wie das funktioniert, dass ein Ort die Energie ausstrahlt, die dort frei wird, so hatte doch sicher jeder schon einmal empfunden, wie es ist, sich an einem Ort wohl zu fühlen, an einem anderen unwohl, ohne genau zu wissen warum. Meist ist die Energie eines Ortes ganz deutlich spürbar und leicht zu empfangen.

Manchen Orten wird ständig und fast ausschließlich Energie entzogen, sie werden ausgelaugt wie zum Beispiel viele Industrie- und Gewerbegebiete. Anderen wird viel Energie gegeben, wie dem schönen Urlaubsort, an dem sich Zoe gerade befand. Umfassend gesehen fehlt somit ein Gleichgewicht. Oft herrscht solch ein Ungleichgewicht aber auch innerhalb eines Platzes, nicht selten an den Orten, an denen die Menschen wohnen. Im Alltagsleben dominieren oft Stress und Hektik, für ausgleichende Maßnahmen bleibt meist wenig Zeit. Die Ruhe, die Kraft, die positiven Energien, die dann in der Urlaubszeit freigesetzt werden, kommen meist anderen Orten zugute. Das ist natürlich nichts grundsätzlich Schlechtes, jedoch ist immer wieder zu erwähnen, wie wichtig und beachtenswert auch der Platz ist, an dem man lebt. Auch er verdient gute Energie und davon profitieren wiederum die Bewohner. Gute Energie manifestiert sich, nichts geht verloren ..."

(aus „Zoe und das Meer")

Unsere Häuser, unsere Wohnungen sind wichtige Rückzugsorte in einer Welt, die uns immer mehr fordert. Umso mehr ist es wichtig, einen Platz zu haben, an dem man geschützt und sicher ist, an dem man sich wohlfühlt.

Was immer Ihre persönlichen Untersuchungen ergeben, ob Sie nur vorübergehend an einem Ort leben möchten oder sich nicht vorstellen können, ihn jemals in Ihrem Leben wieder zu verlassen – versäumen Sie nie, diesem Ort gute Energie, Liebe und Zuneigung zukommen zu lassen, denn nur so kann er Ihnen das sein, was Sie benötigen, ein Platz, an dem Sie geschützt und sicher sind und an dem Sie sich bedingungslos wohlfühlen.

Anne und Holger

An dieser Stelle ist nun der richtige Zeitpunkt gekommen, Ihnen Anne und Holger vorzustellen, die ich vor noch gar nicht langer Zeit auf einer Messe kennengelernt habe. Die beiden, die uns in den folgenden Kapiteln sozusagen als „Testpaar" begleiten werden, interessieren sich sehr für einen bewussten Lebensweg und ihre persönliche Entwicklung – wobei man sagen muss, dass die Initiative hierzu hauptsächlich von Anne ausgeht.

Das komplette Manuskript dieses Buches lag Anne und Holger lange vor Veröffentlichung vor und Schritt für Schritt haben sie mit dessen Hilfe versucht, die Beziehung zu dem Platz, an dem sie leben, zu beleuchten. Ich füge diese Aufzeichnungen an den jeweils passenden Stellen ein, einerseits um Ihnen anschaulich zu verdeutlichen, zu welchem beeindruckenden Ergebnis die Beschäftigung mit dem eigenen Wohnplatz führen kann, andererseits um Ihnen an einem realen Beispiel zu zeigen, auf welche Art und Weise Sie bei Ihren persönlichen Untersuchungen vorgehen können.

Anne und Holger sind beide Mitte Vierzig und seit nahezu 20 Jahren miteinander verheiratet, Kinder gibt es keine. Anne hat

Jura studiert und nach dem Studium auch einige Jahre als Rechtsanwältin gearbeitet. Vor wenigen Jahren jedoch hat sie nach einer Lebenskrise diesem Beruf den Rücken gekehrt und sich ganz ihrer bis dahin heimlichen Leidenschaft, der Malerei, gewidmet. Sie versucht nun mit dem Verkauf von Bildern und dem anbieten von Seminaren und Lernkursen ihren Lebensunterhalt zu verdienen. Zum Zeitpunkt unseres Kennenlernens funktionierte das allerdings nicht einmal ansatzweise. Über den Kontakt zu einem ehemaligen Kollegen arbeitet sie mittlerweile wieder freiberuflich als Rechtsberaterin, um die laufenden Kosten zu decken. Holger ist Angestellter einer Firma, die weltweit tätig ist und befindet sich beruflich mehrmals im Jahr einige Wochen lang im Ausland.

Mit diesen Fakten möchte ich die kurze Vorstellung beenden, wir werden noch mehr von den beiden hören.

Schritt 1
Vom Großen zum Kleinen

Wenn wir sozusagen „ganz von vorne“ anfangen möchten, müssten wir uns – der guten Ordnung halber – zuerst fragen, warum wir auf der Erde gelandet sind.

Wir werden diese Frage an dieser Stelle nicht befriedigend klären können, denn wir alle wissen es nicht. Eine Vermutung, die ich mit vielen anderen teile, ist die, dass unsere Erde ein Lernplanet ist, auf dem wir alle verweilen, um zu erkennen. Tja und „leider“ nicht nur während unseres momentanen Menschenlebens sondern darüber hinaus, bzw. so oft und so lange, bis wir unsere Entwicklung abgeschlossen haben. Und so mag es kommen, dass wir viel Male, immer und immer wieder hier stranden.

Dazu fällt mir der Film „Und täglich grüßt das Murmeltier“ ein – mit einem wunderbar griesgrämigen, sarkastischen Bill Murray – den wahrscheinlich viele von Ihnen kennen.

Der immer schlecht gelaunte und genervte Meteorologe Phil, ein überaus unsympathischer Zeitgenosse, muss wie jedes Jahr an einen Ort namens Punxsutawney in Pennsylvania/USA reisen. Er hasst diesen Ort, der seiner Meinung nach am Ende der Welt liegt, genauso wie seine Aufgabe, im Rahmen eines großen Volksfestes über ein Murmeltier zu berichten, dessen Verhalten an einem bestimmten Tag Anfang Februar, angeblich das Wetter des gesamten Jahres prophezeit.

Er quält sich durch den Tag und sehnt sich nach der Heimreise. Doch nicht wie in den Jahren zuvor kann er den Ort nach getaner Arbeit schnellstmöglich wieder verlassen. Diesmal gerät er auf der Heimfahrt mit seinem Team in einen Schneesturm, der ihn zwingt umzukehren und in Punxsutawney zu übernachten. Und nun beginnt das Dilemma. Am nächsten Morgen wacht er auf und muss feststellen, dass kein neuer Tag begonnen hat, sondern dass er erneut im gestrigen Tag erwacht ist, dem „Tag des Murmeltieres". Er ist in eine Zeitschleife geraten und erlebt nun – viele, viele Male – immer wieder diesen einen Tag.

Wie sehr er auch dagegen ankämpft, sich sträubt, unwillig, wütend, empört, tobend, schreiend und kurz vor dem Nervenzusammenbruch, es nützt alles nichts; selbst der Tod, der ihn einige Male abends dahinrafft, ändert nichts daran, dass er morgens wieder im „Tag des Murmeltieres" erwacht, er hängt unerbittlich fest. Erst als er die Situation annimmt und nach und nach aus dem lernt, was er immer wieder erlebt, erst als er weich und offen wird und beginnt, auf sein Herz zu hören – das unter einer dicken Müllschicht vergraben liegt – erst als er erkennt, dass er eine Seele hat, kann sich seine Erstarrung lösen und er überwindet diese Hängepartie und kann – komplett verändert – seinen Lebensweg weitergehen.

So oder ähnlich können wir uns vielleicht unser Dasein auf der Erde vorstellen. Wir kommen solange wieder, bis wir alle Zwiebelschalen entfernt haben und zum eigentlichen Kern vorgedrungen sind.

Der Meteorologe Phil wurde im Film dazu gezwungen, hinzuschauen. Eigentlich ist es ein großes Glück, gezwungen zu werden, denn wer schaut schon gerne freiwillig dorthin, wo es unangenehm ist oder sogar wehtut. Aber genau das müssen wir, um weiter zu kommen. Leider bekommt kaum jemand die Gelegenheit, in ganz kurzer Zeit so eine große Entwicklung machen zu dürfen wie Phil und meist ist es auch wesentlich weniger lustig … Schwere Krankheit zwingt manche Menschen dazu, innezuhalten, dem Leben eine Wendung zu geben und nicht selten sehen die Betroffenen nach einiger Zeit und im Nachhinein die Krankheit, den vermeintlichen „Bruch" in ihrem Leben, als Segen an.

Der verstorbene österreichische Sänger Falco sang in seinem Lied „Out of the Dark" die Frage: „Muss ich denn sterben um zu leben?"... Ich denke ja. Vielleicht müssen wir viele Male sterben um irgendwann wirklich zu leben. Und dieses Leben, in dem wir uns gerade befinden, ist eine von vielen Chancen, hinzuschauen und vielleicht das eine oder andere Puzzleteil des Gesamtbildes aufzudecken.

Stellen wir aber die Frage bezüglich des Kommens und Gehens auf diesem Planeten zurück, und beschäftigen wir uns stattdessen mit der momentanen Situation des Seins.
Der klarste Weg, uns dem Kern der Sache zu nähern, ist wie gesagt der vom Großen zum Kleinen, vom Umfassenden hin zum Detail.

Widmen wir uns also – nachdem wir festgestellt haben auf der Erde gelandet zu sein – der Betrachtung des Kontinentes auf dem wir leben, des Landes und des Bundeslandes u. s. w.. Dies führt uns nach und nach zu dem Ort, an dem wir uns niedergelassen haben und kann uns durchaus schon einige erste Erkenntnisse vermitteln. Schreiben Sie, wenn Sie möchten, einfach auf, was Ihnen auf die folgenden Fragen einfällt, notieren Sie auch Antworten auf eigene Fragen oder Fragen, die Sie im Moment nicht beantworten können.

An dieser Stelle nochmals der Hinweis: Wenn Sie auf eine andere Art an die Sache herangehen und das Buch einfach lesen möchten, ohne intensiv damit zu arbeiten, ohne sich Notizen zu machen, dann ist das auch in Ordnung. Es wird Sie mit Sicherheit genau das am meisten interessieren und anziehen, was für Sie am wichtigsten ist.
Das A und O unserer Untersuchungen sind Fragen, viele Fragen, die wir uns selbst stellen und uns selbst beantworten müssen. Sie werden feststellen, dass sehr häufig aus Fragen wieder neue Fragen entstehen, dass uns aber die Antworten immer klarer zu Ergebnissen führen.

Nachdem wir also festgestellt haben, dass wir auf der Erde leben, lassen Sie uns weiter ins Detail gehen:

Der Kontinent/Das Land/Das Bundesland/Die Region

Stellen Sie sich folgende Fragen:
Lebe ich auf der Südhalbkugel oder auf der Nordhalbkugel der Erde?
Lebe ich in einem westlich oder östlich geprägten Land?
Lebe ich auf dem Kontinent/in dem Land auf/in dem ich geboren wurde? Wenn nein, was hat mich veranlasst es zu verlassen?

Wie ist die Mentalität der Menschen auf diesem Kontinent, in diesem Land? Wie werden sie charakterisiert? Offen, verschlossen, verbissen, locker, zielstrebig, gelassen oder wie sonst?

Bin ich wie sie? Oder ganz und gar nicht?

Wie ist das Klima? Heiß, trocken, kühl, feucht ...?

Lebe ich städtisch oder ländlich? Am Meer, im Gebirge ...?
Lebe ich in einer Großstadt, einer Kleinstadt, einem Dorf?
Wie ist das Gelände? Flach, hügelig, bergig?
Lebe ich auf der Anhöhe oder im Tal?
Lebe ich in der Nähe des Waldes, oder ist mein Wohnort geprägt von Feldern und Wiesen?

Ist das Gebiet eher landwirtschaftlich orientiert oder eher industriell geprägt oder lebt es vom Tourismus?

Welche Besonderheiten kann ich registrieren?
Was unterscheidet den Ort von der Umgebung? (Gebäude oder Merkmale, die nicht jeder Ort hat, egal ob im ersten Moment negativ oder positiv). Gibt es Besonderheiten (z. B. Burgen, Schlösser, Autobahnkreuze, Flughäfen, Touristenattraktionen
Wie heißt die Stadt/der Stadtteil, das Dorf, die Straße?

Soweit so gut, nun sind Sie also gedanklich in Ihrem Wohnort angekommen.

An dieser Stelle vorab einige weitere Fragen und Überlegungen, die Sie eventuell bereits Zusammenhänge erkennen lassen:

Üben bestimmte ferne Länder eine besondere Anziehung auf Sie aus? Was genau zieht Sie an? Womit kann es etwas zu tun haben? Was empfinden Sie dabei?

Wo sind Sie aufgewachsen? Zieht es Sie auch dort wieder hin oder in eine vergleichbare Gegend oder suchen Sie etwas anderes, vielleicht das genaue Gegenteil davon?

Ein Försterkind zieht vielleicht sobald es möglich ist in eine Wohnung in die Großstadt, ein anderes „Kind des Waldes" kann sich ein Leben ohne Wald und Natur nicht vorstellen. Wie ist das bei Ihnen?
Was lehnen sie ab, wollen Sie auf keinen Fall (mehr) in Ihr Leben ziehen? Die Anonymität der Großstadt? Das Dorfleben?
Was ist Ihnen wichtig/unwichtig?

Sind Sie so wie diese Landschaft, wären Sie es vielleicht gerne oder nicht? Lieben Sie die Landschaft oder lehnen Sie sie eigentlich ab?
Sind Sie gerne da, wo Sie leben? Wo zieht es Sie hin? Warum?
Was mögen Sie an dem Ort, was nicht?
Möchten Sie an dem Ort an dem Sie leben bleiben oder ist Ihnen klar, dass es nur ein vorübergehender Wohnort ist?

Haben Sie das Gefühl, dass der Platz an dem Sie gerade leben zu Ihnen passt, dass er den Antworten entspricht, die Sie auf die Fragen zuvor gegeben haben?

Wenn Sie möchten, dann machen Sie sich auf einem DIN A 4 Blatt eine Tabelle. Links schreiben Sie untereinander auf, wie der Ort ist, an dem Sie momentan leben, bzw., wie Sie ihn empfinden und rechts, was Sie sich eigentlich wünschen.

Vergleichen Sie dann, ob vielleicht nur Kleinigkeiten nicht übereinstimmen oder ob eigentlich gar nichts passt.

Wenn Ihnen noch andere Charakteristiken einfallen, die Ihnen wichtig erscheinen, dann schreiben Sie sie dazu (z. B. besonders regen- oder schneereiches-/armes Gebiet, besonders viele Unwetter, besonders dicht bevölkert ...)

Und immer wieder neue Fragen ...

Nichts bringt Sie weiter, als auf eigene Fragen befriedigende und stimmige Antworten zu geben oder zu erkennen, dass es Ihnen im Moment nicht möglich ist, die Fragen zu beantworten oder Unstimmigkeiten aufzudecken.

Schritt 2
Analyse Ihres Wohnortes auf der physischen Ebene

Nun zum nächsten Schritt der Untersuchung Ihres näheren Umfeldes, des Ortes an dem Sie leben.
Zuerst widmen wir uns der physischen Ebene.
Wir erinnern uns an das Kapitel „Die Energie eines Ortes" und zwar an die drei Ebenen eines Ortes (die physische, die energetische und die geistige Ebene).

Physische Ebene

Betrachtung der Landschaftsform
- nach der Polarität
- nach den vier Elementen

Kartenanalyse/Google
- Landkarten/Stadtpläne (Überblick und erste Informationen)
- Topografische Karten (Ortsnamen, Plätze, Beziehungen zu anderen Orten)
- Geologische Karten (Bodenbeschaffenheiten, radiästhetische Besonderheiten

Geschichtliche Grundlagen, Orts- und Flurnamen
- Bedeutung der Namen erforschen
- Museen, Stadtarchive, Wanderführer (Naturdenkmäler), Reiseführer, Gespräche mit Ortskundigen

Pflanzenbewuchs und radiästhetische Besonderheiten
- Begutachtung der Pflanzen, Bäume, Tiere (Strahlensucher, -flüchter), Pflanzenwuchs
- Radiästhesie (oder geologische Karten)

Alle weiteren Untersuchungen werden nun zuerst auf Basis der analytischen Erkundung gemacht, d. h. Sie registrieren nur das, was Sie mit Ihren Sinnesorganen aufnehmen können, was Sie riechen, sehen, fühlen und hören können. Möglichst ohne Wertung werden nun diese Fakten gesammelt; dies natürlich nur insoweit das überhaupt möglich ist, denn es werden viele Gedanken durch Ihren Kopf wandern, Gefühle werden sich einstellen, Erinnerungen tauchen auf. Das können Sie nicht verhindern und sollen es auch gar nicht. Notieren Sie sich diese Gedanken und versuchen Sie danach wieder zurückzukehren zu Ihrem Vorhaben, Ihre Umgebung bewusst und objektiv zu betrachten.
Besorgen Sie sich einige Karten von Ihrer näheren Umgebung (Wanderkarten u. s. w.) oder auch Bücher über Ihren Ort. Schauen Sie auch im Internet, hier gibt es mittlerweile die besten Möglichkeiten, selbst die, Ihren Wohnort von oben zu betrachten. Schauen Sie sich genau an, wo Sie gelandet sind.
Was genau bedeutet nun „den Ort erkunden“, und was ist gemeint mit „näherer Umgebung“? Es steht Ihnen frei, abhängig davon wie Sie leben, eigene Grenzen zu ziehen. Leben Sie in einer Großstadt kann die nähere Umgebung das eigene Stadtviertel sein, leben Sie in einem Neubaugebiet, dann geben Sie Ihre Aufmerksamkeit den neuen Straßen um Sie herum, aber auch den angrenzenden Gebieten, seien es alte Ortsbereiche oder naturnahe Flächen. Das Gebiet, dass Sie sich nun etwas näher anschauen sollte nicht zu groß sein, vielleicht nicht größer als in einem abendlichen Spaziergang erkundbar.
Wir möchten uns in unseren Betrachtungen nun immer mehr unserer eigentlichen Wohnung näheren, und dies ist sozusagen die „vorbereitende“ Tätigkeit, die auch dazu dient, uns in der Wahrnehmung zu üben.

Wie sieht Ihre direkte Umgebung aus?

Gibt es besondere/bekannte Punkte?
Gibt es Energieballungen, wie stark befahrene Straßen, eine Autobahn oder Eisenbahn, Bahnübergänge, Schranken ...?

Gibt es Wasser (einen See, einen Fluss ...)?
Gibt es nennenswerte Erhebungen (einzelne Berge)?

Namen sind ganz wichtig (plötzlich entdeckt man überall Höllwiesen u. ä. ...). Welche Bedeutung haben sie?

Betrachten Sie schließlich die Landschaft, in der Sie leben. Dies kann erfolgen indem Sie Ihre Gegend tatsächlich erkunden, aber natürlich auch wiederrum anhand von Unterlagen, Bildbänden u. s. w. wenn vorhanden.

Wie zeigt sich Ihnen Ihre Gegend? Lieblich und weich oder rau und karg, abweisend oder einladend ...?

Wie zeigt sich Ihre Umgebung Ihren körperlichen Sinnen (greifbare, äußere Merkmale, wie z. B. viele Hochhäuser, viele alte Gebäude, nur Neubauten, alt und zerfallen oder neu saniert, mit wenig Begrünung oder weitläufigen Parks, mit natürlichen Bachläufen oder begradigten Flüsschen)?

Welche Geschäfte/Industrien dominieren? Oder gibt es in Ihrer Umgebung keine Geschäfte, keine anderen Häuser?

Betrachten Sie alles kritisch und objektiv. Achten Sie auf alles, was sich Ihnen zeigt und besonders das, was Ihnen erst jetzt auffällt, obwohl Sie vielleicht schon lange an in dieser Gegend wohnen. Vielleicht hat das eine oder andere Sie trotzdem unbewusst beeinflusst oder Sie registrieren die Beeinflussung erst jetzt, genau in dem Moment der Wahrnehmung.

Besonders hilfreich und aussagekräftig ist die Betrachtung der äußeren Erscheinung der Landschaft nach den vier Elementen.

<u>Die Bedeutung der vier Elemente</u>

Alles Leben, alle Materie auf der Welt, setzt sich zusammen aus den vier Elementen. Diese sind Erde, Wasser, Feuer und Luft. Die vier Elemente sind deshalb die Grundlage allen Lebens und prä-

gen uns und unsere Erde. Wir sind dem ständigen Einfluss dieser Elemente ausgesetzt, sind überall davon umgeben. Auch alle Erscheinungen in der Landschaft und in unserem Lebensraum lassen sich den vier Elementen zuordnen, ebenso die Jahreszeiten und die Himmelsrichtungen. Ein ausgewogenes Verhältnis von Erde, Wasser, Feuer und Luft in unserem Lebensraum (im Innen und Außen) spielt eine große Rolle und trägt stark zu unserem Wohlbefinden bei.
Anhand der folgenden kurzen Aufstellung – wie sich die Elemente in der Landschaft zeigen – können Sie ergründen, welches Element vorrangig in Ihrer Umgebung zu finden ist:

Eine erdige Landschaft zeichnet sich aus durch Wälder, Höhlen, Felsen, Findlinge, schattige Bereiche, Ackerlandschaften, Landschaften mit nährstoffreichem, eher weichem Boden.

Die Wahrnehmung ist schwer und fest.

Eine wässrige Landschaft findet man in Tälern und Senken, in Seen- und Teichgebieten, am Meer, in Moorlandschaften, an Flüssen und Bächen, in Gegenden mit feuchten Wiesen.

Die Wahrnehmung ist feucht und kühl.

Die Elemente Erde und Wasser sind weiblich (Yin).

Eine feurige Landschaft findet man in exponierten Gegenden, in Gegenden mit sandigem, trockenem Boden, im Bereich von spitzen Bergen und auch Gebäuden, in Sandgruben, in sonnigen Hanglagen und auch dort, wo Verrottungsprozesse vonstattengehen.

Die Wahrnehmung ist warm und hitzig.

Eine luftige Landschaft findet man in flachen Ebenen, langen Tälern, auch an langen sehr stark befahrenen Straßen, an Türmen und Hochhäusern, an erhöhten, weiten Plätzen mit Fernblick.

Die Wahrnehmung ist luftig und beweglich.

Die Elemente Feuer und Luft sind männlich (Yang).

Es liegt ganz in Ihrem persönlichen Ermessen mit welcher Akribie Sie Ihre Untersuchungen betreiben. Ich bin sicher, dem einen oder anderen genügt eine einzige blitzartige Erkenntnis zur Beantwortung vieler Fragen, die an dieser Stelle bereits über die objektive Untersuchung hinausgeht, wie z. B. die Erkenntnis, in einer schweren, erdigen Umgebung gelandet zu sein, die in krassem Gegensatz zur eigenen leichten lockeren Art steht. Vielleicht haben Sie sich bereits seit langem gefragt, warum Sie die Dinge – vielleicht nach einem Umzug – nicht mehr so leicht nehmen können wie früher und Sie bedauern es sehr. Eine Erklärung könnte sein, dass die melancholische Schwere Ihrer Umgebung es verhindert. Ihr Nachbar dagegen ist vielleicht froh, dass seine Unruhe und Flatterhaftigkeit sich endlich gelegt hat seit er hier lebt und kennt nun den Grund dafür. Verstehen Sie was ich damit sagen will? Es gibt nie nur eine Seite der Dinge, auch nicht zwei, sondern oft unendlich viele mehr.
Identifiziere ich mich mit meinem Wohnort? Möchte ich sein wie ich bin? Oder bekomme ich einen Spiegel vorgehalten mit dem Hinweis, etwas an mir, an der Situation in der ich mich befinde, zu ändern? Soll ich an etwas arbeiten?

Nicht nur die äußere Erscheinung der Landschaft, auch der Pflanzenwuchs, die Bäume und Tiere, die hier leben, sind uns dabei behilflich, die physische Ebene eines Ortes zu erkennen.
Verständlicherweise sollten wir unser Augenmerk hierbei auf die Pflanzen und Tiere lenken, deren natürlicher Lebensraum dieses Gebiet ist, die „hierher gehören“, parallel aber auch auf die, die offensichtlich nicht schon immer hier Zuhause sind, sich jedoch an dem Ort, in dem Gebiet sehr wohl zu fühlen scheinen.
Es erleichtert es uns, einen Ort zu charakterisieren wenn wir wissen, dass Tiere und Pflanzen in „Stahlungssucher“ und Strahlungsflüchter“ eingeteilt werden können.

Erhöhte Strahlung an einem Ort, im Boden des Ortes, kann durch verschiedene Phänomene zustande kommen, zum Beispiel durch unterirdische Wasseradern, Bodenverwerfungen oder Gitternetze (Kraftlinien, die nach geomantischer Ansicht in bestimmten Abständen auf unserer Erde liegen).

Beobachten Sie nun vermehrt bestimmte Tiere oder Pflanzen an einem Ort, dann können Sie dadurch beurteilen, ob das Gebiet sehr strahlungsreich oder strahlungsarm ist.
Aber nicht nur die Strahlung, sondern auch die Art des Bodens wird durch den Bewuchs oder dort ansässige Tiere angezeigt.

Früher (in der Geomantie auch heutzutage noch) wurde der Begriff „Zeigerpflanzen" verwendet, d. h. mittels bestimmter Pflanzen konnte/kann die Bodenbeschaffenheit angezeigt werden (nass, trocken, sauer ...). Das war z. B. hilfreich, wenn Landwirte für ihre Tiere den besten Platz, die besten Wiesen suchten. So zeigten zum Beispiel Binsen nasse Wiesen und saure Böden an und diese Bereiche wurden deshalb gemieden. (Dies erklärt uns auch den Begriff „Binsenweisheit"). Jedem (Hobby-)Gärtner oder Landwirt ist dies wahrscheinlich bekannt.

Einige bekannte Pflanzen, die als Strahlungssucher bezeichnet werden und in strahlungsreichen Gebieten gut gedeihen sind:

Ampfer, Beifuß, Beinwell, Bohne, Brombeere, Breitwegerich, Brennnessel, Distel, Efeu, Erbse, Farn, Frauenmantel, Fingerhut, Gänseblümchen, Gundelrebe, Hahnenfuß, Holunder, Huflattich, Johanniskraut, Kamille, Königskerze, Löwenzahn, Mistel, Minze, Ringelblume, Schafgarbe, Schlehe, Spitzwegerich, Wacholder, Wolfsmilch.

Bäume: Eiche, Haselnuss, Ahorn, Weißdorn, Thuja, Weide, Buchsbaum, Tollkirsche, Eibe, Zypresse.

Steht ein Baum direkt über einer Wasserader so kommt es häufig vor, dass der Stamm in seinem Wuchsverhalten mit einer Gabelung reagiert, einer sogenannten Zwieselung, ein weithin sichtbares und deutliches Erkennungsmerkmal.

Bedingt strahlungssuchend sind:

Erle, Kirsche, Kastanie, Lärche, Birke, Himbeere.

Diese Pflanzen suchen zwar vereinzelt Strahlung, wachsen aber auf Strahlungsanhäufungen eher schlechter.

Pflanzen, die als Strahlungsflüchter bezeichnet werden und strahlungsarme Gebiete bevorzugen sind z. B.:

Blumenkohl, Erdbeere, Getreide, Gurke, Johannisbeere, Kartoffel, Kohlrabi, Lauch, Mais, Sellerie, Stachelbeere, Tomate, Zwiebel sowie Alpenveilchen, Chrysantheme, Begonie, Geranie, Maiglöckchen, Mimose, Primel, Rose, Rhododendron.

Bäume:

Fichte, Tanne, Apfel, Platane, Birne, Ulme, Pflaume, Buche, Linde, Pfirsich, Aprikose Flieder.

Werden diese Pflanzen auf strahlungsreichen Boden gepflanzt, so wachsen sie in der Regel schlecht, Bäume reagieren unter Umständen mit Schrägwuchs, das bedeutet, sie wollen vor der Strahlung flüchten.
Es kann also durchaus sein, dass auf einer Obstwiese, die von Menschenhand angepflanzt wurde, unter vielen gesunden ertragreichen Bäumen einige Bäume stehen, die schief und kümmerlich wachsen. Es ist zu vermuten, dass sich unter ihnen eine Wasserader oder Bodenverwerfung befindet.

Tiere können Impulse aus ihrer Umgebung wesentlich besser wahrnehmen als Menschen. Viele Tiere verfügen über sehr sensible Sinneszellen, die sich nach dem Magnetfeld der Erde ausrichten können. Das Finden des „guten Platzes“ fällt ihnen unsagbar viel leichter als den Menschen, deshalb wurde früher z. B.

häufig an der Stelle des Grundstückes das Haus gebaut, an der sich die Schweine am liebsten niederließen, denn sie sind Strahlungsflüchter, wie die Menschen.
Die Anwesenheit von Tieren an einem Ort spricht außerdem immer für dessen Lebendigkeit und Lebenskraft. Gibt es in der Natur Orte, an denen keine Tiere und Pflanzen leben, dann ist das ein Anzeichen fehlender Lebenskraft.

Auch die Tiere können in Strahlungssucher und Strahlungsflüchter eingeteilt werden:

<u>Strahlungssucher:</u>

Ameisen, Bienen, Murmeltiere, Katzen, Dachse, Schlangen, Insekten (Mückenschwärme), Maulwürfe.

<u>Strahlungsflüchter:</u>

Hunde, Kühe, Störche, Schafe, Schweine, Füchse, Pferde, Ziegen, Hühner.

Nistet ein Storch auf dem Dach eines Hauses, so kann mit Sicherheit davon ausgegangen werden, dass es sich um einen „guten Platz“ handelt. Der bietet damit beste Voraussetzungen für einen reichen Kindersegen und ließ den Storch dadurch zum „Kinderbringer“ werden.

Diese Ausführungen geben Ihnen ein weiteres Werkzeug an die Hand, Ihre Umgebung geomantisch/analytisch zu untersuchen. Bitte beachten Sie jedoch: Spricht man von einem „guten Platz“, so ist stets zu unterscheiden für wen, oder wofür. Für den Menschen, der als Strahlungsflüchter bezeichnet werden kann, gelten andere Regeln als für Ameisen, die sich mit Vorliebe auf stark strahlenden Wasseraderkreuzungen niederlassen. Bei der Bewertung in gut oder schlecht sollte deshalb immer beachtet werden, wer oder was gemeint ist.

Wir schließen damit die rein analytischen Untersuchungen ab.

Bevor wir uns der energetischen Ebene widmen, nachfolgend eine spannende kleine Reise durch Ihren Ort, zwar auch analytisch betrachtet, jedoch bereits auf die energetische Ebene übergreifend:

<u>Wo im Ort leben Sie?</u>

Im Neubaugebiet oder im alten Ortskern?
Innerhalb des Ortes, außerhalb, in einer Randlage?
An der Hauptstraße?
An der Durchgangsstraße?
In einer Seitenstraße?
In einer Sackgasse? Im letzten Haus der Sackgasse?
Auf dem Berg oder in einer Senke?
Direkt an der Straße oder im Hinterhaus?
Im Aussiedlerhof?
Im ersten oder letzten Haus am Ortseingang/Ortsausgang?

Fühlen Sie sich frei, selbst zu erkennen, welche Position die einzelnen Bewohner bzw. Häuser inner- oder außerhalb eines Ortes einnehmen.
Schauen Sie sich die Häuser am Ortseingang bzw. Ortsausgang genauer an. Entdecken Sie vielleicht den Ausdruck einer offensichtlichen Wächterposition? Manchmal sind neue Häuser zu einem späteren Zeitpunkt davor gebaut worden, wurden somit das neue erste oder letzte Haus des Ortes, das eigentliche „Wächterhaus“ erkennt man dahinter oft noch sehr genau.
Was sind das für Menschen, die im alten „Wächterhaus“ wohnen? (Natürlich ist auch die Stellung des neu gebauten Hauses erwähnenswert, es ist interessant zu hinterfragen, wer da den alten „Wächter“ verdrängt hat ...)

Dann gibt es noch die Häuser, die am Ortsrand stehen und mit der angrenzenden Natur in starker Verbindung stehen – „die Vermittler“.

Die Bewohner der Aussiedlerhöfe sind „die Versorger“.

In der Ortsmitte stehen die Häuser (wohnen die Menschen?), die alles zusammenhalten, die kommunizieren, die Mittelpunkt sind und sein wollen, die alles im Blick haben und meist alles wissen: „Die Basis".

Abseits des Ortes gibt es stets einige Gebäude. Sie stehen außerhalb, nicht alleine, nicht isoliert, aber in gebührendem Abstand zueinander. Eine gewisse Anbindung an den Ort ist vorhanden, auch wenn sie den Ort nur von außen sehen (wollen?)– sind das die „Außenseiter"?

Dann gibt es noch diejenigen, die ganz abseits liegen, ohne direkte, offensichtliche Verbindung zu dem Ort. Meist stehen diese Häuser ganz alleine und meist etwas versteckt, es sind „die Einsiedler".
Ist jemand gesellig, zieht er dort nicht hin und es kommt auch niemand zu ihm: zu weit zu mühsam …. Das stört denjenigen, der dort lebt, aber nicht, weil er genau das möchte.

Die Häuser, die zwischen der Mitte und dem Rand liegen, sind das „die Unterstützer"?

Die im Neubaugebiet, die „Neuen" was ist mit denen? Sind sie „die Verstärkung", die dem alten Ort den Rücken stärken? Aber warum halten sie sich so abseits? Wollen sie vielleicht doch eher Distanz, mit dem alten Ort eigentlich gar nicht so viel zu tun haben, vielleicht nur seine Vorteile nutzen?

Die kleine Skizze entstand aus meinen eigenen Beobachtungen. Es versteht sich von selbst, dass sie lediglich als Anregung für Ihre eigenen Beobachtungen dienen soll und nicht dogmatisch zu sehen ist. Sie will auf keinen Fall werten, es gibt kein gut und kein schlecht. Bitte werten, bewerten auch Sie nicht, stecken Sie nicht sich selbst und auch niemanden anderen in Schubladen. Versuchen Sie stattdessen zu ergründen, warum sie dort wohnen, wo sie sich gerade befinden. Vielleicht gehören Sie ja auch zu den Menschen, die genau das Gegenteil vom dem repräsentieren, was zuvor (nicht ohne ein kleines Schmunzeln im Gesicht) über die einzelnen Standorte geschrieben wurde. Vielleicht zieht es Sie als Vermittler zu den Außenseitern, als Versorger zu den Neuen, oder Sie sind als ehemaliger Wächter nun zum Einsiedler geworden ...

Seltsamerweise sieht man bei anderen Menschen die Dinge meist klarer als bei sich selbst. Betrachten Sie deshalb zum Spaß ruhig auch mal Ihre Freunde und Nachbarn und vergleichen Sie Ihr „Wissen" über sie mit Ihren neu gewonnenen Erkenntnissen und Erfahrungen.

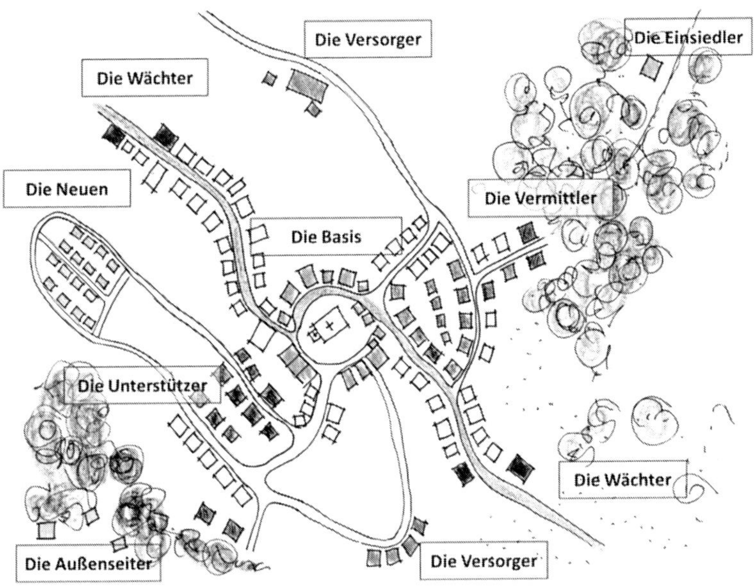

Vielleicht erkennt man auf dieser kleinen Skizze eines frei erfunden Ortes – mit etwas Fantasie – auch so etwas wie eine Rangordnung innerhalb einer Herde. Einzelne oder kleine Gruppen scheinen sich entziehen zu wollen und halten sich außerhalb.

Mit Sicherheit ist jeder dorthin gezogen wo eine Aufgabe wartet, dorthin wo er sich zugehörig fühlt, wo er Unterstützung erhofft, seinesgleichen vermutet oder wo man diejenigen vermutet, die so sind, wie er gerne sein möchte ...

Wo auch immer Sie nun wohnen, gehen Sie einen kleinen Schritt weiter und betrachten Sie Ihr Haus: In welchem Haustyp wohnen Sie?

Wohnen Sie im Einfamilien- oder im Mehrfamilienhaus?
Freistehend, Doppelhaus oder Reihenhaus?
Neubau/Altbau?

Großes Haus? Kleines Haus?

Haben Sie gebaut? Gekauft? Gemietet? Wohnen Sie in Erbpacht?

Warum wohnen Sie in Erbpacht? Hat es sich „so ergeben"? Warum haben Sie neu gebaut? „Mussten" Sie bauen weil alle Gebäude, die es zu kaufen gab, Ihnen nicht zugesagt haben?

Wohnen Sie gegen Gegenleistung (Hausmeistertätigkeit, Gärtnerpflichten u. s. w.)?

Gehören Sie zu den Menschen, denen es egal zu sein scheint wie sie/ das Haus aussehen oder zu denen, die aus ihren Anwesen kleine Perlen geschaffen haben ... ?

Was wollen/wollten Sie? Was haben Sie bekommen?

Wollen Sie frei und unabhängig sein und leben deshalb im freistehenden Einfamilienhaus?

Leben Sie in einer Wohnung, eben weil sie frei und unabhängig sein wollen, keine Verpflichtungen haben möchten, oft in Urlaub fahren möchten ...?
Was verstehen Sie unter Freiheit und Unabhängigkeit?

Reihenhäuser stützen sich gegenseitig, meist haben sie eine gemeinsame Mittel-/Trennwand. Reicht Ihnen ein gewisses Maß an Individualität (der eigene Eingang, der kleine private Garten)? Nach und nach können Sie sich eigene Antworten geben und die Antworten zueinander in Beziehung stellen ...

Was hat sich als ganz anders herausgestellt als erwartet – positiv wie auch negativ?

Womit haben Sie sich arrangiert?

Womit sind Sie unzufrieden? Vielleicht seit langer Zeit schon? Unzufriedenheit zieht Ihre Aufmerksamkeit an und kann dadurch zum Mittelpunkt werden, deshalb, weil Energie der Aufmerksamkeit folgt. Dadurch wird Ihnen Lebenskraft genommen ...

____________ ... ____________

Wie erging es Anne und Holger mit diesen Fragen und Überlegungen?

An dieser Stelle nun die ersten Notizen von Anne und Holger. Gemeinsam hatten sie die Gegend erkundet und sich über die Landschaft und die Menschen, die hier leben, ausgetauscht. Bevor sie etwas tiefer einsteigen konnten und sich über ihre eigenen Beweggründe gemeinsame Gedanken machen konnten, musste Holger aber wieder mal auf Geschäftsreise. Anne wollte jedoch gerne ihre Rückmeldung geben und hat schrieb deshalb für sie beide:

„Wir wohnen auf der Nordhalbkugel unserer Erde, in Deutschland, also einem sehr westlich geprägten Land, in der Nähe eines kleinen 500-Seelen-Ortes. Wir fühlen uns dem Ort sehr zugehörig, unser Haus liegt aber außer Sichtweite des Ortes etwas abgelegen.

Die Menschen hier werden als eher wortkarg und stoisch charakterisiert, duldsam, langsam, ein bisschen unzugänglich und rau aber trotzdem hilfsbereit und wenn man sie besser kennenlernt durchaus auch herzlich. Das wissen sie aber gut zu verbergen ...

Die Mittelgebirgslandschaft ist hügelig und stark bewaldet, wir leben in eher geschlossener Landschaft ohne Weitblick. Den gab es wohl zu früheren Zeiten noch, wie ältere Anwohner berichteten, mittlerweile ist aber alles zugewachsen. Die Landschaft ist sehr erdig und ich würde sie den Elementen Wasser und Erde zuordnen. Die Elemente Luft und Feuer scheinen hier, so wie ich es beurteilen kann, komplett zu fehlen. Wenn Wasser und Erde weiblich sind, dann ist diese Gegend wohl als ausgeprägt weiblich zu bezeichnen.

Ich, Anne, würde mich als herzlich und offen bezeichnen. Ich bin in der Großstadt aufgewachsen, mein Traum war aber schon immer das Leben in der Natur. Ich fühle mich sehr wohl in unserem Haus, male hier sehr gerne und würde es am liebsten kaum verlassen.

Holger ist eher zurückhaltend und wortkarg. Er stammt aus einem kleinen Dorf und möchte auf keinen Fall wieder dorthin zurück. Als wir uns kennenlernten wohnte er in einer kleinen Stadtwohnung. Er liebt seine beruflichen Aufenthalte in den Metropolen der Welt, kommt aber auch gerne zur Erholung an seinen Wohnplatz zurück, obwohl er zuerst nicht begeistert war, in die „Einsamkeit" zu ziehen. Direkt im Ort wollte er allerdings auf keinen Fall wohnen, unser Haus, in Distanz zu dem kleinen Ort, gefällt ihm allerdings gut. Jedoch wird er nach einer Weile (nach ca. vier bis sechs Wochen) unruhig und es zieht ihn wieder in die Stadt.

Während ich dies schreibe, kommt es mir irgendwie seltsam vor, dass ich mich als herzlich und offen bezeichne – aber zurückgezogen in der Natur leben möchte, Holger dagegen, *den ich als zurückhaltend und wortkarg bezeichne, sucht die Lebendigkeit der Stadt ...*

Nach der Lage unseres Hauses zu urteilen sind wir Außenseiter ... Sind wir das? Ich weiß es nicht, der Gedanke verunsichert mich. Ich war diejenige, die dieses Haus ausgesucht hat – bin ich der Außenseiter? Vielleicht ist Holger deshalb so gerne unterwegs, vielleicht will er kein Außenseiter sein, vielleicht fehlen ihm in unserer Gegend aber auch die männlichen Elemente (Luft und Feuer)?

Sehr spannend ist das alles, obwohl ich im Moment auch etwas verwirrt bin, eigentlich ehrlich gesagt nicht nur etwas, sondern total verwirrt. Ich habe das Gefühl, nichts passt zusammen ...

Was mag sich wohl noch alles zeigen?

Liebe Grüße,

Anne"

Wirklich spannend, was sich bei Anne bereits nach dem ersten genaueren Hinschauen gezeigt hat ...
Dieser hauptsächlich analytischen Untersuchung folgt nun die intuitive Untersuchung des Ortes, auf seiner energetischen und ansatzweise geistigen Ebene, dies auch mithilfe der erweiterten Wahrnehmung.

Schritt 3
Die energetische und geistige Ebene Ihres Wohnortes

Die energetische und die geistige Ebene möchte ich an dieser Stelle nicht trennen, da die Ebenen meiner Meinung nach sehr stark ineinander wirken. Wir bewegen uns auf diesen Ebenen im Bereich der Intuition und der erweiterten Wahrnehmung.
Es wird nun schwieriger, Ihnen Vorgehensweisen vorzugeben, da die Vermischung von körperlichen/sinnlichen und außersinnlichen/erweiterten Wahrnehmungen nun immer stärker wird. Nehmen Sie sich deshalb bitte aus allen Informationen das heraus, was Ihnen am stimmigsten erscheint.

Energetische Ebene	Geistige Ebene
Analyse der Energie (des Äthers) - Einteilung des Äthers nach der Polarität - Bestimmung der vier Äther - Analyse des Äthers (nach den Äthergesetzen) - Beobachtung der Pflanzen und Bäume sowie Bestimmung deren Ätherwirkung - Bestimmung der vier Elemente **Ätherische Phänomene und Ätherballungen** - Ätherballungen durch Senken und Hügel - Analyse des Baumwuchses (verdrehte Äste usw.) - Weitere Ätherphänomene (z.B. Leylinien, Ätherlinien, geomantische Zonen, Kraftplätze usw.)	**Götter und Heilige** - Ermittlung von Heiligen am Ort - drei Wesensaspekte der Großen Göttin - Gottesverehrung an naturbelassenen Plätzen (z.B. Felsen oder Quellen) -Seele der Landschaft (Ermittlung durch Symboliken (z.B. Gesichter in Felsen) **Sagen und Mythen** - Betrachtung/Analyse von Symboliken (z.B. heilige Zahlen, Kronen, Kelche), - Sagen, Mythen, Legenden - Bedeutsame Gestalten (z.B. Ritter, Riesen, Zauberer, Teufel) **Tiere als Symbol der Seele** - Recherchieren nach Orakeltieren, -Tiersymbolik in Sagen, Mythen und Legenden, Betrachtung des Wappens eines Ortes **Erweiterte Wahrnehmung** - Spontanes Wahrnehmen unmittelbar nach Ankunft an einem Ort - erweiterte Wahrnehmung durch Zentrierung und Meditation

Zuerst möchte ich mich erneut den vier Elementen widmen und zwar nicht nur hinsichtlich äußerer Merkmale, sondern auch hinsichtlich der Bezüge zu unserer Persönlichkeit, unserer Prägung sowie in Verbindung mit dem Äther – der alles durchfließenden Lebensenergie, die maßgeblich die energetische Ebene Ihres Wohnortes prägt.
Den Äther kann man als den Vermittler zwischen dem Materiellen und dem Geistigen verstehen, und genau hier können Sie die Verbindung zwischen der physischen und der energetischen Ebene erkennen.
Dies wird Ihnen an dieser Stelle bereits behilflich sein, zu erkennen, welche Raumqualität in Ihrer Umgebung vorherrscht und wovon eventuell im Gegensatz dazu zu wenig vorhanden ist:

Das Element Erde und der Erdäther

Erde ist der Boden auf dem wir stehen.
Die dem Element Erde zugeordneten Farben sind Ocker- und Brauntöne, Dunkelgrün.

Erde wird in der Geomantie der weiblichen Energie zugeordnet, ist fest, dunkel und undurchsichtig.
Im Körper findet das Element Erde die Entsprechung in Knochen, Wirbeln und Muskeln.

Der Erdäther vermittelt Realitätssinn, Ausdauer, Stabilität, Traditionssinn und Stärke.
Die Wirkung auf den Menschen zeigt sich im Bereich der Gefühle wie Geborgenheit und Mütterlichkeit, Wärme, Fruchtbarkeit, Beständigkeit, und Struktur.

Das Element Wasser und der Wasseräther

Wasser erscheint in der Landschaft als Regen, Nebel, Eis und Schnee, Wasser ist beweglich, flexibel und vermischbar.
Die dem Wasser zugeordneten Farben sind Blau und Schwarz

Wasser wird in der Geomantie der weiblichen Energie zugeordnet, Wasser ist fließend.
Im Körper findet sich die Entsprechung im Bereich der Verdauung, der Niere, der Blase, des Harnsystems.

Der Wasseräther vermittelt Melancholie, Sehnsucht, Sensibilität, Romantik und Träumerei, beeinflusst die Gefühle des Menschen, wirkt angst- und stressmildernd, stärkt die Konzentration und die Gelassenheit, die Intuition, den Instinkt, die Sensibilität und die Sinnesorgane.

Das Element Feuer und der Feueräther

Feuer erscheint in der Landschaft als Sonne, Sonnenaufgang, Sonnenuntergang, Blitz, verbrannte Flächen.
Feuer wirkt vernichtend, erzeugt Hitze und Licht.
Die dem Feuer zugeordnete Farbe ist rot.

Feuer wird in der Geomantie der männlichen Energie zugeordnet, Feuer ist aufstrebend.
Im Körper findet sich die Entsprechung im Bereich des Stoffwechsels, des Kreislaufsystems, des Herzens.

Der Feueräther vermittelt Tatkraft, Kreativität und Dynamik, hilft dem Menschen bei der Stärkung von Mut und Willenskraft, fördert loslassen und Wandlung, steht außerdem für Wut, Aggressivität und Angst aber auch für Freude, Begeisterung und Spontanität.

Das Element Luft und der Luftäther

Luft erscheint in der Landschaft als Wind, Duft, Geräusch, Rauch.
Die der Luft zugeordneten Farben sind Weiß, sehr helles Blau und sehr helles Gelb, transparent und durchsichtig.

Luft wird in der Geomantie dem männlichen Prinzip zugeordnet.

Luft ist aufstrebend, in Bewegung, hell, klar, leicht, schnell und flexibel.

Im Körper findet das Element Luft seine Entsprechung im Gehirn (Gedächtnis).

Der Luftäther vermittelt Ratio, Verstand, Logik, aber auch Ideenreichtum und Kommunikation und wirkt auf das Denken, Planen und Wissen sowie die Kontaktfreude.

Die Polaritäten (weiblich, männlich/ das Yin- Yang-Prinzip)

Polaritäten, weibliche oder männliche Prägung – Was bedeutet das?

Der Begriff Polarität beschreibt die Wechselwirkung zwischen zwei gegensätzlichen Komponenten oder Kräften.
Dieses Prinzip, dass sich zwei Gegensätze anziehen, abwechseln, einander gegenüberstehen, findet sich überall auf der Erde wieder. Besonders in China wurde diese Wechselwirkung gut beobachtet und nicht nur in der Natur, sondern auch in Abläufen des Lebens erkannt, sei es das Verhalten unterschiedlicher Magnete (plus und minus) zueinander, die Plus-Minus-Verbindung von Süd- und Nordpol, der Wechsel zwischen Tag und Nacht, die Anziehung zwischen Mann und Frau und vieles mehr.

Angestrebt wird stets die Schaffung eines Ausgleichs. Ein Lebensprinzip oder eine Situation kann nie alleine stehen sondern sucht immer ihren Gegenpol bzw. trägt ihn in sich.
Dies wird wunderbar verdeutlicht im chinesischen Yin-Yang-Zeichen, das die Verbindung der gleich großen Hälften mithilfe der geschwungenen Kurve zeigt sowie den Kern des Gegensätzlichen in der Mitte jeder Hälfte. Auch der Mensch sucht in der Regel stets nach seinem Gegenpol, dies erfolgt allerdings meist unbewusst. Durch die Verbindung und Vereinigung von Gegensätzen entwickelt sich ein Spannungsverhältnis von Yin und Yang.

Der Spannungsbogen ist in der Natur und der Landschaft bereits mehr oder weniger ausgeprägt vorhanden, kann aber auch gestaltet werden, durch den Wechsel der Polaritäten.

<u>Eine kleine Liste der Polaritäten:</u>

Yin/weiblich	Yang/männlich
Nacht	Tag
Winter	Sommer
Schwarz	Weiß
Erde	Himmel
Passiv	Aktiv
Rund	Eckig
Kälte	Hitze
Schwer	Leicht
Langsam	Schnell
Empfangend	Gebend
Unten	Oben
Feucht	Trocken
Trauer	Glück
Mond	Sonne
Ungerade	Gerade
Waagerecht	Senkrecht
Links	Rechts
Unterbewusstsein	Bewusstsein
Körper	Geist
Dunkel	Hell
Nordpol	Südpol

Wie nun ist eine Landschaft den Ätherformen zuzuordnen?
Die Elemente Erde und Wasser sowie der Erdäther und der Wasseräther sind weiblich (Yin).
Typische Yin-Landschaften und Gebäude sind:
Flache Ebenen, Senken, Täler, sanfte Hügel, ruhige Gewässer, tiefe Gewässer, flache Wiesen, Eisflächen, einheitliche Bebauungsart, Friedhöfe, Mausoleen.

Die Elemente Luft und Feuer sowie Luftäther und Feueräther sind männlich (Yang).
Typische Yang-Landschaften sind:
Berge (Hochgebirge), Mittelgebirge, dynamische, fließende Gewässer, Hochhäuser, Verkehrskreuzungen, Freizeitparks, Einkaufszentren, Spielplätze.

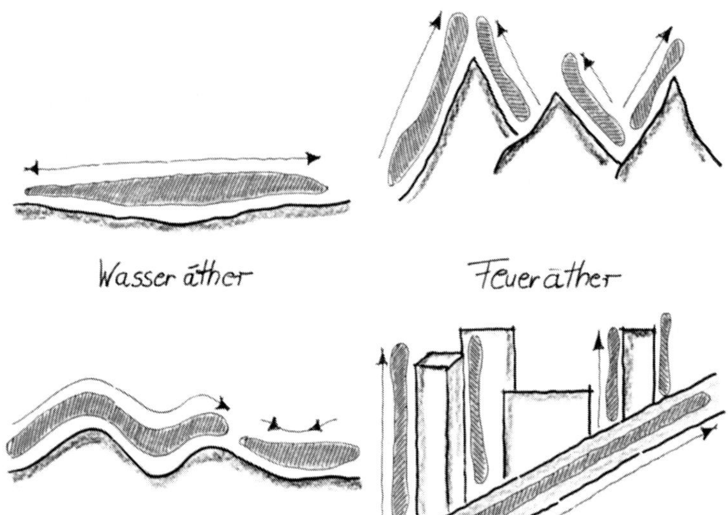

In den Zeichnungen können Sie den Energiefluss der Landschaftsäther erkennen, nachfolgend noch zwei reale Beispiele von weiblich und männlich geprägten Landschaften.

Es wurde ein Bild aus der Natur und das einer Großstadt (Hong Kong) gewählt, da bei beiden Bildern sehr deutlich ersichtlich ist, welche Elemente und welcher Äther hier vorherrschen. Ich glaube jeder Betrachter erkennt – ohne große Erklärung – im ersten Bild die weibliche Energie, im zweiten die männliche. Dies bedeutet allerding nicht pauschal, dass Natur immer weiblich, Stadt immer männlich ist. Achten Sie stets darauf, in sich hineinzuhorchen und alles auf Stimmigkeit zu überprüfen. In diesem Bereich der Wahrnehmung können wir nichts in strenge Regeln pressen. Lauschen Sie auf die vielen Zwischentöne.

Landschaft mit weiblicher Energie (Wasser und Erdäther) und Stadt mit bestimmend männlicher Energie, trotz Wasserflächen (Feuer- und Luftäther).

Besonders hilfreich ist es, die unterschiedliche energetische/ätherische Wirkung ganz gegensätzlicher Plätze selbst zu erfahren, ohne den Platz vorher wertend zu betrachten.

Ein sehr prägendes Erlebnis hatte ich diesbezüglich während meiner Geomantieausbildung. Wir befanden uns zu fünft oder sechst im Rahmen einer Exkursion auf der Burg Frankenstein in der Nähe von Pfungstadt. Unsere Seminarleiterin führte uns in ein Waldgebiet nahe der Burg, zeigte uns drei unterschiedliche Plätze und bat uns, die nächsten 30 bis 40 Minuten damit zu verbringen, uns unabhängig voneinander, in alle drei Plätze einzuspüren.

Der Platz, der mich besonders stark anzog und an dem ich mich zuerst niederließ, war ein mit wunderschönem, üppigem Farn bewachsener Flecken unter hohen, dicht belaubten Bäumen. Einzelne Sonnenstrahlen fielen durch die Baumkronen, der Boden war warm und weich.

Ich fühlte mich sofort geborgen und beschützt und hätte mich am liebsten in die Erde hinein gewühlt und dort wohlig zusammengerollt. Innerhalb ganz kurzer Zeit schienen alle Geräusche zu verstummen, und die Zeit schien still zu stehen. Es kam mir vor, als würde ich immer weiter in den Boden hinein gezogen und ich ließ es gerne zu. Ein Wispern um mich herum erregte nur kurz meine Aufmerksamkeit, dann ließ ich mich wieder fallen in diesen unglaublichen Frieden, der mich umhüllte, diese Zufriedenheit, die mich ganz stark erfüllte.

Nur mit Mühe löste ich mich schließlich von diesem Platz, ich wäre so gerne geblieben. Aus den Augenwinkeln hatte ich jedoch meine Seminarkolleginnen wahrgenommen und erinnert mich daran, dass noch zwei andere Plätze warteten.

Ich ging den Hang hinauf zu der kleinen ebenen Plattform, die uns als zweiter Platz genannt worden war, nur wenige Meter entfernt von der Stelle, die mich wenige Minuten zuvor, so sehr in ihren Bann gezogen hatte. Die ebene Fläche war nicht groß und befand sich mehr oder weniger mitten auf dem Waldweg, d. h. der Pfad, über den wir gekommen waren, führte zu dem kleinen Platz und verlief dann weiter in den Wald.

Dieser Platz schien mir, kaum, dass ich ihn betreten hatte, die Beine wegziehen zu wollen. Ich wurde fahrig, unruhig und war nicht in der Lage mich hier niederzulassen. Ich konnte keinen klaren Gedanken fassen, alles drehte sich um mich herum und ich fühlte mich außerordentlich unwohl. Ich beschloss, dass ich genug empfangen hatte und verließ diese Stelle sehr schnell wieder.

Der dritte Platz befand sich, wiederum in nur wenigen Metern Entfernung, etwas weiter oberhalb auf einem kleinen Erdhügel. Ich kletterte hinauf und stimmte mich kurz in die Energie dieses Fleckchens Erde ein. Mir schien, als würde ich augenblicklich wachsen, höher werden, mich nach oben strecken. Über mir befand sich der Himmel, die umstehenden Bäume schienen im Laufe ihres Wachstums freiwillig etwas zurückgewichen zu sein und hatten den Bereich über dem kleinen Platz frei gelassen. Mir kam das Bild eines Indianers in den Sinn, der hoch oben auf einem Berg stehend, über die weite Landschaft schaut. Das Gefühl von Stärke und Macht stieg in mir auf, von Erhabenheit und großer Präsenz. Ich fühlte mich nicht unwohl, aber, wie soll ich sagen, irgendwie überfordert.

Nach einer Weile verließ ich auch diesen Platz und ging zurück zu meiner Gruppe. Ich war unglaublich beeindruckt und erfüllt. Noch nie zuvor hatte ich solche unterschiedlichen Emotionen so dicht nach- und nebeneinander empfunden.

Ich war sehr gespannt auf die Wahrnehmungen der anderen und – es schien unglaublich – sie entsprachen im Endeffekt nahezu exakt meinen Gefühlen, wir benutzen bei unseren kurzen Berichten sogar die gleichen Worte. Unsere Seminarleiterin erklärte uns schließlich, dass der weiche, mit Farnen bewachsene

Platz sehr weiblich geprägt ist, ein Yin-Platz, der das Gefühl von Geborgenheit und Schutz vermittelt. Auch gibt es dort sehr viele Elfen (deren Wispern ich vernommen hatte ...).

Der zweite Platz war der frühere Hexentanzplatz gewesen. Hier fanden nach alten Überlieferungen, ganz in der Nähe der Burg des Grafen Frankenstein, die Hexentreffen statt und es wurde wild in die Nacht hinein getanzt (meine Nackenhaare sträubten sich leicht als ich bei diesen Worten an meine Empfindungen dachte und an die Energien, die hier immer noch gespeichert sind).

Der dritte Platz ist ein Yang-Platz, ein stark männlich geprägter Platz mit Ätherenergien, die stark aufstrebend sind und Gefühle von Ruhm und Macht vermitteln.

Dieses Erlebnis werde ich nicht vergessen. Nur ganz kurz hatten wir uns auf die Plätze eingelassen, ohne Meditation oder sonstige Vorbereitung. Dieses „bisschen“ Achtsamkeit, dieses wirkliche Wahrnehmen und Einstimmen in diesen Flecken Erde hatte bewirkt, uns Energien spüren zu lassen, die vor vielen Hundert Jahren in diesen Boden gegeben wurden bzw. schon immer hier waren. Niemals hätten wir das im Vorbeigehen, während eines ganz normalen Waldspaziergangs so empfinden können.

Ich lernte an diesem Tag, welche unglaublichen Möglichkeiten sich uns öffnen, wenn wir uns nur einen kleinen Schritt von dem „Normalen“ in unserer Gesellschaft entfernen. Und ich denke, Sie können sich sehr gut vorstellen, was passiert, wenn wir aus dem kleinen Schritt einige etwas größere Schritte werden lassen, wenn wir uns intensiv auf einen Platz einlassen. Dann spüren wir nicht nur zaghafte Energien, sondern werden Dinge „sehen“ und „hören“, die sich hier vor 1000 Jahren zugetragen haben, so wie ich es in den Kapiteln zuvor bereits einige Male andeutungsweise beschrieben habe.

Besondere Ätherwirkungen

Verschiedene Bauwerke wie Kirchtürme, große Brücken u. s. w. haben in der Regel besondere Ätherwirkungen. Davon können durchaus große energetische Wirkungen ausgehen, derer man sich bewusst sein sollte (auch wenn es sich nicht um Störfelder handeln muss).

Auch ausgeprägte Landschaftsformationen haben spezielle, intensive Ätherwirkungen

Hier als Beispiel der Energiefluss auf einem Berg und in einer Senke.

Links der Energiefluss in einer Senke, kreis-, kugelförmig nach unten fallend, schwer und Yin betont. Rechts der Energiefluss auf einem Hügel, aufsteigend, spiralförmig verwirbelnd und Yang betont.

Die Skizzen verdeutlichen sehr ausdrucksstark die Ätherwirkungen. Man kann die Schwere und die wirbelnde Leichtigkeit beim Betrachten geradezu spüren.
Störungsquellen in der Umgebung, die ebenfalls beachtenswerte Ätherwirkungen erzeugen, sind zum Beispiel Eisenbahnlinien Autobahnen und Schnellstraßen. Vorbeirasende Autos und Züge saugen den Äther in der Landschaft förmlich an und reißen ihn mit sich. Auch Sendmasten, Überlandleitungen und dergleichen ziehen den Äther an und verwirbeln ihn.

...

Im Rahmen der analytischen Betrachtungen auf der physischen Ebene haben Sie den Platz an dem Sie leben möglichst „sachlich" registriert und notiert.

Lassen Sie sich nun darauf ein und nähern sich mit der intuitiven Betrachtung der energetischen Ebene des Ortes bzw. Ihrer nahen Umgebung, dann werden Sie bemerken, dass die einzelnen Plätze in einem Ort, einer Stadt, ganz unterschiedliche Funktionen und Stellenwerte haben.

Mithilfe der Informationen über die vier Elemente und des Äthers, ist es Ihnen möglich, die Sie umgebende Landschaft, das prägende Gesicht Ihres Wohnortes, Ihres Stadtteils und schließlich des Grundstücks auf dem Sie leben, auf energetischer Ebene kennenzulernen.

Wie könnten nun Ihre Untersuchungsergebnisse aussehen?
Leben Sie vielleicht in einer Gegend mit starker männlicher Präsenz und damit vorherrschendem Luft- oder Feueräther? Oder spüren Sie aufgrund ihres neuen Wissens bereits die Kraft oder auch die Schwere, der betont weiblichen Energie der Landschaft? Oder erkennen Sie, dass der Platz, der Ort, den Sie sich zum leben ausgesucht haben, energetisch zerrissen und zerklüftet ist, geprägt von Störfeldern und Disharmonie?

Wie sehen Sie schließlich sich selbst in dieser Umgebung? Wie fühlen Sie sich damit, jetzt, wo Sie mit Energien konfrontiert werden, die Sie früher so nicht wahrgenommen haben?

Der Sinn dieser Untersuchungen ist der, Ihnen Ihre Umgebung vertrauter zu machen und zwar auf einer Ebene, die sich uns Menschen nicht mal eben im Vorbeigehen erschließt. Die Ergebnisse können Sie zum nachdenken anregen – über sich selbst und Ihren Lebensweg. Im Idealfall werden Sie Zusammenhänge begreifen und dadurch unter Umständen einiges verstehen: Warum Sie – vielleicht ständig aufs Neue – in bestimmte Situationen geraten, was Sie anziehen und abstoßen, warum das so ist und vor allen Dingen, wie Sie es beeinflussen können.

Nehmen Sie sich ihre Liste zur Hand und schauen Sie, was Ihnen besonders in Auge sticht.

Wie sieht es z. B. aus mit besonderen Bauwerken in Ihrer Nähe? Haben Sie etwas notiert? Gibt es zum Beispiel eine Burg oder ein Schloss?

Die Energie von Burgen und Schlösser konnte jahrhundertelang auf die Häuser in ihrer Umgebung wirken und diese Energie der Überwachung und Beherrschung ist in den Häusern gespeichert. Das kann auch für (große) Kirchen gelten. Alleine durch dieses Wissen kann man sich davor schützen. Also fragen Sie sich: Was in meiner Umgebung wirkt auf mich kontrollierend, herrschend, erniedrigend, lähmend ...? Die Antworten erfahren Sie nicht nebenbei im normalen Alltagsleben, Sie müssen sich dafür auf energetischer Ebene mit dem Thema auseinander-setzen.

Nähren Sie sich allem, was Sie notiert haben nun auf der energetischen Ebene und versuchen Sie, etwas hinter die Dinge zu schauen.
Erinnern Sie sich noch an die Stellung der einzelnen Häuser innerhalb des Ortes? Rein sachlich betrachtet haben Sie diese Frage, an welcher Stelle Sie leben, bereits beantwortet. Aber was

hat es denn nun mit diesen unterschiedlichen Plätzen und den Häusern, die sich dort befinden, auf sich? Und welche Rolle nehmen Sie als Bewohner eventuell dort ein?

Vielleicht erkennen Sie sich wieder in meinen Ausführungen, vielleicht weisen Sie sie aber auch strikt von sich, in der festen Überzeugung, dass diese Zuordnungen definitiv nichts mit Ihnen zu tun haben. Vielleicht entspricht das den Tatsachen, vielleicht aber auch nicht.

An dieser Stelle weise ich nochmals darauf hin, dass bitte diese Untersuchungen nicht dogmatisch zu sehen sind. Es ist wichtig, deshalb erinnere ich ab und zu daran. Weder sollen Sie sich genötigt sehen, Dinge anzunehmen, die Sie nicht nachvollziehen können, noch sollen Sie sich auf irgendeine Weise bewertet fühlen. Lassen Sie sich nie in Formen pressen und folgen Sie stets nur dem, was etwas in Ihnen zum Schwingen bringt.

Aufzeichnungen von Anne

Anne hatte sich in der Zwischenzeit mit viel Schwung in die Materie eingearbeitet und ihre Umgebung auch in energetischer Hinsicht erkundet – und das hatte fast zum Zerwürfnis mit Holger geführt ...
Das Erkunden und Erkennen der Umgebung hatte Holger noch viel Freude bereitet und ihn auch sehr interessiert. Aber bereits Annes Empfindungen und auch Verwirrungen hinsichtlich ihres Wohnortes, die Schlüsse, die sie aus den Untersuchungen gezogen hatte, Ihre Fragen, ob er sich nicht wohlfühle u. s. w., hatten ihn überfordert. Die Erläuterungen bezüglich der seelischen und geistigen Ebene des Ortes verstärkten diese Überforderung noch. Die beiden hatten deshalb gemeinsam entschieden, dass Anne alleine weiter macht und Holger sich aus der Sache vorerst zurückzieht.
Es ist ganz wichtig, dass auch Sie nicht versuchen, eine andere Person von diesen Themen und den eigenen Erkenntnissen – die

der- oder diejenige gar nicht nachvollziehen kann – zu überzeugen. Nur eigener innerer Antrieb und eigene Erfahrungen können einen Weg, einen Zugang möglich machen.

Hier der Brief von Anne:

„Heute ist meine Nachricht nicht so ausführlich. Ich bin immer noch in einem Zustand der Verwirrung. Fast hätte ich mich mit Holger zerstritten ... Ich werde jetzt erst mal nach mir schauen und nachdem ich meine Empfindungen etwas sortiert habe werde ich mich mit Holger darüber austauschen.

Ich habe mich in der letzten Woche besonders intensiv mit der Landschaft beschäftigt, die unser Grundstück umgibt. Zum ersten Mal ist mir dabei bewusst geworden, dass die Enge des Waldes und der dichte Bewuchs zwar schön und beschützend sind, aber gleichzeitig sehr bedrückend und irgendwie auch lähmend auf mich wirken. Ich erinnerte mich an unsere Urlaube am Meer, die endlosen Strände und der weite Himmel... Dieses Gefühl von Freiheit und Leichtigkeit gibt es hier bei uns Zuhause gar nicht und es fehlt mir. Es ist offensichtlich das Element Luft, das mir hauptsächlich fehlt – und ich hatte vermutet und in Erwägung gezogen, dass die Elemente Luft und Feuer ausschließlich Holger fehlen...
Das Thema Kontakt- und Lebensfreude ist damit ja auch ganz eng verknüpft, die fehlt mir ebenfalls, eigentlich igele ich mich hier ganz schön ein ... Die Erkenntnis, die mich aber am meisten betroffen hat, ist, dass meine Bilder diese Schwermut spiegeln und dass ich das bisher überhaupt nicht

bemerkt habe. Ich habe meine Bilder mit den Motiven aus der Natur stets als lebendig bezeichnet, ich dachte sie spiegeln Freude und Lebenslust, das tun sie aber offensichtlich nicht. Ich betrachte sie nun mit ganz anderen Augen und obwohl meine Augen leuchtende, fröhliche Bilder sehen empfinde ich die Schwere in ihnen ganz deutlich.
Ich bin nicht mehr so verwirrt wie noch zu Beginn meiner Untersuchungen war, aber ich bin einigermaßen erstaunt. Ich sehe plötzlich ganz klar, dass ich anders bin – oder mich anders gebe – als ich dachte bzw. als ich offensichtlich bin, und vor allen Dingen dämmert es mir mittlerweile nun auch, dass ich damit wahrscheinlich verhindere, dass ich Erfolg mit meinen Bildern oder gar den Seminaren habe ...

Ich muss das zuerst weiter für mich klären, es ist gar nicht so einfach wie ich dachte ...

Liebe Grüße,
Anne

Schritt 4
Ihr Haus / Ihre Wohnung

In früheren Zeiten wurde normalerweise vor der Errichtung eines Hauses in Erfahrung gebracht, wo der beste Platz auf dem dafür vorgesehenen Grundstück vorhanden war. Das Grundstück wurde erkundet und über einen bestimmten Zeitraum beobachtet oder war bereits seit langem bekannt, da die Menschen hier bereits lebten. Man schaute oder wusste, wo die Sonne auf- und wo sie unterging, in welchem Bereich sie auch in den Wintermonaten am längsten schien, in welchen Ecken der Wind besonders heftig pfiff und wo sich im Frühling die Spuren des Winters besonders hartnäckig hielten. Der Bewuchs und die An- oder Abwesenheit bestimmter Tierarten gaben Auskunft über die Bodenbeschaffenheit, feuchte Stellen wurden gemieden.

Heutzutage nimmt sich kaum jemand die Zeit dazu. Aber auch wer sein eigenes Haus unter geomantischen Gesichtspunkten im Einklang mit der Natur bauen möchte stößt häufig auf viele Hindernisse. Die Grundstücke sind meist klein und der für die Bebauung zulässige Bereich wird oft von Menschen bestimmt, die das Gelände – außer auf dem Papier – nie gesehen, geschweige denn erspürt haben. Auch Bauformen und Ausrichtungen werden vorgegeben.

Es liegt nun an Ihnen dieses Erspüren nachzuholen, um sich bewusst zu machen, wie sich das Gebäude, in dem sie leben, in die Umgebung einfügt und welche Merkmale es aufweist.

Die Betrachtungen des Ortes führten wir noch getrennt nach Untersuchungen auf physischer und energetisch / intuitiver und geistiger Ebene durch.

Da Sie jedoch mittlerweile einige Übung in der Betrachtungsweise erhalten haben, Sie mittlerweile erfahren haben, wie es sich anfühlt, sich in einen Platz einzuspüren und sich für Sie herauskristallisiert hat, worauf es ankommt, werden wir diese Unterteilung bei der Betrachtung Ihrer Wohnung, Ihres Hauses nicht mehr vornehmen. Sie sind nun weitestgehend in der Lage Ihre Empfindungen beim Betrachten der Gegebenheiten hinzuzuschalten, es ist nun für Sie wahrscheinlich beinahe schwerer, sich rein auf der physischen Ebene zu bewegen, da sich Ihre Wahrnehmung bereits erweitert hat.

So betrachten wir nun das eigene Zuhause von außen und von innen Stück für Stück auf den unterschiedlichsten Ebenen gleichzeitig, d. h. wir registrieren die realen Gegebenheiten und spüren uns gleichzeitig in diesen Zustand ein, registrieren unsere Empfindungen. Wenn es – aus welchen Gründen auch immer – nicht sein muss, ist eine Trennung auch nicht nötig.

Die Fähigkeit der Aufnahme des energetischen Zustandes eines Hauses lässt sich aber nach wie vor sozusagen ein- und ausschalten, zumindest bis zu einem bestimmten Grad. Sie ist abhängig davon, ob wir uns für die Umgebung öffnen oder verschließen. Im „Normalzustand", im Alltagsgeschehen, registrieren wir meist nur das äußerliche. Es wird also höchstwahrscheinlich nicht so sein, dass Sie beim nächsten Besuch bei Freunden oder Verwandten, die Stimmen der Ahnen in deren Räumen vernehmen – es kann aber unter Umständen tatsächlich möglich sein ...

Behandeln Sie das Haus in dem Sie leben stets als Wesen. Wenn Sie ihm wohlwollend und mit der erforderlichen Achtung entgegen treten, wird es mehr von sich preisgeben, als wenn Sie es überheblich oder abwertend begutachten und ausschließlich an seinen – vielleicht in die Jahre gekommenen – Äußerlichkeiten messen.

Vor der eigentlichen Betrachtung noch einige Anmerkungen zu den wichtigsten Eigenschaften und Merkmalen, wie Formen und Farben, Bedeutung der Himmelsrichtungen und Bedeutung der einzelnen Hausteile:

Die Kraft der Formen

Die Grundformen Kreis, Quadrat / Rechteck und Dreieck finden sich überall und wirken unterschiedlich auf den Betrachter.

Der Kreis weckt in den meisten Menschen ein Gefühl von Harmonie, Ausgewogenheit und Stimmigkeit. Es geht eine ruhende Kraft von ihm aus und er vermittelt das Gefühl von Schutz.

Das Quadrat und das Rechteck hingegen haben eine neutrale Energie. Ihnen gemeinsam sind die rechten Winkel, die uns eine gewisse Ordnung symbolisieren.

Das Quadrat wirkt durch die Gleichheit seiner Seiten ausgeglichen, ausgleichend, stabilisierend und steht durch seine Gleichheit als Sinnbild für die Gerechtigkeit. Es repräsentiert das Materielle und wird dem Element Erde zugeordnet.

Das Rechteck ähnelt in seiner Energie dem Quadrat, bedingt durch seine unterschiedlichen Seiten kann seine Kraft jedoch entweder aufstrebend oder nach unten wirkend sein (also entweder männlich oder weiblich). Das liegende Rechteck wird dem Element Erde zugeordnet, das aufstrebende Rechteck dem Element Luft.

Das Dreieck repräsentiert die Kraft des Geistes. Es hat eine starke dynamische Kraft und symbolisiert mit der Spitze nach oben das Element Feuer, mit der Spitze nach unten das Element Wasser. Dadurch empfinden wir es auch als komplett unterschiedlich in seiner Wirkung. Je nachdem wie wir seine Ausrichtung vorfinden trägt es den Bezug zum Kosmos in sich oder den Bezug zur Erde. Achten Sie besonders auf Dreiecke im Bereich Ihres Wohnortes und versuchen Sie zu ergründen, was Sie in Ihnen hervorrufen.

Die Kraft und Bedeutung der Farben

Zur Übersicht und zum Einstieg in die Bedeutung der Farben hier nun nachfolgend einige Begriffe und Informationen, die den jeweiligen Farben zugeordnet werden können:

Blau
Sehnsucht, Weite, Unendlichkeit, Ruhe, Kühle, Klarheit, Vertrauen, Treue, Traum, Himmel, Wasser ...

Rot
Feuer, glühende Energie, Lebenskraft, Liebe, Leidenschaft, Mut, Sexualität, Dynamik ...

Gelb
Reife, Sinnlichkeit, Vertrauen, Geborgenheit, Aktivität, Freiheit, Erleuchtung, Optimismus, Erdung, Licht, Sonne ...

Orange
Symbolisiert zugleich die Eigenschaften von Rot und Gelb in abgewandelter Intensität, bringt Lebensfreude, Fantasie, Kreativität, Energiefluss, Gemütlichkeit, Sicherheit, Wandlung Kommunikationsfreude ...

Grün
Bringt die Energie von Gelb und Blau, steht für alles, was wachsen will, Frische, Neubeginn, Lebenskraft, Standfestigkeit, Flexibilität, Frieden, Harmonie, Natur ...

Violett
Bringt die Energien von Rot und Blau. Das eigentliche Violett besteht zu gleichen Teilen aus Rot und Blau. Die Intensität dieser beiden Farben spielt eine wichtige Rolle.

Violett symbolisiert Macht und Eitelkeit, Medialität, Religiosität, Spiritualität, Mystik und Rätselhaftes ...

Braun

Braun entsteht aus Grün und Rot und trägt die Energien dieser Farben.

Braun steht für Festigkeit und Stabilität, Sicherheit, Führung und Geborgenheit …

Schwarz

Schwarz hat neben Weiß eine Sonderstellung bei den Farben und wird als unbunte Farbe bezeichnet. Durch die Zumischung von Schwarz bekommen bunte Farben eine andere Gewichtigkeit, sie wirken dadurch dichter und stabiler.

Schwarz verkörpert Tiefe, Stille und Rückzug. Schwarz hat auch eine schwere und depressive Kraft und steht für Nacht, Tod, Trauer, Geheimnis, Unbewusstes, Schwere, Eleganz, Erotik, Abgrenzung, Dominanz, Weltall …

Weiß

Weiß ist wie Schwarz eine eigenständige und unbunte Farbe und wird meist als Farbe nicht wahrgenommen. Mit Weiß aufgehellte Farben erscheinen leichter.

Weiß steht für Reinheit, Makellosigkeit, Sauberkeit, Klarheit, Unschuld, Weisheit, Leere, Beginn, Wahrheit, Gottheit …

Grau

Grau ist eine Mischung aus Weiß und Schwarz.

Grau ist neutral und konservativ und steht für Bescheidenheit und Unscheinbarkeit, Alter, Festigkeit, Stabilität, Beständigkeit, Armut, Vergangenheit …

Die Himmelsrichtungen

Die vier Himmelsrichtungen und einige Begriffe, die wir ihnen zuordnen können:

Der Westen – Yin / weiblich – Element Erde

Herbst, Ernte, Untergang des Lichtes, Beginn der Ruhezeit, Stabilität, Genuss, Abend, Ahnen ...

Der Norden – Yin / weiblich – Element Wasser

Winter, Kühle, Nacht, Ruhe, Tod, Weisheit, geistige und kosmische Kräfte ...

Der Süden – Yang / männlich – Element Feuer

Sommer, Hitze, Wärme, Licht, Fülle, Bewusstsein, Aktivität, irdische Kräfte ...

Der Osten – Yang / männlich – Element Luft

Frühling, Morgen, Aufbruch, Neuanfang, Frische, Optimismus, Dynamik, Reinheit, Klarheit ...

Auf die Himmelsrichtungen kann man sich einlassen, man kann in sie eintauchen. Versuchen Sie es indem Sie sich mit der Himmelsrichtung konfrontieren und spüren Sie, was sie empfinden. Versuchen Sie, Ihre Gedanken, Ihren inneren Blick ganz weit fließen zu lassen in die jeweilige Richtung – über ihren Garten hinweg, über den Platz, an dem sie sich gerade befinden, über den Ort, über das Land, bis nach Skandinavien, nach Afrika, nach China oder nach Amerika. Versuchen Sie Zusammenhänge zu empfinden. Ein Grundstück, das nach Norden geöffnet ist, ist vielleicht eher rau, karg und lichtarm, seine Bewohner sind vielleicht spröde und in sich gekehrt. Ein Grundstück, das sich nach Süden öffnet, ist üppiger, sonniger, fröhlicher – vielleicht sind auch die Bewohner offener und temperamentvoller ...

Das Grundstück

Betreten Sie Ihr Grundstück (oder das Grundstück auf dem das Gebäude steht, in dem Sie wohnen) wie zum ersten Mal.

Wie ist die Abgrenzung Ihres Grundstückes? Gibt es einen Zaun, eine Mauer oder gar nichts? Ist der Zugang verriegelt mit einem großen, verschlossenen Tor oder ist alles offen?

Ist das Grundstück eben oder geneigt, gibt es Senken und Steigungen?

Welche Bereiche des Grundstücks sind offensichtlich unterversorgt und kümmern, welche erscheinen gesund und energiereich?

Welche Bereiche sind gepflegt, welche weniger, wo ist der Bewuchs üppig und gesund, wo nicht? Welche Pflanzen wuchern geradezu?
Wechselt der Bewuchs an manchen Stellen abrupt?

Welche Tiere leben hier? Gibt es besonders viele Ameisen, vielleicht spezielle Vogelarten?

Wie fühlt sich das Grundstück an? Wechseln Sie öfters die Position und versuchen Sie, die Energie des Platzes zu erspüren.

Wie ist die Bodenbeschaffenheit (hart und undurchlässig oder weich und formbar, mager, karg, leicht, schwer, nährstoffreich)?

Welche Bäume wachsen hier?
Wachsen Sie stark und gerade oder schräg, verdreht, gezwieselt?

Achten Sie auf den Verlauf der Sonne. Machen Sie sich die herausragenden Daten bewusst (Sonnenwenden). Beobachten Sie den Verlauf der Sonne über einen längeren Zeitraum. Gibt es Stellen im Garten, am Haus, die nie ein Sonnenstrahl erreicht?

Registrieren Sie den Wind. Wo weht er stärker, wo schwächer, wo sind die windgeschützten Bereiche?

Gibt es Wasser?
Wenn ja, ist es fließend, ein Bach, ein Rinnsal oder vorwiegend stehend (Tümpel, Teiche, Seen). Erinnern Sie sich an die Übungen zur unterschiedlichen Energie des Wassers und die Gefühle, die es vermittelt.
Wenn Wasser vorhanden ist, fließt oder steht es natürlich oder in Formen gezwängt?

Betrachten Sie zur Übung ruhig auch die Häuser und Grundstücke der der Nachbarn. Können Sie Zusammengänge erkennen zwischen den Häusern der Nachbarn und den Charakteren dieser Menschen? Entspricht das, was Sie sehen dem Bild, das Sie sich gemacht haben? Doch sollte man sich von dem, was man sieht, nicht täuschen lassen, sondern immer hinter die Dinge schauen, denn es gibt nie nur eine Antwort, alles muss in seiner Gesamtheit gesehen werden. So bedeutet eine geräumige lange Zufahrt noch lange keine Einladung, noch lange nicht, dass Besuch prinzipiell erwünscht ist. Eine krumme, bucklige, etwas zugewachsene Einfahrt kann zwar bedeuten, dass die Bewohner Eigenbrötler sind, aber vielleicht sind es gleichzeitig Menschen, die es sich selbst – und den Menschen in ihrem Leben – nicht leicht machen. Aber wer sich ein bisschen Mühe gibt, wer es schafft, sich „durchzuarbeiten“ ist schließlich herzlich willkommen. Besondere Wege ziehen besondere Menschen an ...
Registrieren Sie, was Ihnen bei der Beurteilung Ihrer eigenen Umgebung wichtig oder unwichtig ist, was sie emotional berührt oder was sie strikt von sich weisen.
Denken Sie immer wieder dran, dass es hauptsächlich um BEWUSSTWERDUNG geht. Es muss kein konkretes, für andere nachvollziehbares Ergebnis dabei herauskommen. Nur Sie selbst können Ursachen, die Ihren Weg und Ihr Schicksal bestimmen, erkennen und entweder stärken oder auflösen, niemand kann das für Sie tun.

Das Bagua

Alles, aber auch alles, hat eine bestimmte Energie und Bedeutung. Jeder Mensch sucht sich unbewusst seinen Platz aus bezüglich Gesteinsart, Himmelsrichtung, Pflanzenart und Wuchs, Grundstücksform, Zugangssituation u. s. w.. Dabei stört uns nach einer Weile oder bereits zu Beginn das eine (es will uns dadurch unter Umständen etwas bewusst machen), das andere dagegen stärkt und fördert uns.

Ein sehr hilfreiches System, zur Betrachtung Ihres Lebensraumes, egal ob Grundstück, Wohnung oder einzelnes Zimmer, ist das Bagua, es entstammt den Lehren des Feng Shui.
Ihr Zuhause entspricht in gewisser Weise einem Körper mit Funktionen. Das Bagua besteht aus neun Feldern, es ordnet jedem Funktionsbereich eine entsprechende Bedeutung und Aufgabe zu. Jeder Bereich des Baguas entspricht einem Bereich Ihres Lebens. Je harmonischer diese einzelnen Bereiche in Beziehung zueinander stehen, desto harmonischer sollte auch Ihr Leben verlaufen.

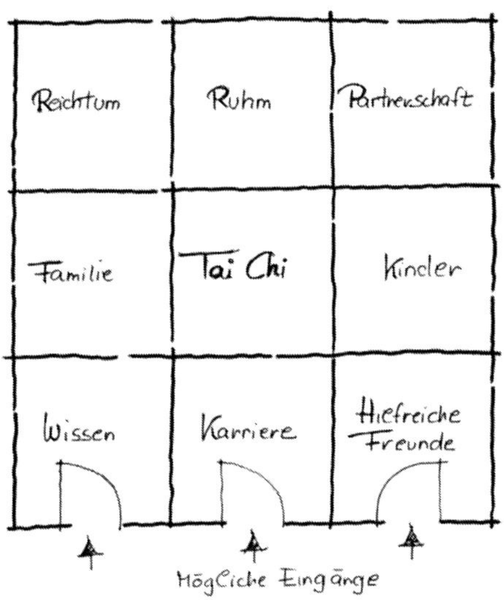

Das Bagua wird stets so angelegt, dass die Grundlinie (Wissen / Karriere / Hilfreiche Freunde) am Eingangsbereich des Grundstückes, des Hauses, der Wohnung, des Raumes liegt.

Bei zerklüfteten Grundrissen oder Versprüngen können Fehlbereiche oder Erweiterungen entstehen. Stellen Sie sich z. B. einen großen Erker vor einem Wohnraum vor, er kann eine Erweiterung, also Verstärkung, des entsprechenden Bereiches bedeuten. Dagegen kann ein Einschnitt in einen Grundriss einen Fehlbereich darstellen (z. B. bei einem Gebäude in L-Form).

Anhand von Untersuchungen wurde erwiesen, dass stark zerklüftete Grundstücke und auch Grundrisse Disharmonien mit sich bringen. Legen Sie das Bagua auf Ihr Grundstück (und später auch auf ihren Wohnungsgrundriss) können Sie bereits erkennen, welche Lebensbereiche unter Umständen unterversorgt, unstrukturiert oder eventuell nur teilweise oder gar nicht vorhanden sind. Diese Untersuchung kann hinsichtlich der Form und auch hinsichtlich des Zustandes der einzelnen Bereiche erfolgen.

So kann es vorkommen, dass der Bereich Ihres ansonsten eigentlich recht ordentlichen Grundstückes, in dem Sie den Müll anhäufen, Ihr Bereich „Partnerschaft" ist. Vielleicht ist auch der Bereich „Reichtum" komplett zugewuchert (der Energiefluss kann nicht strömen), „Hilfreiche Freunde" ist überhaupt nicht vorhanden und im Bereich „Kinder" befindet sich ein großer Teich in Ihrem Garten (Wasser = Gefühle, unter Umständen zeigt sich eine Problematik hinsichtlich z. B. ungewollter Kinderlosigkeit oder eines verstorbenen Kindes).

Es ist erstaunlich, wie deutlich ein sehr offensichtlicher Wechsel des Zustandes zwischen zwei oder mehreren Bereichen durch die Auflegung des Baguas sichtbar gemacht werden kann.

Aber auch bezüglich des Baguas muss die Interpretation mit viel Gefühl und Sensibilität, nie pauschal und immer individuell durchgeführt werden, denn es sind auch Deutungen von auf den ersten Blick katastrophalen Zuständen möglich, die in Verbindung mit der vorliegenden Gesamtsituation durchaus positiv sein können. So deutet z. B. ein überquellender Komposthaufen im Partnerschaftsbereich nicht unbedingt auf eine Problematik in einer Beziehung hin, sondern kann durchaus auch auf eine Transformation hinweisen, ein Entstehen von etwas Frischem, Neuem aus dem Alten, Verbrauchten. Vor allen Dingen sollten Sie nie davon ausgehen oder sich gar diesbezüglich ängstigen, dass eine Situation, die sich zeigt, zu einem bestimmten Schicksal führt, das wird nicht der Fall sein. Das Bagua zeigt nur Dinge auf, die da sind und die gesehen werden wollen.

Ich sehe besonders diese intuitive Arbeit nie dogmatisch und deshalb nutze ich die Funktionen des Baguas, selbst wenn es nicht in den Bereich der westlichen Geomantie gehört, sondern zum Feng Shui. Ich nutze es, weil ich es für mich als stimmig und wahr erkannt habe. Noch nie waren die Aussagen des Baguas für mich nicht nachvollziehbar, stets konnte ich erarbeitete Ergebnisse dadurch bestätigt sehen.

Probieren Sie es einfach aus ...

Wenden Sie Ihre Aufmerksamkeit nun auch dem Gebäude, Ihrem Wohnhaus zu.

Passt Ihre Lebenssituation, Ihre Umgebung theoretisch eigentlich zu Ihnen und sind sie trotzdem damit unzufrieden? Oder passt es nicht zu Ihnen und Sie sind deshalb unglücklich?

Wenn ja, warum leben Sie auf eine bestimmte Art und Weise und sind auch nach Jahren nicht in der Lage, es dahingehend zu ändern, dass es dem entspricht, was Sie eigentlich möchten?

Registrieren Sie bei der Begehung des Grundstückes Energien, die in Ihnen Unwohlsein erzeugen, vielleicht gespeicherte Informationen auf dem Grundstück oder auch „Beschuss“ aus der Nachbarschaft? Haben Sie das Gefühl, dass von einem Nachbargrundstück eine negative Energie auf Sie wirkt – oder vielleicht auch eine positive?

Versuchen Sie so viele Erkenntnisse wie möglich zu gewinnen und Zusammenhänge zu erkennen und fragen Sie sich:

Bin ich hier weil ich etwas benötige oder habe ich diesem Ort etwas zu geben? Bin ich Heiler für den Ort oder suche ich dort Heilung? (Es besteht immer auch eine Wechselwirkung)?

Was kann ich dem Ort geben – was kann der Ort mir geben?
Werde ich dort mit einem Thema konfrontiert?
Gebe ich hauptsächlich oder nehme ich mehr als ich gebe?
Halten sich Geben und Nehmen die Waage?

Fühle ich mich wohl? Wenn ja, warum, was stärkt mich hier?
Wenn nein, warum nicht? Was muss geändert werden? Kann etwas geändert werden?

Warum fühle ich mich nach 10 Jahren nun nicht mehr wohl, obwohl eigentlich gar nichts Außergewöhnliches passiert ist?
Habe ich mich verändert oder hat sich die Umgebung verändert?

Bin ich innerlich so energielos wie der begradigte Bach (warum?)
Was brauche ich jetzt?
Will ich weg, will ich bleiben?
Weiß ich, dass ich irgendwann weg gehen werde?

Ist es mir wichtig zu repräsentieren?
Für wen gestalte ich mein Haus, mein Grundstück – für mich selbst oder für die Nachbarn?

Versuchen Sie, sich zu erinnern. Warum haben Sie sich für diesen Wohnort entschieden, was waren die Gründe? Wie waren Ihre Gefühle beim ersten Betreten des Hauses, beim Einzug, wie sind sie jetzt?

Gab es Dinge, die Ihnen erst einige Zeit nach dem Einzug aufgefallen sind, egal ob positiv oder negativ? Vielleicht etwas in der Art: „Wenn ich das gewusst hätte, dann wäre ich nicht hierher gezogen ..."

Versuchen Sie so intensiv wie möglich die gesammelten Informationen auf der Gefühlsebene zu vertiefen. Je besser Ihnen das gelingt, desto stärker werden Sie Ihr Haus als lebendiges Wesen erfahren können.

Höchstwahrscheinlich werden nach dem Rundgang durch den Garten und die Beantwortung der vielen Fragen, einige wenige Dinge in Ihrem Gedächtnis verhaftet bleiben, vielleicht an Ihnen nagen, Ihnen vermehrt wieder einfallen, Sie beschäftigen.
Achten Sie ganz besonders auf diese Dinge.

Achten Sie auf alles, was mehrfach auftaucht. Ihre Gefühle sollten sich verdichten aufgrund von Ansammlungen von Hinweisen aus unterschiedlichsten Bereichen. So könnte sich zum Beispiel herauskristallisieren, dass Sie Angst vor einer Partnerschaft haben, keine Beziehung eingehen können, obwohl Sie es möchten, sich vielleicht von einem Partner immer eingesperrt, eingeengt fühlen. Hinweise darauf erhalten Sie durch unterschiedlichste Empfindungen und Erkenntnisse bei Ihren Begehungen. Letztendlich legen Sie noch das Bagua auf Ihren Wohnungsgrundriss und siehe da, im Bereich Partnerschaft steht der Käfig mit dem einsamen Kanarienvogel ...

Der Außenbereich des Hauses

Die Bedeutung der einzelnen Teile des Hauses:

Ein Haus symbolisiert in seinem gesamten äußeren Erscheinungsbild die Persönlichkeit und Erscheinung seines Bewohners und lässt erkennbar werden, was nach außen gezeigt werden soll – ob bewusst oder unbewusst.

Im Einzelnen gilt:

Die Eingangsseite steht für das Gesicht des Hauses,
die Haustür symbolisiert den Mund,
die Fenster symbolisieren die Augen,
der Putz symbolisiert die Haut,
die Struktur und Form des Hauses entspricht dem menschlichen Körper und seinen Gliedmaßen,
das Dach ist der Kopf, der Hut, der Schutz nach außen,
die Gestaltung in Form und Farbe die Kleidung,
die einzelnen Räume symbolisieren die Organe.

Das Gesicht des Hauses, die Ausrichtung, die Zuwegung, die Eingangssituation:

Betrachten Sie Ihr Haus von außen, egal ob es ein gekauftes oder gemietetes Wohnhaus ist oder ob sie „nur" eine Wohnung darin bewohnen.

Einige Anregungen oder Übungen basieren wiederum auf einer Kette von Fragen. Aus Fragen entstehen unter Umständen neue Fragen. Es können an dieser Stelle nicht alle Gedankengänge und Frageketten zu Ende gedacht werden, da die persönlichen Empfindungen sehr unterschiedlich sind. Wenn Sie sich einlassen auf sich selbst und Ihre Gefühle, dann werden die für Sie wichtigen Fragen und Antworten für Sie entstehen.

Steht Ihr Haus frei auf dem Grundstück oder ist es an ein anderes Gebäude angebaut?

Wie ist sein äußerer Zustand?

Wie fühlen Sie sich mit dem, was Sie sehen? Welche Gefühle bringen Sie dem Haus entgegen?

Welchen Namen würden Sie Ihrem Haus geben?

Ist Ihr Haus freundlich, einladend oder „schaut“ es mürrisch und abweisend? Ist es gepflegt und macht es einen zufriedenen Eindruck oder ist es vernachlässigt und erscheint traurig?

Ist es von allen Seiten einsehbar oder liegt es versteckt?

Passt es in die Nachbarschaft oder fällt es aus dem Rahmen? Wenn ja, auf welche Art? Sehen Sie Zusammenhänge zwischen sich selbst und diesem Haus, so wie es sich Ihnen in diesem Moment darstellt? Wo sehen Sie Parallelen, wo sehen Sie Eigenschaften oder Äußerlichkeiten, die Sie stören oder sogar belasten? Fällt Ihnen das erst jetzt bei genauer Betrachtung auf oder war es Ihnen bereits bewusst?

Nehmen Sie sich Zeit. Betrachten Sie in Ruhe und ganz genau, horchen und lauschen Sie in sich hinein, spüren Sie Ihren Gefühlen nach.

Betrachten Sie Ihr Haus bezüglich seiner Formen und Farben. Welche Formen überwiegen? Ist es eher geschwungen, klobig, lang und schmal, hoch, kantig?
Wirken die Formen und Proportionen harmonisch auf Sie oder empfinden Sie ein Ungleichgewicht?
Sind die Farben frisch und fröhlich oder trist und langweilig?

Ist das Dach flach, leicht geneigt oder steil?
Ist vielleicht das Dach dominant und mächtig? Ist es stabil, dicht und vertrauenerweckend und schützt vor Wind und Wetter und allem, was von außen kommt?
Wie ist die Form der Fenster? Sind es liegende Schlitze, hoch gestreckte Formate oder vielleicht sogar Kreise?
Registrieren Sie alles was Ihnen auffällt.

Wie sind Sie selbst? Suggerieren Sie Kontaktfreude oder Distanz? Versuchen Sie auszubrechen aus dem Rahmen (in dem Sie vielleicht das Reihenhaus rosa gestrichen haben – leider wird man dadurch nicht zwangsläufig zum Revolutionär aber es kann der erste Schritt zu einer Veränderung sein, die auch nach außen signalisiert wird...)

Mit welchen Materialien wurde das Haus gebaut? Welches Material dominiert das Gebäude (Stein, Holz, Glas ...)?

Sind die Materialien heimisch oder fremd, importiert, typisch oder untypisch für die Region?

Was ist mit dem Eingang, dem Mund des Hauses. Liegt er versteckt oder ist er gut sichtbar und geräumig?
Gibt es mehrere Eingänge oder nur einen?
Welchen Eingang nutzen Sie? Den nicht sichtbaren „von hinten" oder den „offiziellen" von vorne?
Gibt es einen Vorgarten oder steht das Haus direkt an der Straße? Wie sieht der Weg zu Ihrem Haus aus?

Vielleicht stellen Sie fest, dass der Weg zu Ihrem Haus unwegsam und unbequem ist, vielleicht sogar gefahrenträchtig, rutschig und löchrig, vielleicht eng und zugewachsen, also nicht einladend und bequem für eventuelle Besucher – und genauso wenig für Sie selbst ...

Was fühlen Sie dabei? Stört es Sie, ist es Ihr Wunsch, dies zu ändern? Oder bemerken Sie, dass Besucher Ihnen eigentlich gar nicht willkommen sind? Oder vielleicht kommen auch Sie eigentlich nicht gerne nach Hause? Wenn ja – warum nicht?

Der Innenbereich

Gehen Sie durch Ihre Räume und betrachten Sie sie nicht mit den „Augen von gestern" sondern so, als sähen Sie sie zum ersten Mal.

Was fällt Ihnen besonders auf?

Gibt es Räume, die klar, freundlich und aufgeräumt sind und andere, die dunkel und unordentlich sind?

Ist das Bad meist sauber und nahezu perfekt, in der Küche dagegen stapelt sich stets das schmutzige Geschirr?
Gibt es einen Raum, der Ihr „Sorgenkind“ ist? Vielleicht weil er winzig, feucht, dunkel oder gar fensterlos ist oder weil Sie es einfach nicht schaffen, ihn mal wieder zu renovieren oder auch nur in Ordnung zu halten?

Sind die Funktionsbereiche klar abgegrenzt oder geht alles ineinander über?

Sind Ihre Räume sehr voll oder leicht und übersichtlich möbliert?

Welche Farben sind vorherrschend? Welche „fehlen"?
Ist die Farbgebung – entsprechende der vor genannten Eigenschaften und Wirkungen der einzelnen Farben – hinsichtlich der Funktionsbereiche der Wohnung stimmig?
Wie fühlen Sie sich mit den Farben, jetzt, wo Sie sich darauf einlassen?

Welche Gefühle ruft das, was Sie sehen in Ihnen hervor?
Fühlen Sie sich beengt, stimmt es Sie unzufrieden oder betrachten Sie Ihre Räume liebevoll und nehmen Ihre Umgebung als angenehm und weit wahr?

Welcher Raum liegt nach welcher Himmelsrichtung?
Zu welcher Himmelsrichtung orientiert sich Ihr Haus (und auch Ihr Grundstück)?
Ist es der luftig, aufstrebende Osten, der erdige Westen, der feurige Süden oder der melancholisch, verschlossene Norden?
Gibt es vielleicht zu einer bestimmten Himmelsrichtung gar keine Räume? Oder gar keine Fenster?

Schauen Sie aus den Fenstern der einzelnen Räume. Was sehen Sie? Wie weit können Sie schauen?
Wohin schauen Sie? Auf die Grundstücke Ihrer Nachbarn, die Mauern der Nachbarhäuser, die Straße, Ihren persönlichen (Garten-)Bereich?

Die Fenster sind die Augen Ihres Hauses. Wie groß sind die Fenster, wie viel von Ihrer Umgebung können Sie durch sie wahrnehmen? Wie viel Aussicht bieten sie Ihnen und wie viel Einsicht bieten sie von außen?

Gibt es besondere Geschehnisse im Haus, passieren hier vermehrt „seltsame" Dinge (fällt ständig jemand die Treppe herunter oder stolpert an immer gleichen Stellen, verlegen Sie häufig Dinge, die lange nicht wieder auftauchen, gibt es hin und wieder Geräusche, die nicht zu deuten sind u. s. w.)?

Ist Ihnen ihr Haus / Ihre Wohnung peinlich?
Schämen sie sich dafür oder sind Sie stolz darauf?

Die Räume und ihre Zuordnung und Bedeutung

Die Gestaltung Ihrer Räume hat einen direkten Einfluss und steht in direkter Beziehung zu Ihrer Persönlichkeit.

Durch gezielte Raumgestaltung kann der Bewohner in seiner persönlichen Entwicklung beeinflusst und gefördert werden. Im Folgenden soll jedoch zuerst wahrgenommen werden WAS ist, um daraus zu erkennen WARUM es so ist, ohne gleichzeitig Lösungen oder Änderungen einzuleiten. Diese erfolgen wenn nötig zu einem späteren Zeitpunkt.

Es gilt: Wie Außen so Innen. Die äußeren Räume spiegeln das Innere des Bewohners wieder. Vielleicht ergeben sich einige äußere Änderungen wie von selbst, nachdem die inneren Themen oder Blockaden erkannt sind. Zum Beispiel kann es Ihnen plötzlich leichter fallen, Ihre Küche sauber zu halten, nachdem Sie das Thema erkannt haben, das hinter dem unordentlichen Raum stand. Außerdem oder zusätzlich können Sie innere Entwicklungs- und Erkenntnis-Prozesse beeinflussen, indem sie sich bewusst den Bereichen zuwenden, die mit diesen Prozessen verknüpft sind. Stärken und unterstützen Sie diese Bereiche mittels darauf abgestimmter Gestaltung, beeinflussen Sie dadurch gleichzeitig Ihren eigenen Entwicklungsprozess und Ihre Lebensgestaltung positiv. Im Fall Ihrer Küche heißt das: eine ausgewogene geomantische Gestaltung, die das Thema herausarbeitet, das der Funktionsbereich Küche symbolisiert, unterstützt Ihren Entwicklungsprozess auf der bewussten und unbewussten Ebene.

Die einzelnen Räume Ihres Hauses, Ihrer Wohnung stehen in einer Beziehung zu unterschiedlichsten Lebensthemen sowie zu Ihrer momentanen Verfassung und Lebenseinstellung.

So kann am Zustand und der Gestaltung der einzelnen Räume sozusagen „abgelesen“ werden, welches Thema Ihres Lebens besonderer Beachtung bedarf, in welcher Entwicklungsphase Sie sich gerade befinden. Und nicht nur der Zustand der Räume gibt darüber Aufschluss, auch z. B. das Fehlen bestimmter Räume oder die außergewöhnliche Dominanz eines Raumes treffen eine Aussage.

Überfüllte Räume und Schmutz haben eine negative Auswirkung auf den Energiefluss. Er wird abgebremst, einzelne Bereiche können nicht mehr durchströmt werden, Klarheit und Vitalität können sich nicht entfalten.

In einem vor einiger Zeit untersuchten Haus waren die Abstellräume im Süden angeordnet, der Wohnbereich hatte eine Nordorientierung. Der Altbau gab zwar in gewisser Weise diese Anordnung schon vor, jedoch kann man sich die Frage stellen: Warum wurde dieses Gebäude gewählt? Den Bewohner störte die Tatsache nicht, dass das Haus keine der Sonne, dem Süden zugeneigten Wohnräume besaß, eben weil diese Anordnung zur inneren Lebenseinstellung dieses Mannes passte. Im Unterbewusstsein störte es diesen Mann allerdings sehr wohl. Er war sich jedoch überhaupt nicht bewusst darüber, dass seine Lebensenergie nur noch sehr gering floss. Es ging ihm nicht gut, er wusste jedoch nicht warum. Mit der Erkenntnis über die Zusammenhänge zwischen ihm, dem Haus, der Himmelsrichtung und anderer Komponenten konnte er die Blockaden erkennen und die Umstände im Innen und Außen ändern.

Wenn Sie sich so intensiv mit Ihren Räumen auseinandersetzen, dann konfrontieren sie sich direkt mit sich selbst, mit Ihrer Persönlichkeit. Man kann sagen, Sie lernen sich dadurch besser kennen, entlarven Verdrängungen oder verstehen Zusammenhänge, die Ihnen vorher verschlossen waren. Es führt zu einer Bewusstwerdung von Blockaden und kann Ihnen Ursachen jahrelanger Problematiken vor Augen führen. In gewissem Sinn führt eine direkte, ehrliche Konfrontation mit Ihren Räumen zu einer Bewusstseinserweiterung hinsichtlich Ihrer eigenen Persönlichkeit.

Die Bedeutung der einzelnen Geschosse

Der Keller

Der Keller steht für die Vergangenheit und Vergangenheitsbewältigung, das Unterbewusstsein, die Psyche, für verdrängen, verbergen, verstecken, entsorgen, auslagern ...
Dort wird versteckt was man eigentlich nicht mehr benötigt, was man nicht loslassen kann.
Ist er hell und aufgeräumt oder überfüllt, dunkel, schmutzig, feucht und kalt?

Ist überhaupt ein Keller vorhanden?

Das Erdgeschoss

Das Erdgeschoss repräsentiert die Gegenwart, das Aktuelle, momentan Wichtige, das Körperliche, Präsente, das JETZT.

Was ist im Moment das / Ihr Thema? Was steht an?

Der Dachboden, das Obergeschoss

Der Dachboden symbolisiert die Zukunft, den Weg, der noch zu gehen ist, die Dinge, die noch anstehen, den Geist des Hauses, er zeigt auch den Kontakt zu den Ahnen auf und spiegelt die eigene Art (Freiheit oder Engstirnigkeit) des Denkens.

Wie sieht er aus? Ausgebaut oder Abstellfläche, hoch, niedrig, steil, sauber, schmutzig? Welche Räume befinden sich hier? Was wird hier aufbewahrt?

Die Treppe zum Keller, die Treppe zum Obergeschoss/Dachgeschoss/Dachboden

Die Treppe ist das Rückgrat des Hauses und stabilisiert die Lebensabschnitte und Ihre Beziehung zu ihnen. Lag die Treppe früher oft mittig und geschützt im hinteren Bereich (im Rücken des Hauses), so ist die moderne Architektur dazu übergegangen, Treppen offen zu integrieren.

Welche Rolle spielt die Treppe in Ihrem Haus? Sei es die Treppe zum Dachgeschoss/Dachboden, also die Verbindung zwischen Gegenwart und Zukunft bzw. zur geistigen Ebene oder die Treppe zum Keller, die Verbindung von der Gegenwart zur Vergangenheit.

In welchem Zustand ist die Treppe? Ist sie hell und leicht zu begehen oder dunkel und mit Gegenständen blockiert?

Diese Betrachtungen gelten auch, wenn Sie in einem Mehrfamilienwohnhaus leben. Es muss nicht Ihre eigene Treppe sein, die es zu betrachten gilt, auch die Treppe, die Sie vielleicht mit anderen teilen übernimmt diese Rolle, Sie sind damit konfrontiert, das reicht. (Das gilt auch für den Dachboden und den Keller.)
Wohngemeinschaften in Mehrfamilienwohnhäusern bilden nicht selten „Schicksalsgemeinschaften“. Das kann unter Umständen bedeuten, dass hier Menschen zusammenkommen, die einen ähnlichen Lebensweg gehen, auch wenn sie äußerlich vielleicht sehr verschieden sind und keinerlei Gemeinsamkeiten vorzuweisen scheinen.

Während meiner Tätigkeit als Architektin war ich an einigen sehr umfangreichen Sanierungen größerer Mehrfamilienwohnhäuser beteiligt. Die Gebäude waren typische Großstadt-Mietshäuser, stammten aus der Vorkriegszeit und hatten jeweils vier bis fünf Wohngeschosse mit zwei bis drei Wohnungen pro Etage. Es gab in diesen Gebäuden üblicherweise einen Keller, in dem sich neben den Mieterkellern, dem Technikraum, dem Fahrradkeller und der „Waschküche" nicht selten noch ein Luftschutzbunker mit ursprünglicher, entsprechend gekennzeichneter Tür befand. Der Dachboden wurde meist als Trockenboden genutzt und enthielt noch zusätzliche Abstellräume der Mieter.

Stets war ich während der Begehungen fasziniert von der Unterschiedlichkeit der Wohnungen, die sich – obwohl in den einzelnen Etagen absolut identisch in Form und Aufteilung – extrem voneinander unterschieden. Keine Wohnung war auch nur annähernd mit der darüber oder darunterliegenden vergleichbar, genauso wenig wie die Menschen. Da gab es fast hundertjährige Damen, in alten verwohnten Räumen, in denen sie nahezu ihr ganzes Leben verbracht hatten, in denen ihre Kinder geboren worden waren und ihre Ehemänner verstorben waren. Daneben wohnten wohlhabende Rentnerpaare – deren Behausungen vor Sauberkeit blitzenden Schmuckkästchen glichen – Alleinerziehende, Studenten, junge Paare ..., jeder einzelne umgeben von seinen eigene Themen aber gleichzeitig mit einer unsichtbaren Verknüpfung zu seinen Nachbarn.

Auffällig ist, dass meist in jeder dieser Hausgemeinschaften die unterschiedlichsten Charaktere vertreten sind. Da gibt es den Freundlichen, den Hilfsbereiten, den Neugierigen – der prinzipiell über jeden anderen Bescheid weiß – den Distanzierten, den, der nie Zuhause ist, den Querulanten ... Aber dies nur als kleiner Exkurs am Rande.

Es wäre mit Sicherheit eine lohnende und spannende Aufgabe, eines dieser Häuser dahingehend zu untersuchen und zu ergründen, warum hier die unterschiedlichsten Bewohner zusammengewürfelt miteinander leben.

Sie können auch an diesem Beispiel erkennen, sobald man damit beginnt, sich ein Wohnumfeld – und vorzugsweise seine eigene direkte und weitere Umgebung – genauer anzuschauen, nimmt man plötzlich so einiges wesentlich intensiver wahr.

Aber nun zurück zu Ihnen.

Zu welcher Menschengruppe gehören Sie?

Leben Sie im eingeschossigen Bungalow – ohne Keller und ohne Dachgeschoss?

Gehören Sie zu den Menschen, die nicht gerne in den Keller gehen, die vielleicht dann singen oder keinesfalls irgendwelche Türen hinter sich schließen?

Oder ziehen Sie sich am liebsten in Ihr Dachstübchen zurück? Vielleicht haben Sie von dort oben einen besseren Blick auf die Dinge, eine Distanz zu dem, was Sie belastet. Vielleicht fühlen Sie sich wohler dort oben weil Sie der Gegenwart entfliehen möchten?

Es kann an dieser Stelle nicht jedes Thema hinterfragt werden. Der Sinn ist, Sie zu sensibilisieren, sodass Sie die Zusammenhänge selbst verstehen können, sich Eingebungen einstellen, die Sie schließlich mithilfe der Informationen über die einzelnen Hausbereiche und Räume direkt nachvollziehen und überprüfen können. Ihnen werden im Idealfall sozusagen Prozesse und Tatsachen bewusst, und durch das Wissen über die Bedeutungen des einzelnen Raumes und der Wahrnehmung des Zustandes in dem er sich befindet, realisieren Sie, wie Sie selbst mit diesem Thema in Ihrem Leben umgehen.

Die Bedeutung der einzelnen Räume

Das Wohnzimmer

Es ist der Mittelpunkt, das Herz des Hauses, die zentrale Anlaufstelle für alle Familienmitglieder und damit auch Mittelpunkt des Alltags.

Wie sieht ihr Wohnzimmer aus? Wofür wird es genutzt? Wie häufig wird es genutzt?
Ist es bestimmt für die Erholung am Abend, vielleicht dominiert von einem übergroßen Fernseher? Oder ist es ein lebendiger Aufenthaltsraum für alle möglichen Aktivitäten?
Ist es die „gute Stube“, die Gästen vorbehalten ist und zu Repräsentationszwecken dient?

Befinden sich die Funktionsbereiche Essen und Wohnen in einem Raum oder sind die Bereiche voneinander getrennt?
Gehen vielleicht sogar die drei Bereiche Kochen, Essen, Wohnen offen ineinander über?

Das Schlafzimmer

Es ist der Ort des Rückzugs und der Entspannung nicht nur für den Körper, sondern auch für den Geist und die Seele sowie der Repräsentationsort für die Themen Partnerschaft, Beziehung und Sexualität. Es repräsentiert die Sexualorgane.

Wie groß ist der Raum im Vergleich zu den übrigen Räumen?
Geben Sie den Themen Partnerschaft und Sexualität ausreichend Raum?
Welche Farben herrschen hier vor? Sind es Farben der Entspannung und Regeneration?
Können Sie sich dort fallenlassen?

Gibt es einen Arbeitsplatz oder gar einen Fernseher im Schlafzimmer?

Das Kinderzimmer

Das Kinderzimmer symbolisiert die Zellen des Hauses. Es steht für Wachstum, Bewegung und Erneuerung.

Gibt es ein Kinderzimmer?
Wenn ja, wie wird es genutzt?
Wenn es von Kindern bewohnt wird, wie ist es gestaltet?
Entspricht der Raum dem Bedürfnis nach Lebendigkeit, Kreativität, Spontanität? Kann sich hier ein Kind ausleben oder ein Erwachsener sein inneres Kind leben?

Das Gästezimmer

Gibt es ein Gästezimmer? Sind Gäste willkommen?
Hat vielleicht das Kinderzimmer diese Funktion übernommen und steht der Raum für gewöhnlich leer? Bedeutet dies das nur eingeschränkte Zulassen von Kreativität, Schöpferkraft, Wachstum und Veränderung?

Das Arbeitszimmer

Dieser Raum steht für Aktivität und symbolisiert die Muskeln.

Es muss sich nicht unbedingt um ein Büro handeln, auch ein Hauswirtschaftsraum kann das Arbeitszimmer des Hauses sein.
Gibt es einen solchen Raum oder wird lediglich ein Teil, eine Nische eines anderen Zimmers hierfür genutzt?
Nutzen Sie den Raum, um Ihren Lebensunterhalt zu verdienen?
Wo befindet sich der Raum? Vielleicht Im Keller?
Wie sieht er aus? Ist er aufgeräumt, strukturiert und freundlich gestaltet?
Sind Sie gerne dort?
Animieren Sie die Farben dazu mit Freude und Elan die Arbeiten zu tun, die getan werden müssen?
Hat der Raum den Stellenwert, den er verdient, der ihm als Ort für wichtige, vielleicht lebenserhaltende Tätigkeiten zusteht?

Die Küche

Die Küche symbolisiert den Magen und steht für Wohlstand.

Wie geräumig und übersichtlich ist der Raum? Macht es hier Freude, das Essen zuzubereiten? Ist der Raum abgetrennt von anderen Räumen oder teilt er seine Funktion mit anderen Funktionsbereichen (Esszimmer/Wohnzimmer)?

Mögliche Fragen, die Sie sich persönlich stellen können:

Wie ist mein Verhältnis zu Nahrung? Würdige ich die Nahrung oder ist mein Umgang mit Ihr achtlos oder maßlos?
Wie groß ist mein Vertrauen, dass Nahrung ausreichend vorhanden sein wird?
Dieses Vertrauen auf das „genährt werden“ steht auch in engem Zusammenhang mit Zuversicht und Vertrauen und zwar auch und besonders Vertrauen in sich selbst und die eigenen Fähigkeiten. Die Küche ist der Ort, der direkt mit Wohlstand und Sicherheit in Verbindung zu bringen ist, es ist die Versorgungszentrale des Hauses. Eine ständig unaufgeräumte, verschmutzte Küche, in der nur minderwertige Nahrung verarbeitet wird, lässt auf ein Unvermögen bezüglich der Fähigkeit schließen, das eigene Einkommen und den persönlichen Wohlstand zu vermehren.

Die Speisekammer

Dieser Raum ist heutzutage nahezu aus unseren Häusern und Wohnungen verschwunden. Er repräsentiert die Fettpolster, die Reserven des Hauses. Sein Zustand, sein vorhanden sein oder fehlen kann Ihnen Auskunft geben darüber, wie Sie mit Reserven umgehen, wie Sie haushalten können, besonders auch im finanziellen Bereich.

Sollte ein solcher Raum vorhanden sein, wie ist er gestaltet? Was wird darin gelagert. Lassen sich hier Ängste ablesen vor Verlust? Ängste davor, nicht versorgt zu werden?

Das Esszimmer

Im Esszimmer wird die Nahrung dem Körper zugeführt. Dieser Raum steht für den Darm des Hauses und repräsentiert unsere Einstellung zu Familiensinn und Geselligkeit.

Ist ein Esszimmer vorhanden?
Hat jedes Familienmitglied hier einen Platz? Oder besteht überhaupt nicht die räumliche Möglichkeit, dass hier alle Bewohner zusammenkommen können?

Der Eingangsbereich / Diele / Flur

Die Haustür ist der Mund des Hauses, der angrenzende Eingangsbereich steht für den Rachenraum des Hauses.

Sein Äußeres spiegelt unsere Kontaktfreude und unsere Einstellung zur Außenwelt. Ebenso verdeutlicht dieser Bereich, wie viel Nahrung / Energie wir aufnehmen können und wollen.

Wie ist dieser Bereich gestaltet? Treten hier Freunde mit Freude ein oder verstellen Sie den Weg um dem Besucher den Zugang zu erschweren?
Wie ist Ihr eigener Empfang beim Nachhause kommen? Werden Sie herzlich empfangen oder symbolisiert Ihnen der Raum Ablehnung und Abwehr?

Das Bad/ Toilette

Dieser Bereich kann uns Informationen geben über unsere Einstellung dazu, Dinge loszulassen, innere und äußere Reinigung zuzulassen.

Wie ist Ihre Einstellung zu diesem Raum?
Wie gestalten und pflegen Sie ihn.
Wie ist Ihre Einstellung zu den Themen Geben und Nehmen?
Wie stehen Sie zu Entspannung und Regeneration?

Der Raum steht für den Beginn des Tages am Morgen und den Abschluss am Abend, da wir ihn in der Regel morgens als erstes betreten und meist abends als letztes.

Ist er rein funktionell eingerichtet oder lädt er dazu ein, mehr als die nötige Zeit in ihm zu verbringen?
Wie wichtig sind Ihnen die Themen für die er steht?
Haben Sie Probleme mit dem loslassen von Dingen oder Situationen, die Ihnen nicht mehr förderlich sind, dann kann sich das darin spiegeln, dass dieser Raum vernachlässigt und unwichtig ist.

———————— ... ————————

Stets sollten wir auch hinsichtlich dieser Angaben unsere Beobachtungen so weit wie möglich hinterfragen und uns nicht von ersten Eindrücken zu Bewertungen und Fehlinterpretationen verleiten lassen.

So mag die Miniküche oder Kochnische einer kleinen Wohnung liebevoll genutzt werden und voll funktionsfähig sein, die Luxusküche eines schicken Penthouses hingegen wird vielleicht nie genutzt, stattdessen bemühen die Bewohner hauptsächlich den Pizza-Lieferservice.

Eine interessante Hausbegehung, in der deutlich die Themen der einzelnen Funktionsbereiche/Räume aufgezeigt wurden, absolvierte ich vor wenigen Jahren auf Bitten einer jungen Frau, alleinerziehende Mutter eines kleinen Mädchens und zum damaligen Zeitpunkt frisch getrennt.

Bei dem Gebäude handelte es sich um ein Reihenhaus in einer Wohngegend aus den 70er-Jahren.
In dem Reihenhaus zeigten sich – neben vielen Kleinigkeiten, die ich registrierte – einige unübersehbare Merkmale: Ein komplett zugestellter und unaufgeräumter Keller, unaufgeräumte Teilbereiche des Erdgeschosses (Essbereich), eine nur unvollständig möblierte, aber ansonsten nett eingerichtete Küche und eine

deutlich wahrnehmbare energetische Grenze zwischen Erdgeschoß und Obergeschoß (Treppenbereich).
Der komplett zugestellte und unaufgeräumter Keller deutete auf Problematiken mit der nahen oder fernen Vergangenheit und/ oder einer Ahnenthematik hin. Die unaufgeräumten Teilbereiche des Erdgeschosses (besonders im Essbereich) vermittelten eine akute Störung der aktuellen Gegenwart, besonders im Bereich Familie.
Wenn ich sage „unaufgeräumt", dann meine ich nicht, dass hier jemand an diesem Tag noch nicht dazu gekommen war, aufzuräumen, sondern ich meine damit einen Zustand, der offensichtlich dauerhaft ist und sich oft wesentlich von anderen Bereichen eines Hauses abhebt.
Die nur unvollständig möblierte, aber ansonsten nett eingerichtete Küche, deutete auf eine Problematik der Versorgung hin, gleichzeitig war hier jedoch eine Veränderung, eine positive Tendenz ablesbar.
Die beschriebene, deutlich wahrnehmbare energetische Grenze zwischen Erdgeschoß und Obergeschoß ordnete ich der Problematik „Übergang Gegenwart (Erdgeschoss) zu Zukunft (Obergeschoss)" zu. Alles in allem waren sämtliche Merkmale passend für eine Frau, die sich gerade getrennt hatte, nun die alleinige Versorgerin war, nachvollziehbare Probleme mit der momentanen Situation und dadurch auch verständliche Zukunftsängste hatte. Die Zukunft sah im Moment noch nicht so rosig für sie aus.

Im Verlauf des Gesprächs und der weiteren Untersuchung kamen aber noch andere Dinge ans Tageslicht. So schilderte mir die Frau, dass sie das Gefühl hatte, von dem Haus abgelehnt zu werden. Das sei anfänglich nicht so gewesen. Auch die unterschiedlichen Energien zwischen Erdgeschoss und Obergeschoss schienen bei näherer Betrachtung ihre Ursache nicht nur in den momentanen Zukunftsängsten der Hausbewohnerin zu haben.

Ich bat die Dame, mich eine Weile alleine zu lassen und erfuhr daraufhin so einiges. Zuerst vermittelte mir das Haus ein großes

Missfallen bezüglich der momentanen Situation. Es war regelrecht sauer ob der Unordnung im Keller und im Erdgeschoss und ließ die Bewohnerin dieses Missfallen auch deutlich spüren.

Nachdem ich mich eine Weile alleine mit dem Haus auseinandergesetzt hatte, zog mich die Treppe zwischen Erd- und Obergeschoss stark an. Ich fühlte mich in den Bereich ein und bekam beklemmende Gefühle und Bilder. Hier schien etwas Dunkles geschehen zu sein, ein Gefühl der Schuld lag auf dieser Treppe zwischen diesen Geschossen. Ich konnte nicht mit Sicherheit sagen, was genau es war, mir schien, als sei hier ein Unfall, wenn nicht sogar ein Verbrechen, geschehen, zumindest war es etwas, das im Laufe der Jahre nicht energetisch bereinigt worden war. Es war offensichtlich eine Angelegenheit, die mit der jetzigen Besitzerin nichts zu tun hatte – aber trotzdem genau in ihr momentanes Lebenskonzept passte – nämlich anzeigte, dass der Energiefluss zwischen Gegenwart und Zukunft gestört war. Dies ist eines dieser Beispiele dafür, dass wir uns Umgebungen und Gebäude suchen, die das, was wir sind oder empfinden, spiegeln, verstärken oder heilen.

Das Paar war in dieses Haus mit dieser bestehenden Problematik eingezogen, d. h. es war mehr oder weniger offensichtlich, dass es auch bei den beiden zu einer Störung des Energieflusses zwischen Gegenwart und Zukunft kommen musste – sprich, dass es keine gemeinsame Zukunft geben würde, wenn diese Problematik nicht rechtzeitig erkannt und gegebenenfalls behoben werden würde – was offensichtlich nicht passiert ist.

Warum das Haus auf die Unordnung so unwirsch reagierte klärte sich ebenfalls.

In der Tat hatte die Bewohnerin richtig empfunden. Kurz nach Einzug war das Leben insoweit noch in Ordnung gewesen, als dass keine offensichtliche Unordnung herrschte, das Haus war zufrieden. Die abweisende Haltung gegenüber der Bewohnerin kam erst, mit der Überforderung der alleinerziehenden, berufstätigen Frau und der daraus resultierenden Unordnung.

Meine Auftraggeberin wusste, dass das Haus von einem alten Ehepaar bewohnt worden war. Dieses hatte das Gebäude vor nahezu 50 Jahren zwar nicht bauen lassen, aber relativ kurz nach Fertigstellung gekauft. Einige wenige Jahre war das Haus von einer anderen Person bewohnt gewesen, darüber ist aber nichts bekannt.

Die früheren Bewohner waren als extrem korrekt und ordentlich, nahezu pingelig, bekannt und hatten dementsprechend gelebt. Dieses Haus war nun ganz einfach empört über die ungewohnte Unordnung und ließ meine Auftraggeberin dies deutlich spüren. Hier zeigt sich natürlich zusätzlich ganz stark die Energie der früheren Bewohner, die so viele Jahre mit dem Haus verbunden waren, deren Energie fest in der Materie des Hauses verankert ist und sich mit dessen Energie vermischt hat.

Aus diesem Grund ist es mehr als ratsam, ein Haus nach Bezug nicht nur äußerlich, sondern auch feinstofflich zu reinigen, zu räuchern.

Die Begebenheit auf der Treppe konnte ich nicht komplett klären, auch nicht, ob sie etwas mit dem alten Paar oder dem Erstbesitzer des Hauses zu tun hatte. Da es eine starke, dunkle Energie war, wollte ich meine Empfindungen zusätzlich absichern und machte später, zusammen mit einer Kollegin, eine verdeckte systemische Aufstellung des Hauses. Obwohl diese Kollegin keinerlei Informationen hatte und ich ihr auch nicht mitteilte worum es genau ging, bestätigte sie die Vermutung, dass auf dieser Treppe vor vielen Jahren jemand zu Schaden gekommen war und eine Schuldenergie dort haftete.

Weitere Details spielten im Endeffekt auch keine Rolle, da diese Energie in ein anderes Feld gehörte.

Oft kann sich bei näherem Hinsehen Dramatisches und Unglaubliches, zeigen. Aber alles ist möglich und je häufiger Sie selbst mit Einblicken in nicht Alltägliches konfrontiert werden, desto schneller werden Sie es als „normal“ ansehen. Energie geht niemals verloren, sie kann sich wandeln, aber sie geht nicht verloren. Alles was auf dieser Welt jemals gesagt und getan wurde, jemals geschehen ist, ist noch vorhanden und wirkt auf die eine oder andere Weise. Das, was hier geschehen war, wirkte offensichtlich auch noch und wirkte nun in das Leben der Menschen, die hier wohnten.

Ich riet der Hausbesitzerin zu einigen Ritualen und einer kleinen Feier mit Freunden. Zu diesem Anlass sollte das Haus geräuchert werden und mit Dank, Achtung und guten Wünschen gefeiert werden.

Die eigene Wahrnehmung im Haus

Wenn Sie Ihre Umgebung, Ihre Räume inspizieren, versuchen Sie auch hier die Dinge so zu sehen, als sähen Sie sie zum ersten Mal. Lassen Sie sich Zeit für die einzelnen Räume.

Lassen Sie Ihren Blick schweifen, konzentrieren Sie sich ausschließlich auf das Sehen. Wo bleibt Ihr Blick hängen? Was gefällt Ihnen besonders gut, was missfällt Ihnen? Was stört vielleicht Ihr Auge, was sehen Sie auf diese Art und Weise unter Umständen tatsächlich zum ersten Mal ganz bewusst?

Schließen Sie dann die Augen und versuchen Sie, den Raum zu erspüren. Vielleicht steigen Gefühle in Ihnen auf, sind sie angenehm, unangenehm, welche Gedanken kommen Ihnen in den Sinn? Wie ist Ihre Stimmung in diesem Raum? Fröhlich, traurig ?

Achten Sie besonders auf die Energie einzelner Gegenstände, die vielleicht Unruhe bringen oder die sehr dominant sind.
Bestimmte Gegenstände können den Raum bedrücken, andere können ihn bereichern. So ziehen besondere Bilder, Kunstgegen-

stände, einzelne Möbel unter Umständen alle Aufmerksamkeit auf sich, faszinieren, sind der Blickfang des Raumes. Sie tun dies entweder durch eine außergewöhnliche Form oder Farbe oder durch die Energie, die vielleicht die Ihres eigenen Lebens spiegelt, wenn es sich um einen persönlichen Gegenstand handelt.

Betrachten Sie Ihre Räume unter dem Gesichtspunkt der Aussagen, die zuvor getroffen wurden und hören Sie in sich hinein, was es in Ihnen bewirkt. Versuchen Sie zu erkennen, wo solche besonderen Gegenstände vorhanden sind und warum sie genau dort platziert sind, wo sie stehen oder hängen.

In welchen Punkten stimmen Sie und der Raum überein, in welchen nicht?

Der Zustand Ihres Zuhauses, der einzelnen Räume, spiegelt Ihr Inneres, zeigt Ihre momentanen Lebensthemen auf.

Stellen Sie sich folgende Fragen:
Welches ist der wichtigste Raum in meinem Haus?
Wo halte ich mich am meisten auf?
Wo halte ich mich gerne auf?
Wo kann ich am besten Ordnung halten?
Wo fällt es schwer, auch wenn ich mich darum bemühe?
Welchen Raum würde ich gerne verändern? Warum tue ich es nicht?
Wie ist der Energiefluss in den Räumen? Gibt es äußeren (und damit inneren) Freiraum oder ist alles zugestellt?

Die Seele des Raumes erspüren

Lassen Sie sich Zeit, vielleicht klappt es nicht beim ersten Mal, das „Gelingen“ ist auch abhängig davon, wie sich der Raum anbietet.
Gehen Sie in die Mitte des Raumes, dort können Sie sich am besten mit der eigenen Mitte verbinden. Schließen Sie die Augen und konzentrieren Sie sich eine Weile auf Ihren ruhigen Atem.

Wenn Sie das Gefühl haben, „angekommen“ zu sein, versuchen Sie über die Körpermitte ein- und auszuatmen. Lassen Sie die Energie aus Ihrer Mitte sternförmig in den Raum fließen. Stellen Sie sich vor, Sie sind der Mittelpunkt eines Sterns, Ihre Strahlen erreichen jeden Winkel des Raumes.

Welches innere Bild erscheint in Ihnen? Vielleicht erscheint eine innere Landschaft? Eine Wüste? Ein üppiger Regenwald? Eine Blumenwiese?

Fühlen Sie Schwere oder Leichtigkeit, Frieden oder Unruhe, Gelassenheit oder Angst?

Beobachten Sie Ihre Gefühle und sonstigen Wahrnehmungen. Stehen diese im Gegensatz zu den Empfindungen, die Sie für den Raum hegen, die aufgrund der visuellen Inspektion in Ihnen aufgetaucht sind oder unterstützen sie diese? Sind die Empfindungen klar und deutlich und ohne Zweifel oder schwammig, verwirrend, unsinnig?

Die Empfindungen, die bei Ihnen ankommen, haben unter Umständen nicht ausschließlich etwas mit Ihren Fähigkeiten zu tun, sondern durchaus auch etwas mit der Präsenz des Raumes.

Werden Übungen dieser Art in Seminaren von mehreren Leuten gleichzeitig praktiziert, dann bekommen in einem kraftvollen, klaren Raum häufig alle Teilnehmer unabhängig voneinander das gleiche „Ergebnis“, in einem Raum, der in sich selbst unstimmig und zerrissen ist weichen die Empfindungen der einzelnen Menschen oft sehr stark voneinander ab.

(Und denken Sie immer wieder daran: Vertrauen Sie sich in Ihrer Wahrnehmung. Es hat oft einen Sinn, wenn Sie etwas wahrnehmen, selbst wenn es im Moment nicht „richtig“ erscheint oder wenn Sie es nicht einordnen können.)

——— ... ———

Bewusst oder unbewusst sind Ihre eigenen Räume so ausgewählt, eingerichtet und gestaltet, dass dadurch Ihre Persönlichkeit zum Ausdruck gebracht wird.

„Nun gut“, wird jetzt vielleicht der eine oder andere sagen. „Die Wohnung hat mir damals alles in allem gut gefallen. Was kann ich nun dafür, dass sie nur eine Miniküche ohne Fenster hat. Ich hätte es gerne anders gehabt, aber in den sauren Apfel musste ich beißen.“ Sicherlich mag das so sein. Aber spätestens wenn es die mittlerweile dritte (oder auch nur zweite) Wohnung ist, die diesen Zustand vorweist, sollten Sie System dahinter vermuten ...
Wir suchen bei der Wahl unserer Wohnung das, was wir uns offensichtlich wünschen. Dabei setzen wir Prioritäten und nehmen Dinge in Kauf, die uns – so glauben wir – nicht so wichtig sind.
Wie würde es aussehen, wenn wir frei von Zwängen, unsere Wunschwohnung, unser Traumhaus kreieren könnten? Auch dann würden wir das eine zugunsten des anderen vernachlässigen – weil es uns nicht wichtig ist oder uns nicht wichtig erscheint. Wir würden das eine überbetonen und das andere zurückstellen, in den wenigsten Fällen würden wir eine ausgeglichene Harmonie zwischen den Räumen schaffen und genau das sind die Bereiche und Themen, zu denen wir schauen sollten.

Ich habe noch vor einigen Jahren Häuser entworfen, die bei 300 Quadratmetern Wohnfläche, Kinderzimmer von nur 10 Quadratmetern enthielten, dafür aber durfte das repräsentative Wohnzimmer gerne 70 Quadratmeter groß sein (natürlich auf ausdrückliche Anordnung der Bauherren, Entwürfe, die ausgewogener waren lehnten sie ab). Im Gegensatz dazu gab es Planungen mit 25 Quadratmetern großen Kinderzimmern aber nur acht Quadratmeter großen Schlafzellen für die Eltern („Wir brauchen nichts“).
Ebenfalls erwähnenswert ist eines meiner letzten realisierten Projekte. Das sehr geräumige Haus (ohne Keller) mit seitlich angebauter großer Garage und üppigen, an die Garage ange-

gliederten Vorratsräumen, baute ich für ein kinderloses Paar. Der vorgesehene Haupteingang des Hauses, den die Auftraggeber täglich nutzen wollten, führte über die Garage durch die Versorgungsräume, vorbei an der Küche in den Ess-/Wohnraum. Beide waren mit eigener Firma selbstständig, verließen morgens mit dem Auto das Haus und kamen abends mit dem Auto zurück. Vorräte, Einkäufe u. s. w. wurden dann durch die Garage hereingebracht, durch die das Haus auch stets betreten wurde. Auch die Hundedusche für die beiden Hunde befand sich hier.
Der repräsentative Eingang auf der anderen Seite des Gebäudes, mit zum Wohnraum verglaster Diele, wurde auch gebaut, jedoch nicht genutzt, er war für Briefträger und Postboten gedacht.

Beim Neubau eines Hauses in der genannten Größenordnung stehen viele Möglichkeiten offen. Die Situation ist nicht vergleichbar mit dem Bau eines Reihenhauses auf kleinem Grundstück. Dort sind die Grundrisse meist vorgegeben und es gibt wenig Spielraum. Aber auch hier gilt: Jeder zieht dahin und bekommt das, was ihn spiegelt, was ihm seinen Weg aufzeigen kann.

Zusammenfassend kann man schließlich sagen:
Der Innere Zustand des Menschen findet seinen Ausdruck in der äußeren Gestalt und Gestaltung der Räume und im Umgang mit seinen Räumen. Und: Die Einwirkung auf die äußere Gestaltung der Räume beeinflusst die innere Entwicklung, den inneren Zustand des Menschen.

Durch gezielte Gestaltung mithilfe von Farben, Licht, Möbeln u. s. w. kann ein Raum so gestaltet werden, dass eine Änderung des Energieflusses bewirkt wird und das dahinter stehende Thema positiv beeinflusst wird. Das funktioniert aber nur, wenn Sie sich auf das Thema einlassen und sich mit der Situation beschäftigen. Die reine Gestaltung unterstützt zwar den Prozess kann aber ohne Ihr Dazutun nur sehr wenig bewegen. So führt das Foto einer geselligen Gemeinschaft, das neben den Esstisch gehängt

wird, mit Sicherheit eine in alle Winde zerstreute Familie nicht in Harmonie ins heimische Nest zurück.
Aus allem, was wir bis hierher erfahren haben, können wir erkennen, dass wir alle Umstände, die uns im außen begegnen, selbst erschaffen haben, sie haben ihren Ursprung in uns selbst und können auch nur von uns selbst gelöst werden. Nur zu gerne geben wir die Verantwortung ab und machen andere Menschen oder Umstände für unsere Situation verantwortlich, von der schweren Kindheit bis zum schlechten Wetter.
Erst wenn wir uns bewusst gemacht haben, dass wir die Verantwortung für das tragen, was uns passiert, können wir es beeinflussen und verändern.

In diesem Zusammenhang zitiere ich die treffende Aussage des Psychotherapeuten C. G. Jung. Er sagte:
„Eine innere Situation, die man sich nicht bewusst gemacht hat, taucht außen als Schicksal auf."

Das tröstende an der Situation ist, dass wir jederzeit damit beginnen können, unser Schicksal zu steuern, wenn wir uns unsere innere Situation bewusst machen – und sie entsprechend beeinflussen, in unserem Innern und auch im Äußeren.

Näheres zu Gestaltungsmöglichkeiten erfahren Sie in den Kapiteln „Die geomantische Hausgestaltung" und „Die geomantische Gartengestaltung".

Nach der Analyse Ihrer Räume sollte Ihnen nun ansatzweise bekannt sein, welche Bereiche Ihrer Aufmerksamkeit bedürfen, worum Sie sich kümmern sollten.
Konzentrieren Sie sich jedoch nicht ausschließlich auf Ihre Räume, sondern behalten Sie immer den großen Zusammenhang anhand der Verbindung zu Ihrer Umgebung im Auge. Versuchen Sie, die Themen, die sich Ihnen in Ihrem Haus gezeigt haben auch in Ihrer Umgebung wiederzufinden und beobachten Sie im weiteren Verlauf, wie Dinge sich verändern, alleine dadurch, dass

sie an einer Stelle einen Impuls gegeben, etwas in Bewegung gebracht haben.
Vielleicht bekommen Sie nach und nach bereits ein Gefühl dafür – oder vielleicht ist Ihnen das eine oder andere auch sehr deutlich geworden: „Ja klar, kein Wunder dass ich immer so träge und melancholisch bin, ich sitze hier fast vollständig in Erde und Wasser – wo bitte ist das Feuer, die Energie, die Antriebskraft, wo die Luft, die Leichtigkeit, die Spontanität?"
Oder: „Kein Wunder dass ich nur am rotieren bin, mal hier mal da, ruhelos ... ein Luftikus sozusagen. Das Element Erde fehlt, die Verwurzelung, die Bodenhaftigkeit."

Das alles können wir uns klar machen, indem wir „nur" unsere Umgebung wirklich sehen und Zusammenhänge zu unserer Persönlichkeit, unseren Problemen, Wünschen und Zielen finden. Man kann es nicht oft genug erwähnen: Alles, was sich im Außen zeigt, hat seinen Ursprung im Inneren und alles was sich im Inneren verändern möchte kann seinen Impuls von außen bekommen. D. h. wenn Sie erkannt haben, was sie zu viel haben und was Ihnen dagegen fehlt, können sie das mithilfe der geomantischen Gestaltung ausgleichen und kompensierten aber wichtig ist stets das Gespür für die Hintergründe, das: „Warum ist das so? Warum habe ich das in mein Leben gezogen? Warum sitze ich immer in dunklen, erdgeschossigen Wohnungen mit Blick auf Nachbarhäuser? Warum muss es bei mir immer die Dachgeschosswohnung sein, mit Wasserschäden im Dach und 80 Treppenstufen ohne Fahrstuhl ...?"

Und wie geht es Anne mittlerweile?

„Ich beginne den Brief mal mit einem deutlichen `Wow`! Bei mir hat sich einiges getan. Ich weiß gar nicht wo ich anfangen soll. Mir ist sehr viel aufgefallen, ich habe aber das Gefühl, dass ich mich auf einige wenige Dinge und Erkenntnisse beschränken sollte.

Bevor ich Romane schreibe, hier mal in Stichpunkten das Wichtigste: Keine Kinder, kein Kinderzimmer, kein Keller unter unserem Haus, wenig Kontakt zur Herkunftsfamilie (bei mir und bei Holger), unser Hauseingang ist fast komplett zugewachsen, ebenso das Grundstück (hier stehen viele sehr hohe Fichten, deshalb ist unser Grundstück auch sehr schattig), unser Erdgeschoss ist alt und `verwohnt`, das Obergeschoss wurde nachträglich errichtet, erst kurz bevor wir hierher zogen. Es es ist also neu, eigentlich immer ordentlich und aufgeräumt (im Gegensatz zum Erdgeschoss) und auch heller als das Erdgeschoss. Ich deute das so, dass in meiner/unserer Gegenwart im Moment alles noch etwas chaotisch ist, die Zukunft aber ganz gut aussieht. Bezüglich unserer Familien möchte ich wieder einige Kontakte knüpfen, nicht weil es so sein sollte, sondern weil ich spüre, dass ich es mir auch wünsche, dass ich eigentlich unter den Missverständnissen und Zerwürfnissen leide. Damit hängen ja auch die Themen Kind bzw. inneres Kind zusammen, hier werde ich schon sehr bald mal genauer hinschauen, ich habe mich bereits zu einem entsprechenden Seminar angemeldet. Zuerst werde ich also den Eingang etwas vom Bewuchs befreien, versuchen das Erdgeschoss besser in Ordnung zu halten, Kontakt zu meiner Familie suchen und das `Innere-Kind-Seminar` besuchen.

Liebe Grüße,
Anne

Übersicht über die vier Elemente und die Äther

Element Erde (weiblich, Yin):

Erde ist fest, hart, dunkel, undurchsichtig, dient als Baustoff.

Materialien:
Lehm, Holz, Stein, Sand, Erde, Ton, Keramik, Wolle, Leder, Edelsteine

Pflanzen/Tiere:
Gedrungene Pflanzen mit starker Wurzelbildung, Moos, dichte, überwiegend grüne Hecken, Obst, Gemüse/ Kröten

Bäume:
Kastanie, Buche, Linde, Eibe (eher waagerechter, breiter Wuchs, der Erde zugewandt)

Formen:
Quadrat, Rechteck, Formen mit rechten Winkeln, Quader

Farben:
Alle satten, kräftigen Erdfarben, Ocker, Terrakotta, Braun, Moos-/Dunkelgrün, Maisgelb

Objekte/Möbel/Gestaltungselemente:
Schwere Möbel in kubischen Formen, begrünte Dächer, massive Wände, dicke Mauern, Findlinge, Wurzeln, Sitzbänke-/Plätze (romantisch, verträumt), Gewölbe, (quadratische) Innenhöfe, schattige Ecken, dichte, dunkle Plätze, zugewachsene Bereiche, Tontöpfe, Ziegeln

Wirkung auf die Psyche:
Vermittelt Geborgenheit, Wärme, Beständigkeit, Bodenständigkeit, Geduld, Mütterlichkeit, Standfestigkeit, Strukturiertheit, Realitätssinn, Ausdauer, Stärke, Traditionssinn, gibt Halt und Stabilität

Entsprechung des Elementes Erde im Körper:
Knochen, Wirbel und Muskeln

Himmelsrichtung:
Westen

Erdäther (physischer Äther, Lebensäther):

Drang nach unten, konzentrierend

Wahrnehmung:
Druck, Schwere, Festigkeit

Der Erdäther hat die Eigenschaft, sich unter Druck am Boden anzusammeln. Er ist normalerweise direkt am Boden spürbar, besonders gut auch in Höhlen wahrzunehmen, in Felsspalten, Nischen, in Eichen-, Buchenwäldern, in Landschaften mit nährstoffreichem, eher weichem Boden, wie z. B. humushaltiger Waldboden, auch in Gegenden mit vorwiegend Lehm- und Tonboden und in Ackerlandschaft

Er hat einen starken Bezug zur Materie, zum körperlichen und gegenständlichen und wird deshalb physischer Äther genannt.

Der Erdäther kann bei Pflanzen, die in seinem Einfluss wachsen, die Vermehrung und Vitalität beeinflussen und fördern und äußerst sich im Wuchsverhalten durch starke Wurzelbildung.

Positive psychische Qualitäten:
siehe vor bei Element Erde

„Negative" psychische Qualitäten:
Verbohrtheit, Trägheit, Unbeweglichkeit, Begrenztheit

Element Wasser (weiblich, Yin):

Wasser kann die Form ändern, ist beweglich, vermischbar, feucht/nass, kalt.

Materialien:
Wasser, Eis, Schnee, sonstige Flüssigkeiten

Pflanzen/Tiere:
Wasserpflanzen / Fische, Muscheln

Bäume:
Weide, Trauerbirke, Hängebuche (feuchter Standort, wellig-tropfenförmige Äste, dem Wasser zugewandt)

Formen:
Weiche, geschwungene ,fließende Formen, Wellenlinien, Schalenformen, Wölbungen

Farben:
Blau, besonders Dunkelblau, Schwarz

Objekte/Möbel/Gestaltungselemente:
Springbrunnen, Zimmerbrunnen, Schwimmbad, Vogeltränken, geschwungene Bauteile (Wege, Mauern), milchiges Glas, Aquarium, Fischernetz, Gießkanne, Behältnisse für Flüssigkeiten (Kelch, Vase), fließende Übergänge

Wirkung auf die Psyche:
Sensibilisiert Instinkt und Intuition, wirkt auf Gefühle, Emotionen, Empfindungen und Sinnesorgane, stärkt Gelassenheit, Konzentration, Aufmerksamkeit, Sensibilität, Feingefühl, Hingabe, Fantasie, Dichtergabe, lädt zum Träumen ein, wirkt romantisch und melancholisch

Entsprechung des Elementes Wasser im Körper:
Verdauungsorgane, Körpersäfte, Bauchbereich, Niere, Blase, Harnsystem

Himmelsrichtung:
Norden

Wasseräther (Klangäther):

Drang nach unten, ruhend

Wahrnehmung:
Feuchte, Kühle, Wasser, Nebel, Eis, Schnee, Dampf

Er hat die Eigenschaft, nach unten zu rinnen und ist zu finden in Tälern und Senken (wo sich Wasser z. B. auch in Form von Nebel leicht sammelt) und in der Landschaft wie auch in Räumen überall dort, wo geschwungene, wellenartige Formen vorkommen, in Seen- Teichlandschaften, Meer und Moorlandschaften, an Flüssen und Bächen, feuchten Wiesen.

Der Wasseräther kann bei Pflanzen, die in seinem Einfluss wachsen, die Stoffbildung fördern, dies äußert sich im Wuchsverhalten durch große, manchmal unförmige Blätter.

Positive psychische Qualitäten:
siehe vor bei Element Wasser

„Negative" psychische Qualitäten:
Sehnsucht, Träumerei, Melancholie, Kummer, Depression, Ekel, Abscheu

Element Feuer (männlich, Yang):

Feuer wirkt vernichtend, verbrennt und erzeugt Hitze und Licht.

Materialien:
Gold, Kupfer, Kunststoff, Lavasteine, Sand

Pflanzen/Tiere:
Pflanzen mit spitzen, schmalen, eher harten Blättern

Bäume:
Zypresse, Pappel (spitz zulaufend, säulenförmig, schlank, nach oben strebende Wuchsform)

Formen:
Dreieckige Formen, Pyramide, spitze Formen, spitze, scharfe Kanten ...

Farben:
Rot, Feuerrot

Objekte/Möbel/Gestaltungselemente:
Spitzdach, Kerze, Sonnenstrahlen, Lichtstrahlen, offenes Feuer, Kamin, Kachelofen, Herd, Heizungsrohre (sichtbar), Lampen, Mülltonnen, Komposthaufen, Ecken, Zacken, Laubhaufen, Pflanzenreste

Wirkung auf die Psyche:
Stärkt Mut, beeinflusst Kraft (Willens- und Tatkraft), Entscheidungsfähigkeit und Tatendrang, Lust, Freude, Lebensfreude, Begeisterungsfähigkeit, Liebe, Sexualität, Dynamik, Kreativität, Spontaneität, Inspiration, Lebendigkeit, Aktivität

Entsprechung des Elementes Feuer im Körper:
Stoffwechsel, Kreislaufsystem, Herz

Himmelsrichtung:
Süden

Feueräther (Wärmeäther):

Drang nach oben

Wahrnehmung:
Wärme, Hitze, Sonne, Sonnenlicht, Sonnenaufgang, Sonnenuntergang, Blitz

Der Feueräther strömt nach oben, sammelt sich vor allem an spitzen Formen, Gegenständen und Gebäuden, in der Natur auch an spitz zulaufenden Felsen und Bergen und konzentriert sich an Ecken und Kanten.

Er ist zu finden in freien, exponierten Landschaften und Räumen, in Gegenden mit sandigem, trockenem Boden oder im Bereich von Schotterflächen, in Sandgruben, in sonnigen Hanglagen, dort wo Altes vergeht und Neues entsteht (dort wo Verrottungsprozesse vonstattengehen).

Der Feuerräther kann bei Pflanzen, die in seinem Einfluss wachsen, die Qualität fördern, dies äußert sich im Wuchsverhalten durch starke Fruchtbildung und aromatischen Geschmack.

Positive psychische Qualitäten:
siehe vor bei Element Feuer

„Negative" psychische Qualitäten:
Hass, Aggressivität, Groll, Unbeherrschtheit, Streit, Feindseligkeit

Element Luft (männlich, Yang):

Luft ist ständig in Bewegung, hell, klar, leicht, schnell, flexibel, überall um uns herum.

Materialien:
Glas, durchsichtige, transparente Materialien, Wind, Rauch, Düfte

Pflanzen / Tiere:
Lange, schmale, luftige, bewegliche Pflanzen, Gräser / Vögel

Bäume:
Birke, Birne, Espe, Lärche (lichte Äste, dem Himmel zugewandt)

Formen:
Gerade Linien

Farben:
Weiß, sehr helles Blau, helles sonniges Gelb,

Objekte/Möbel/Gestaltungselemente:
Mobile, Segel, Luftballon, Ballon, Klangspiel, Glockenspiel, Fahnen, Windspiel, Hängematte, schwebende Konstruktionen, Windrad, große, helle Räume, spärliche Einrichtung, große Fensterflächen, Dachfenster, Glashaus, offene Übergänge, Dachterrassen, Atrium, Galerien und Emporen, Schwing- und Rolltüren, Himmelbett, Schaukeln, Glashäuser, Kristalle, offene, lichte Plätze

Wirkung auf die Psyche:
Fördert Kontaktfreude, Kommunikation, Ideen-, Einfallsreichtum, Leichtigkeit, Sprache, Vielseitigkeit, Denken und Planen, Rationalität, Verstand, Logik, vermittelt Unbeschwertheit und Offenheit

Entsprechung des Elementes Luft im Körper:
Gehirn (Gedächtnis), Lunge, Atem

Himmelsrichtung
Osten

Luftäther (Bewegungsäther, Lichtäther)

Drang zur Bewegung

Wahrnehmung:
Luftzug, Lufthauch, Wind, Atem, Duft, Geräusch, Rauch

Er strebt nach oben. In der Landschaft ist er in flachen Ebenen, langen Tälern und auch an langen, stark befahrenen Straßen wahrzunehmen, an Türmen und Hochhäusern, nach oben hin offenen lichten Räume, erhöhten weiten Plätzen mit Fernblick.

Der Luftäther kann bei Pflanzen, die in seinem Einfluss wachsen, die Form und Ausdruckskraft beeinflussen, dies äußert sich im Wuchsverhalten durch filigranen Wuchs, klare Formen und üppige Blütenbildung.

Er folgt jeder Bewegung und heißt deshalb auch Bewegungsäther.

Positive psychische Qualitäten:
siehe vor bei Element Luft

„Negative" psychische Qualitäten:
Verrücktheit, Abgehoben sein, Idiotie, Stumpfsinn

Teil C
Die eigenen Themen erkennen und bearbeiten

Es gibt unendlich viele Wege, sich zu finden. Meiner Meinung nach ist es am einfachsten mit dem anzufangen, dem Beachtung zu schenken, was sich im Außen zeigt. Wichtig sind dabei die Menschen und Tieren, die uns begegnen und begleiten, die Dinge, die uns immer wieder zustoßen, Krankheiten, die uns heimsuchen. Sehr wichtig ist auch unser Wohnumfeld und um speziell das haben wir uns mittlerweile ausgiebig gekümmert.

Ein Anfang ist somit getan. Wir haben betrachtet, was sich im Außen zeigt und sind bereits einige Schritte weitergegangen, haben gelernt, ein bisschen hinter die Dinge zuschauen.

Darauf aufbauend können Sie nach und nach und Schritt für Schritt weitere Puzzleteile finden und einfügen.

Ein Wort noch zu unseren Ängsten, die uns vielleicht von Wohnort zu Wohnort verfolgen oder an einem neuen Wohnort unvermittelt auftauchen:
Die meisten Ängste werden schwächer, verlieren gar ihren bedrohlichen Schrecken, wenn Sie damit beginnen, sie genau anzuschauen.

Ob es die Angst ist vor Elektrosmog, vor Wasseradern, vor Erdverwerfungen oder schädlicher Erdstrahlung, vor „Beschuss“ aus der Nachbarschaft, vor Belastungen des Hauses durch Vorbesitzer, vor Krankheit oder Tod, oder, oder, oder ... Sie müssen sich all dem aber nicht alleine stellen. Bitten Sie um Schutz, um innere Stärke, arbeiten Sie mit für Sie stimmigen Ritualen.

Wenn Sie glauben, dass einige dieser Themen wichtig für Sie sind, Sie aber das Gefühl haben, nicht alleine klar zu kommen, dann scheuen Sie sich nicht, Fachleute um Rat zu fragen. Seien Sie aber bitte vorsichtig und lassen Sie sich nicht für viel Geld

Schutzmatten gegen Erdstrahlen oder dergleichen verkaufen – in den allermeisten Fällen würden Sie die in die Matratze gestopften Geldscheine höchstwahrscheinlich besser schützen, als viele dieser Utensilien.

Hinterfragen Sie auch stets die Notwendigkeit. Nicht jeder Kopfschmerz, nicht jede Schlaflosigkeit finden ihre Ursache in einer Wasserader ...

Beschäftigen Sie sich intensiver mit den Themen, die Sie ängstigen, informieren Sie sich, denn das, was man kennt, fürchtet man meist nicht. Alle Dinge und Situationen, denen Sie mit einer gewissen Stärke und Kraft entgegen treten, können Ihnen nichts anhaben.

Bewusst gemacht ist leider noch nicht gelöst aber es ist ein wichtiger Schritt auf dem Weg zur Lösung.

Um nun nicht nur Maßnahmen breit zu streuen, sondern gezielt an Veränderungen arbeiten zu können, sollten Sie genau klären, welche Lebensthemen und Lebensbereiche besondere Aufmerksamkeit benötigen.

Bei der intensiven Beschäftigung mit Ihren Räumen und Ihrer Umgebung ist Ihnen mit Sicherheit vieles klar geworden, was vorher im Nebel geschlummert hat. Wahrscheinlich haben Sie bereits erkannt wo Ihre Prioritäten liegen.

Ein sehr hilfreiches Werkzeug, um auf relativ einfache Art noch ein bisschen klarer sehen zu können, ist das sogenannte „Minimumprinzip.

Das Minimumprinzip

Nicht unähnlich der Aussage „Eine Kette ist immer so stark wie ihr schwächstes Glied“, verhält es sich mit dem sogenannten „Minimumgesetz“, das im 19. Jahrhundert von dem Deutschen Chemiker Justus von Liebig aufgestellt wurde.

Das Gesetz sagt aus, dass eine Pflanze – die wie jedes Lebewesen unterschiedlichste Nähstoffe in bestimmten ausreichenden Mengen für ihr Wachstum benötigt – nur so gut gedeihen kann, wie der Nährstoff es zulässt, der am geringsten vorhanden ist. Auch wenn andere Nähstoffe im Überfluss zur Verfügung stehen, kann dies den einen ungenügend vorhandenen Stoff nicht ausgleichen.

Anschaulich dargestellt wird diese Aussage durch die sogenannten „Minimum-Tonne“, eine Tonne, bestehend aus senkrecht stehenden Latten, jede Latte symbolisiert einen wichtigen Nährstoff. Ist nun eine dieser Latten wesentlich kürzer als die anderen, so wird diese Stelle verursachen, dass andere, im Überfluss vorhandene Nährstoffe (die diese Tonne im Prinzip bis zur Oberkante der langen Latten füllen könnten), aus der Tonne herausfließen.

Das Pflanzenwachstum ist also abhängig von der Menge dieses am geringsten vorhandenen Nährstoffs. Dieser Nährstoff, der „Minimumfaktor“ genannt wird, entscheidet über die Entwicklung der Pflanze.

Diese Erkenntnisse beziehen sich zwar auf das Wachstum von Pflanzen, sind aber im übertragenen Sinn auch ausgezeichnet auf unsere Lebensthemen anwendbar.

Auch die Entwicklung eines Menschen basiert auf vielen unterschiedlichen Faktoren (Lebensbereichen), die er benötigt, um sich gut zu entwickeln.

Jeder Mensch hat persönliche Wünsche und Bedürfnisse, die nicht absolut identisch sind mit denen anderer Menschen. Die Prioritäten im Leben sind unterschiedlich, jedoch kann gesagt werden, dass das Grundbedürfnis nach Glück bei jedem vorhanden ist, auch wenn jeder Mensch diesen Begriff anders definieren mag.
Prinzipiell gibt es Lebensbereiche, die für jeden Menschen eine Thematik beinhalten und mit denen er sich im Lauf seines Lebens beschäftigt. Die Oberbergriffe für diese Lebensbereiche, deren Spiegelung wir auch in den Bedeutungen der einzelnen Räume wiederfinden, sind folgende:

Gesundheit (für Körper Geist und Seele),

Reichtum (innerer und äußerer Reichtum),

Persönlichkeit,

Partnerschaft,

Familie (auch die Herkunftsfamilie/Ahnen),

Lebensziel/Lebensaufgabe,

Bildung (auch geistiges Potenzial),

Beruf,

Beziehung zur Umwelt (/den Menschen),

Hobbys,

Rückzug,

Ideale.

Im Endeffekt sind dies auch die Themenbereiche, die Sie im chinesischen Bagua vorfinden, das im vorigen Kapitel bereits vorgestellt wurde.

Alle Menschen auf der Welt haben ähnlich Themen – aber nicht die gleichen … Deshalb sollte stets differenziert werden und aus diesem Grund sind „Lebenshilfeprogramme" aus fernen Kontinenten oft nicht hundertprozentig geeignet und anwendbar auf unsere Problematiken. Wir hier in westlichen Ländern leben offensichtlich im Überfluss aber hungern oft auf emotionaler, seelischer und geistiger Ebene. Uns geht es zwar materiell gesehen besser, als Menschen, die anderswo auf der Welt Hunger leiden oder in Krisengebieten um ihr Leben fürchten, doch wir sind dafür in anderen Lebensbereichen verarmt.

Zurück zu den Lebensbereichen der „Lebenssinn-Tonne":

Anzustreben ist ein Zustand, in dem sich alle diese Lebensthemen in einer Balance befinden.

Stellt man sich unsere Tonne nun aus Latten vor, die symbolisch für die oben genannten Lebensbereiche stehen, dann kann man deutlich erkennen, dass es unsere Aufmerksamkeit auf sich zieht, wenn eine dieser Latten kürzer ist als die anderen.

Eine Problematik im Bereich einer dieser Begriffe erzeugt bei dem betroffenen Menschen einen Energieverlust und kann zu Unzufriedenheit und Unausgeglichenheit führen (Beispiele: unerfüllter Kinderwunsch, Mobbing im Beruf, Verlust des Arbeitsplatzes, Krankheit). Selbst wenn alle anderen Bereiche problemlos funktionieren, kann ein einziger gestörter Bereich, der die ganze Aufmerksamkeit auf sich zieht, nach und nach weitgreifende Störungen der anderen Bereiche verursachen, bis es unter Umständen zu einer wahren Kettenreaktion kommt und das Kartenhaus zusammenbricht.
Ziel ist nun, den oder die schwächsten Bereiche zu finden und zu stärken, jedoch immer in Wechselwirkung mit der eigenen Bearbeitung des Themas.

Das Prinzip der Minimumtonne ist auf alle individuellen Themen anwendbar und auch auf einzelne Lebensbereiche. Nehmen wir als Beispiel den beruflichen Erfolg als Sänger. Es gehören einige Komponenten dazu, um mit etwas Erfolg zu haben, im Fall des Sängers z. B. eine gute Stimme, Durchhaltevermögen, seelische Belastbarkeit, Zuversicht, Selbstvertrauen, körperliche Gesundheit. Diese Komponenten wären die einzelnen Latten der Tonne. Oft gilt aber die Meinung, dass – um als Sänger erfolgreich zu sein – eine außergewöhnlich gute Stimme ausreicht. Jedoch gibt es viele Menschen, die diese zwar haben, es stellt sich aber trotzdem kein Erfolg ein. Es fehlt offensichtlich etwas, zumindest ein Latte ist zu kurz ... Diese gilt es herauszufinden und zu stärken.

Aber auch wenn etwas extrem gegen das Gleichgewicht wirkt (jemand wird über Nacht aufgrund der tollen Stimme berühmt), kann es sein, oder ist sogar annähernd wahrscheinlich, dass die Sache zum Scheitern verurteilt ist, wenn die anderen nötigen Komponenten nicht stark genug sind.

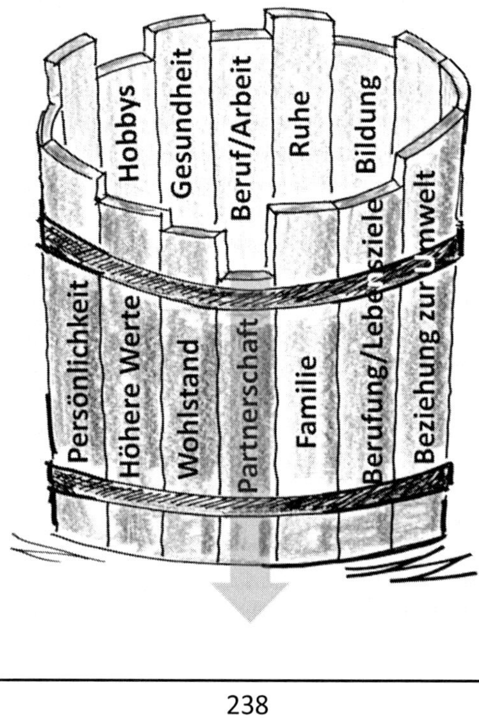

Schauen Sie sich die einzelnen Lebensbereiche an und versuchen Sie zu ergründen, welche Latte in Ihrem Fall die kürzeste ist.
Stellen Sie sich für jeden Lebensbereich eine Skala in Zehnerschritten vor, von 0 bis 100. Markieren Sie an den entsprechenden Stellen wie wichtig Ihnen der jeweilige Bereich ist (z. B. Partnerschaft 90, dafür Hobbys nur 20). Alle Bereiche unter 50 sollten Ihre Aufmerksamkeit erhalten und wenn Sie den einen herausfinden, der ganz unten steht, dann ist das vielleicht ein guter Anfang für eine positive Veränderung.
Vielleicht können Sie den unterversorgten, Ihnen nicht wichtigen Bereich auch in einem entsprechenden, ebenfalls unterversorgten Bereich Ihrer Wohnung ablesen.

Das Minimumprinzip begegnet uns sehr häufig, sobald wir darauf achten. Ich erinnere mich noch gut an ein Ehepaar, das eine Nachbarwohnung in einem kleinen Mehrfamilienwohnhaus bezog, in dem ich einige Zeit wohnte. Es war eine Mittelwohnung, an zwei langen Seiten begrenzt und eigentlich nahezu umgeben von den anderen Wohnungen. Die Hausgemeinschaft mit den vorigen Mietern hatte bisher recht gut funktionierte und am Anfang schien es, als sei auch das neue Paar eine Bereicherung.

Doch es dauerte nicht lange und die ersten Probleme tauchten auf. Nach und nach zerstritten sich die beiden mit allen Bewohnern. Ich war eine der letzten mit der diese Nachbarin nach diversen Zerwürfnissen noch redete und eines Tages vertraute sie mir an, dass sie gar nicht verstehen konnte warum sie immerzu an Orte kam, an denen so unmögliche Menschen lebten. Sie sagte, es sei mittlerweile die fünfte Wohnung in Folge, in der sie und ihr Mann wegen der unfreundlichen Nachbarn ihres Lebens nicht mehr froh wurden ….; dass das Thema nicht von dem Ort und von den anderen Menschen ausging zog sie offensichtlich nicht in Erwägung. Einige Monate später zog das Paar aus. Jahre später hörte ich, dass sie sich voneinander getrennt hatten …

Aus heutiger Sicht betrachtet könnte ich einige Dinge und Begebenheiten aufzählen, die darauf hindeuteten, dass dieses Thema an diesem Ort auf diese Menschen sozusagen gewartet hatte.

Mit dem Ort, an dem wir leben, verhält es sich ähnlich wie mit der Wahl des Partners: Entweder man entwickelt sich miteinander, arbeitet an der Beziehung, tauscht sich aus, erkennt in den „Macken" des anderen das Potenzial für eigene Entwicklung – vielleicht den Spiegel oder Schatten – oder es wird über kurz oder lang zu einer Trennung kommen.
In diesem Fall kam es für diese Menschen nicht nur wie einige Male zuvor zu einer Trennung von dem Ort, sondern es kam auch zu einer Trennung zwischen den Partnern. Die krankenden unterentwickelten Lebensbereiche „Beziehung zur Umwelt /den Menschen" und bei ihr zusätzlich noch „Persönlichkeit", hatten die Lebensqualität erheblich vermindert und schließlich verursacht, dass sich auch in den anderen Bereichen Reibungen und Störungen entwickelten (unter anderem betraf dies die Latten „ Partnerschaft" und „Innerer und äußerer Reichtum"), die schließlich dazu führten, dass das Kartenhaus einstürzte.

———— ... ————

Wann wird es zum Thema, einen Platz zu verlassen?

Wenn wir uns viel Mühe gegeben haben, den Ort, an dem wir leben und seine Wechselwirkung zu uns zu ergründen, haben wir schließlich vielleicht auch das Bedürfnis, den Ort zu verlassen.

Das kann unter Umständen durchaus sinnvoll sein. Vielleicht haben wir erkannt, dass wir in einem Haus eigentlich nie leben wollten und es nur taten, um jemand anderem einen Gefallen zu tun (z. B. den Eltern, weil sie sich für den Aufbau des Hauses so gequält haben, Anerkennung dafür kann man aber auch auf andere Weise geben ...).

Vielleicht ist auch ein Lebensabschnitt abgeschlossen (z. B. wenn die Kinder erwachsen und ausgezogen sind oder der Partner verstorben ist).

Jedoch sollte man einen Ort nicht leichtfertig, nicht überstürzt verlassen, auf keinen Fall vor etwas weglaufen. Die Problematik, die sich an einem Ort zeigt, möchte erkannt und gelöst werden. Wenn wir davor fliehen nehmen wir das Problem mit und an einem anderen Ort taucht es erneut auf.

Gab es nicht eine ganze Weile lang diese Auswandererserien im Fernsehen, die von Menschen berichteten, die Deutschland und ihr altes, ungeliebtes Leben verlassen hatten, um irgendwo auf der Welt ein neues Leben zu beginnen? Wie vielen von ihnen widerfuhr weit weg von Zuhause schließlich das gleiche wie im „alten" Leben, sie gerieten in ähnliche Umstände wie die, die sie hinter sich lassen wollten ...

Es geht in diesem Fall nicht um den Lebensabschnittspartner sondern um den Lebensabschnitts-Wohnplatz. So wie Menschen sich von einem Partner trennen wenn kein Entwicklungspotenzial mehr da zu sein scheint, so können sie auch durchaus aufbrechen zu neuen Ufern, dann, wenn die energetische Wechselwirkung ausgeschöpft ist, die uns mit einem bestimmten Platz und seiner Energie verbindet. Doch manchmal müssen wir gar nicht verlassen, weder den Partner noch den Ort. Dann nämlich, wenn wir erkennen, dass hinter dem gelösten Thema noch andere stehen, die auf Bearbeitung warten.

Manchmal ist es aber auch so, dass man in Frieden gehen kann, weil die Themen gelöst und abgearbeitet sind und neue Herausforderungen an anderen Orten warten. Jeder Mensch ist unterschiedlich, die einen möchten einen lieb gewordenen Platz nie wieder verlassen, anderen eröffnen sich neue Möglichkeiten oder sie schaffen sich selbst neue Herausforderungen, die unter Umständen einen Ortswechsel sinnvoll und wichtig machen.

Wenn keine Klarheit darüber besteht, was zu tun ist, sollte man versuchen, sich und sein Leben an besagtem Ort aus der Distanz zu sehen, aber ohne die Verwurzelung vorschnell zu kappen.

Wir können oft Dinge erkennen und dann Entscheidungen treffen, wenn wir uns zumindest für einen gewissen Zeitraum eine Distanz geschaffen haben:

Hierzu nochmals ein Text aus dem Buch „Zoe und das Meer", in dem die Beziehung zu dem Ort an dem man lebt, eine große Rolle spielt:

> *„Den Ort verlassen, an dem man lebt, wenn auch nur für kurze Zeit, kann durchaus wichtig und heilsam sein, denn man gewinnt dadurch etwas Abstand, kann Dinge aus der Distanz sehen und damit aus anderen Perspektiven.*
>
> *Auf einer Heimreise aus der Fremde kann man für sich klären, ob man sich freut auf sein Zuhause, ob man sich angezogen fühlt von dem Platz, an dem man lebt, oder ob da ein Widerwille ist, ob man vielleicht gar nicht nach Hause möchte. Vielleicht ist dann der Zeitpunkt gekommen, darüber nachzudenken, warum das so ist. Ist es vielleicht an der Zeit, den Ort, an dem man bisher lebte, zu verlassen? Oder sind da nur einzelne Belastungen, die man vielleicht loslassen sollte? Benötigt man das alles, was da zu Hause ist? Vielleicht sollte man sich auch die Zeit nehmen für eine Innenschau – was brauche ich wirklich?*
>
> *Was von dem, was ich im Urlaub so schön fand, könnte ich eigentlich auch zu Hause haben? Oft ist es die Freiheit, die man im Urlaub genießt, das Gefühl, nicht verantwortlich zu sein für die schönen Dinge, die man nutzen kann. Der weite Strand, er gehört allen, man muss ihn nicht besitzen – wie belastend kann dagegen unter Umständen die Pflege und Unterhaltung eines eigenen*

großen Grundstückes sein. Oft wird Besitz zum Knebel und zur Einschränkung der eigenen Beweglichkeit. Noch ist die geistige und räumliche Distanz vorhanden, die ein klares Erkennen einer Situation oft erleichtert. So viele Menschen leben eigentlich nicht das Leben, das sie leben möchten, bemerken dies aber erst, wenn sie mal von außen darauf schauen können...

(aus: „Zoe und das Meer")

Auch Anne hatte sich inzwischen viele Gedanken gemacht über ihre Situation und die Zusammenhänge und schrieb folgendes:

„Die Ausführungen bezüglich der Minimumtonne haben mich sehr beschäftigt. So hatte ich das noch nie gesehen. Und es stimmt, wenn ein Bereich im Argen liegt, dann zieht er andere mit sich. `Familie` scheint bei mir einer der Hauptbereiche zu sein, die aus der Lebenssinntonne die Energie abfließen lassen. Ich bin sehr oft alleine hier, habe keine Kinder, keinen Kontakt zu meinen Geschwistern, Holger ist viel unterwegs – ich befürchte, dass dies durchaus auch irgendwann die Bereiche Partnerschaft, Ruhe, Gesundheit u. s. w. tangieren bzw. schwächen kann ... Auf das Thema Familie war ich ja auch schon durch meine Räume hingewiesen worden ...

Der absolute Höhepunkt meiner momentanen Erkenntnisse kommt aber noch: Ich habe mich mit meiner Seelenmatrix beschäftigt (ich weiß gar nicht mehr, wie ich auf das Thema gekommen bin, es wurde ausgelöst durch die vielen Gedanken, die ich mir aufgrund der Hausuntersuchung gemacht habe) und bin darauf gestoßen, dass ich auf Seelenebene nicht

Künstler bin sondern Gelehrter, d. h., ich bin auf Seelenebene dazu bestimmt, etwas zu vermitteln, etwas zu geben, dadurch kommt zum Ausdruck, dass ich, Anne, es zuerst selbst am dringendsten benötige. Ich bin mir sicher, dass dies auch der Grund dafür ist, dass ich gar keine Anfragen auf meine Seminarangebote bekomme. Es ist unglaublich, wie stark Energien wirken und vor allem wie intensiv sie von anderen Menschen aufgenommen werden. Ich werde deshalb vorerst keine Seminare mehr anbieten, ich glaube, ich werde es spüren wenn die Zeit dafür reif ist.

Liebe Grüße

Anne

Kraftplätze

Gerade in Zeiten der Erkundung und Untersuchung des eigenen Grundstückes kann ein Kraftplatz eine bereichernde Hilfe und Stärkung sein und im wahrsten Sinne des Wortes eine Quelle der Kraft, eine Unterstützung für all das, was uns in unserer Entwicklung erwartet und was es zu meistern gilt. Besonders die Plätze in unserer unmittelbaren Umgebung sind ja auch Teil unseres direkten Lebensraumes und deshalb in Ihrer Qualität und ihrem Charakter aussagekräftig und hilfreich für unsere Wohnplatzuntersuchung.
An dieser Stelle möchte ich einige Informationen zu dem vermitteln, was diese Plätze ausmacht und wie man sie findet und erkennt. Insbesondere geht es dabei um Kraftplätze in unmittelbarer Umgebung der Leserinnen und Leser dieses Buches – also auch in IHRER Nähe.

Was genau ist denn nun ein Kraftplatz?
Ein „Kraftplatz", ein „Ort der Kraft" ist in der Regel ein Platz oder ein Areal mit einer besonderen energetischen Ausstrahlung. Dieser Ort – ob nur wenige Quadratmeter oder mehrere Hektar groß – unterscheidet sich in den allermeisten Fällen durch seine Präsenz, seine Atmosphäre, seine (Aus-) Strahlung und oft auch durch seinen Bewuchs, also seine äußere sichtbare Erscheinung, erheblich von seiner Umgebung.

Meist sind es Orte, an denen wir uns sofort wohlfühlen, die uns verzücken und zum verweilen einladen. Vielleicht vergessen wir hier Zeit und Ewigkeit und wenn wir sie schließlich verlassen fühlen wir uns bereichert und erholt, angefüllt mit frischer Energie und neuen Inspirationen.
Kraftplätze sind also nach allgemeinem Verständnis positive, kraftspendende Plätze.
Jedoch sagt der Begriff Kraftplatz objektiv betrachtet nur aus, dass es sich bei einem Ort um einen Platz mit erhöhter Energie und Strahlung handelt. Diese Strahlung muss sich jedoch nicht

unbedingt immer nur positiv, sondern kann sich unter Umständen auch negativ auswirken. Der Ort kann uns also entweder Kraft geben oder aber auch Kraft abziehen.

Spricht man im Allgemeinen jedoch von Kraftplätzen so sind in der Regel tatsächlich die kraftspendenden Plätze gemeint.

Prinzipiell wird eine Unterscheidung vorgenommen in:

A: Ursprüngliche, natürlich Kraftplätze

B: Geformte, gestaltete Kraftplätze

Ursprüngliche Kraftplätze sind Plätze, die von der Natur geschaffen wurden und sich auch noch in diesem Zustand befinden. Es sind z. B. Wasserfälle, Haine urwüchsiger Bäume, einzelne Bäume, Höhlen, Berggipfel, besondere Fels- oder Steinformationen und dergleichen.

Geformte Kraftplätze dagegen wurden zwar auch von der Natur geschaffen, jedoch im Lauf der Zeit von Menschen geformt, gestaltet oder bebaut. Hier sind z. B. Kirchen und Kathedralen zu nennen, kleine Kapellen oder riesige Klosteranlagen, Schlösser, Burgen, Wallfahrtsorte und Pilgerstätten.

International bekannt sind großartige Kraftplätze – sowohl ursprünglich wie auch geformt – wie Stonehenge in England, Ayers Rock (Uluru) in Australien, der Grand Canyon und die Niagarafälle in den USA, Machu Picchu in Peru, Lourdes in Frankreich oder Santiago de Compostela in Spanien, um nur einige zu nennen.
In Deutschland gibt es ebenfalls weltweit bedeutende Kraftplätze zu denen die Menschen aus dem In- und Ausland anreisen. Das sind z. B. die Externsteine im Teutoburger Wald, die Dome in Köln und Aachen, Schloss Sanssouci in Potsdam oder die Gnadenkapelle in Altötting.

Aber auch in der Nähe jedes Lesers gibt es mit Sicherheit kleinere und größere, mehr oder weniger bekannte Orte der Kraft, wie Burg Frankenstein in der Nähe von Darmstadt, der Bleibiskopf, der Altkönig und die „weiße Mauer“ im Taunus und viele mehr...

Doch was, außer Kraft spenden, kann ein solcher Ort – ob ursprünglich oder geformt – noch bewirken?

Diese gänzlich verschiedenen Plätze tragen unterschiedlichste Energien in sich. So sind die einen in der Lage, unsere spirituelle Begabung zu fördern, uns in andere Bewusstseinszustände und Wahrnehmungen zu führen, uns innere Erkenntnisse und ein Gefühl der Ganzheit und Einheit mit der Natur zu vermitteln oder gar Heilung zu geben, während andere uns zu unserer Mitte führen, strukturierend und ordnend auf uns wirken und vielleicht transformierende Kräfte haben, d. h. uns vielleicht sogar unsere Bestimmung, unseren Lebenssinn erkennen lassen.

Wir haben bereits erfahren, dass uns ein Ort Kraft geben oder Kraft abziehen kann – wobei dies auch stets individuell unterschiedlich ist, da jeder Mensch andere Bedürfnisse hat. Auch spielt der Zeitpunkt des Besuches eines Kraftplatzes eine große Rolle.

Manchmal hat der Platz an sich aber gar nicht unbedingt eine negative, „schlechte“ Energie, sondern eine, die man im Moment nicht braucht, die vielleicht sogar unsere momentane Situation noch verschlimmert.

So kann ein Spaziergang im dichten Wald bewirken, dass wir in uns gehen, uns in uns zurückziehen. Dadurch können wir zur Ruhe kommen, uns abschotten, Distanz schaffen zwischen uns und einem Problem.

Sind wir jedoch in einer Situation, in der wir uns eingeengt und unter Druck fühlen, dann kann der Wald unter Umständen auch eine gegenteilige Wirkung auf uns haben. Befinden wir uns dauerhaft im Wald, wohnen vielleicht sogar dort, leben isoliert und dunkel unter dichten Baumkronen, ohne Sonnenlicht und Weitblick – dem Weitblick, den man vielleicht gerade dringend für die Lösung eines Problems benötigt – dann kann uns das eher schaden und wir wünschen uns auszubrechen, denn wir sehen vielleicht „den Wald vor Bäumen nicht“, d. h., wir können nicht auf Abstand gehen zu unserem Problem.

So benötigen wir den weiten Blick über die Landschaft, wenn uns der Überblick fehlt, den Wald oder die Höhle, wenn wir Rückzug und Besinnung suchen, das freie Feld oder vielleicht sogar die Wüstenlandschaft mit einem unendlichem Himmel über uns, wenn wir Klarheit brauchen, die bizarre Felsformation wenn wir Unsicherheiten ablegen möchten und uns mit der Energie einer starken Persönlichkeit aufladen möchten.

Das bedeutet also: Erst wenn Sie sich an einem Ort genau mit dem umgeben, was zu Ihrer aktuellen Situation passt, was mit ihr in Resonanz geht, können Sie einen Platz wirklich gestärkt verlassen.

Ist dies nicht der Fall, dann könnte es Ihnen ergehen wie mir vor einigen Jahren.

Ich erinnere mich noch genau an meinen ersten Besuch an der „Weißen Mauer“, einem Kraftort ganz in der Nähe meines Wohnortes, unterhalb des Taunusberges „Altkönig“. Die „Weiße Mauer“ ist ein in der Eiszeit durch Frostsprengung entstandenes Quarzit-Feld. Aus der Entfernung betrachtet sieht dieses Schuttfeld aus wie ein Steinbruch, dessen Steinformationen bei Sonnenlicht weiß glänzen, deshalb der Name „Weiße Mauer“.

Ich hatte schon viel von dieser besonderen Stätte gehört und machte mich eines Morgens auf, um sie mir anzusehen und mich einzuspüren. Ich war gespannt darauf, wie der Ort auf mich wirken würde und erhoffte mir Energie und Stärkung.

Die „Weiße Mauer“ ist nur zu Fuß über einen bequemen Waldweg zu erreichen. Diesen muss man irgendwann verlassen und ein kurzes Stück quer durch den Wald gehen. Der Platz ist allerdings vom Weg aus nicht zu sehen, liegt sehr versteckt und wenn man die Stelle nicht genau kennt, dann läuft man unter Umständen erst einmal vorbei, denn Hinweisschilder gibt es nicht.

Wenn man es geschafft hat, sich in dem kleinen Waldstück zu orientieren, weisen schließlich einzelne Steinbrocken unter den Füßen den Weg und nach wenigen Minuten erblickt man erste Geröllflächen. Der Bereich ist weder komplett einsichtig noch zu überschauen, denn kleinere Teilbereiche sind durch verwachsene Bäume voneinander getrennt. Schließlich steht man aber doch vor einem sich weit erstreckenden Steinfeld mit beachtlicher Ausstrahlung. Die „Weiße Mauer“ erstreckt sich entlang eines Hanges und man wird mit einem weiten Blick über bewaldete Hügel belohnt.

Ich war von diesem Anblick sehr beeindruckt, auch weil mir bewusst wurde, dass ich über Steine balancierte, die seit ca. 400 Millionen Jahren hier liegen und dass ich hier mit Sicherheit von Naturwesen umringt war, die gar kein Alter haben, da in dieser Dimension Raum und Zeit nicht existieren.

Wie lächerlich gering ist dagegen doch die Zeitspanne unseres menschlichen Lebens und wie vermessen und ignorant – und nicht weniger lächerlich – der Glaube der meisten Menschen, dass ihnen die Erde gehört, dass sie ein Recht darauf haben, die Erde für ihre Zwecke zu beanspruchen und auszubeuten, dass sie glauben Grenzen ziehen und sich an den Gaben der Erden bereichern zu dürfen.

Ich dachte so vor mich hin und bemerkte, dass ich mich nicht wirklich auf diesen Platz einlassen konnte. Es war nicht nur so, dass ich mich nicht sehr angezogen fühlte, im Gegenteil ich baute sogar eine gewisse Distanz auf. Ich fand die Steinfelder und die gesamte Landschaft zwar beeindruckend, irrte aber etwas verloren umher und konnte mich nicht dazu entschließen, mich irgendwo niederzulassen. Je länger ich mich hier aufhielt, desto unruhiger und fahriger wurde ich und schließlich fühlte ich mich ehrlich gesagt sogar eher unwohl.

Die schroffe Kraft dieser Steinmassen verursachte mir Rücken- und Nackenschmerzen und meine Atmung wurde mühsamer.

Ich wanderte schließlich weiter über das Feld und überlegte, was mit mir nicht stimmte, war ich doch hier auf einem Kraftplatz von dem ich schon tolles gehört hatte und der offensichtlich die Menschen in seinen kraftvollen Bann zog. Ich überlegte also – mal wieder – was mit MIR nicht stimmte, ich kam nicht auf die Idee, dass der Platz und ich zu dieser Zeit einfach nicht zusammenpassten.

Am Rand des Geröllfeldes erreichte ich schließlich einen kleinen bewaldeten Bereich, in dem schräge, verdrehte Bäume wuchsen. Der Boden war weich und mit Moos bedeckt, alte Stämme, mit Farnen überwachsen, lagen auf dem Boden und besonders eine Stelle zog mich magisch an. Es war ein wenige Quadratmeter kleiner Bereich auf dessen weichen Moosboden das warme, helle Sonnenlicht fiel. Die „Weiße Mauer“ war noch in Sichtweite und von diesem „Moos-Platz“ aus hatte ich ebenfalls den wunderbaren Weitblick über die Taunushügel, den ich schon zuvor bewundert hatte.

Ich konnte immer noch nicht verstehen, doch in dem Moment, in dem ich mich auf dem kleinen, lichtüberfluteten Platz niedergelassen hatte begriff ich, warum es mir so erging wie beschrieben und was passiert war.

Zu dieser Zeit war ich noch tief verstrickt in meinen Architektenberuf und konnte mich auch in der Freizeit nicht von den beherrschenden, männlichen Energien lösen, mit denen ich tagtäglich zu tun hatte. Die Vernichtung von Natur, die Bauüberwachung, die große Verantwortung, Druck auf andere Menschen ausüben zu müssen, das alles ließ keine weibliche Weichheit zu und so war ich geprägt von und angefüllt mit Yang-Kräften.

Dieser Platz nun – diese steinige, harte, freie Fläche – war und ist ein Kraftplatz mit starker männlicher Energie und Ausstrahlung. In dem Zustand, in dem ich mich damals befand, war das genau das, was ich NICHT brauchte, was mich im Endeffekt komplett überforderte. Ich wollte dem entfliehen, so wie ich eigentlich auch meinem Beruf entfliehen wollte, zumindest in der Form wie ich ihn zu dieser Zeit ausübte. Was mich schließlich anzog und zur Ruhe kommen ließ, was mir Geborgenheit und Kraft vermittelte, war der kleine, weiche, warme Yin-Platz, der Platz an dem die Naturgeister in der Sonne tanzten und der mich mit seiner weichen, weiblichen, erdigen und schützenden Präsenz willkommen hieß.

Ich verbrachte eine ganze Weile dort und fühlte mich eins mit mir und der Natur. Als ich mich schließlich auf den Rückweg begab drehte ich mich noch einige Male zu dem Platz um und war dankbar und gleichzeitig aufs Neue erstaunt, welche Kraft in einem kleinen, „ganz normalen" Stückchen Wald liegen kann. Auch die „Weiße Mauer" betrachtete ich zum Abschied nochmals eingehend. Ich spürte, dass ich ihr nach dem ausgleichenden Aufenthalt auf dem kleinen, warmen Elfenplatz nun viel gelassener gegenüberstehen konnte und sie erschien mir längst nicht mehr so schroff und abweisend wie noch kurze Zeit zuvor.

Die wenigen Stunden im Wald und die Erfahrungen mit den beiden Plätzen hatten mich in einen anderen Wahrnehmungszustand befördert. Dies wurde mit schmerzlich bewusst, als ich nach einer knapp einstündigen Wanderung zurück zum Parkplatz kam, an dem ich mein Auto geparkt hatte. Der Parkplatz grenzt direkt an eine zwar schmale, aber sehr stark befahrene Straße durch den Taunus. Ich hatte diese Straße genutzt um hierher zu kommen, so wie ich sie schon hunderte Male zuvor genutzt hatte. Der Lärm und die Raserei machen mir immer zu schaffen, doch an diesem Tag, nach den bereichernden Stunden im Wald, der Ruhe, dem weiten Blick und dem Gefühl von Freiheit und „Eins sein", fand ich mich nur noch schlecht zurecht. Ich fädelte mich in den Verkehr ein und fuhr auf dieser Straße, ständig überholt von vermummten Menschen auf erschreckend lauten, stinkenden Motorrädern und konnte eine ganze Weile lang nicht verstehen, in welchem falschen Film ich da gelandet war ...

Dies kann auch Ihnen nach dem Besuch eines berührenden Kraftplatzes oder nach einem bewegenden Erlebnis mit den Wesen der Natur immer wieder geschehen. Sie sollten daher stets auf eine gute Erdung achten und nach Ihren Erlebnissen – in vielleicht anderen Realitäten – nie versäumen, sich wieder bereit zu machen für die irdische Realität.

Die Schilderung der Erlebnisse mit den beiden Orten – der eine männlich, der andere weiblich geprägt – verdeutlicht, dass Kraftplätze zu denen wir uns emotional hingezogen fühlen, Plätze sind, die uns das geben was wir gerade benötigen: Trost, Ruhe, Schutz, Geborgenheit, Stärke, Zuspruch oder was auch immer und bereits ihr Äußeres zeigt uns oft schon aus der Entfernung, was es ist, was wir da suchen.

Vielleicht erinnern Sie sich noch an Ihre Kindheit? Gab es da einen Platz, der Sie magisch angezogen hat, an dem Sie viel Zeit verbrachten, sich versteckt, geweint und geträumt haben?
Wie sah dieser Platz aus?
Haben Ihre Geschwister oder Freunde ähnlich empfunden oder konnten sie gar nicht nachvollziehen, warum sie so gerne dort verweilten?
Es kann also auch durchaus der Fall sein, dass ein Ort nur uns persönlich genau das gibt was wir brauchen und dass er für jemand anderes gar nicht besonders ist. So sind es eher subjektive Empfindungen, die uns zu einem Platz hinziehen.

Zu einem persönlichen Kraftplatz kann demnach jeder Platz werden, der uns das gibt, was wir in diesem Moment brauchen.

Dabei kann dieser Moment die Bedürfnisse einer Stunde oder eines ganzen Lebensabschnittes beinhalten.

Sensible und sensitive Menschen finden „ihre" Plätze ohne sie suchen zu müssen, doch diejenigen, die gerade erst damit beginnen ihre Sinne zu schärfen, haben damit unter Umständen noch Probleme. Spannend und wichtig ist es deshalb, so oft wie möglich zu üben, sich auf einen Platz und seine Botschaft einzulassen. Dies verhindert auch, dass wir länger als es uns guttut an einem Platz verweilen, dessen Energie uns schadet. Womit wir wieder beim Thema unserer Wohnplatzuntersuchung angekommen sind, denn auch hier ist ja unser Ziel zu spüren und zu erkennen, mit welcher Energie wir umgeben sind.

Kraftplätze in Ihrer Umgebung und wie Sie sie finden

Oft ist es leider so, dass den (Kraft-)Plätzen, in deren Nähe wir leben, keine oder nur wenig Beachtung geschenkt wird, sondern dass uns stattdessen Plätze Interessieren, die irgendwo dort sind wo wir nicht sind, weit weg in fernen Ländern.

Warum ist das so? Vielleicht weil wir weglaufen wollen vor dem, was uns hier belastet? Oder weil wir mal wieder – wie so oft – dort suchen, wo es am wenigsten mit uns zu tun hat?

Was uns deshalb an dieser Stelle besonders interessiert und worauf ich nochmals intensiver eingehen möchte sind die Orte der Kraft, die sich praktisch überall befinden, die vielleicht sogar nur einzelne Menschen als Kraftplatz erkannt haben, die – obwohl vielleicht eher unscheinbar – eine hohe geistige Präsenz und heilsame Qualität in sich tragen.
Das kann die alte Kastanie am Ortsausgang Ihres Wohnortes sein, die kleine Waldlichtung, die Sie auf Ihren täglichen Spaziergängen überqueren oder die Baumgruppe nahe eines kleinen Baches, der an dem Gebäude vorbeifließt in dem Sie arbeiten. Und vielleicht gibt es einen solch besonderen kleinen Platz sogar in Ihrem Garten.

Wie können Sie nun solche Plätze finden und ihre Qualität erkennen?

Beim Besuch großer Kraftplätze stellen wir uns auf die besonderen Energien ein. Wir wissen, dass uns etwas Außergewöhnliches erwartet, wir bereiten uns vor, wir richten unsere „Antennen" aus und sind dann in der Regel auch in der Lage, die starke Kraft und Präsenz des Ortes zu empfangen, zu empfinden.

Kleine Kraftplätzen in unserer Umgebung übersehen wir hingegen oft und gehen im Alltagsstress an ihnen vorbei.
Gehen Sie deshalb einmal bewusst und aufmerksam Ihrer täglichen Wege und plötzlich werden Sie wahrnehmen, wie viele kleine Orte der Kraft sich in ihrer Umgebung zeigen.

Wie oft sind sie schon an der alten Linde neben dem Rathaus ihres Ortes vorbeigefahren oder -gelaufen, tief in Gedanken oder gehetzt von Terminen? Wie oft rasen wird durch die Landschaft, vorbei an vielem ... In unserer Nähe, an unserem Wohnplatz, erwarten wir nichts Besonderes und deshalb sehen und spüren wir nicht, was dort ist ... Auch hier gibt es, so oft unbemerkt von uns, eine Vielzahl an Kraftplätzen. Man muss sie nur finden, sich auf sie einlassen, sich ihrer bewusst werden.

Man kann sie erkennen an:

- einem Wechsel des Lichtes (z. B. eine kleine Lichtung im Wald),
- dem Wechsel des Bewuchses (eine Gruppe Laubbäume in einem Nadelwald, ein üppiger farnbewachsener Platz, ein sehr großer Stein/Felsen mitten im Wald oder ein Steinhaufen ...),
- dem Wechsel der Bodenbeschaffenheit (Moosboden, der plötzlich die Schritte dämpft),
- plötzlichem, allseitigem „eingeschlossen sein" durch eintauchen in dichten Bewuchs,

- dem Gefühl, dass an einem Ort die Zeit langsamer vergeht, die Geräusche schwächer oder intensiver werden
- Übergängen von einer Landschaftsqualität in eine andere (z. B. am Waldrand)

Es gibt viele Orte der Kraft, die sich äußerlich nicht auf den ersten Blick – oder überhaupt nicht – von ihrer Umgebung unterscheiden, das ist z. B. oft bei Dimensionstoren der Fall. Es sind Plätze, die uns den Übergang oder auch nur den Einblick in Anderswelten ermöglichen. Diese können auch mitten in weiten Wiesen liegen, an Hängen oder auf Hügeln. Manchmal sieht man sie erst aus der Distanz, von einem anderen Platz aus.

Einen solchen Platz nahe unseres Pferdestalles erkannte ich aus weiter Entfernung an zwei Baumgruppen zwischen denen Energie floss, der Kreuzungspunkt dieser Energie lag genau an der Stelle, an der ich das Dimensionstor bereits vermutet hatte.

Manchmal sind Orte mit besonderen Kräften auch nur, oder hauptsächlich, in bestimmten Jahreszeiten spürbar (vorzugsweise im Herbst), oder auch vorrangig zu bestimmten Tages- bzw. Nachtzeiten (Morgen- und Abenddämmerung, Mitternacht, Mittagszeit)

Besondere Beachtung sollten – wie bereits im Kapitel über die erweiterte Wahrnehmung erwähnt – die Übergänge und Schnittstellen erhalten und zwar die in der irdischen/körperlichen Realität aber auch der irdischen Zeit.
Übergänge irdischer Realität und geeignet für Eintritte in die Anderswelten sind besonders Höhlen, Schluchten, Berggipfel, Randgebiete (z. B. Waldränder) – also kurz gesagt, die Bereiche, die trennen, aber gleichzeitig auch verbinden, zwischen Himmel und Erde, zwischen oben und unten, zwischen hier und dort.

Übergänge der irdischen Zeit sind die Bereiche zwischen Tag und Nacht, zwischen Schlafen und Wachen, zwischen den Jahreszeiten u. s. w..

Kraftplätze sind nicht immer nur Plätze im eigentlichen Sinn, also Bereiche mit einer bestimmten begrenzten Abmessung. Auch ganze Gebiete können Orte der Kraft sein, Energietankstellen sozusagen. Kommt man hierher fühlt man sich sofort wohl und mitunter ist die positive Kraft so stark spürbar, dass alle Sorgen, alle Stressfaktoren, die einem kurz zuvor noch belastet haben, urplötzlich abzufallen scheinen.
Was ist an diesen Gebieten so besonders?
Meist befinden sie sich in harmonischer Ausgewogenheit. Sie werden oft nur von wenigen Menschen frequentiert und deshalb weder ausgebeutet noch ausgelaugt. Keine Pestizide verseuchen den Boden, keine Monokultur schwächt das Immunsystem. Vielleicht blühen hier noch Wildblumen, die anderswo längst ausgestorben sind.

Umso schlimmer, wenn gerade solche Gebiete als Standorte für Windkrafträder oder andere bauliche Maßnahmen gewählt werden. Die Menschen, die dies initiieren oder auch nur zulassen, können sich überhaupt nicht vorstellen, welche unwiederbringlichen Werte dadurch für immer zerstört werden. Feinfühlige Menschen leiden unsagbar unter solchen Maßnahmen, wissen sie doch, dass kein Geld der Welt das ersetzen kann, was hier oft willkürlich zerstört wird. Solche ursprünglichen, reinen Gebiete kann man nicht einfach anderswo künstlich errichten, schon gar nicht ohne reinigende, heilende und energetisch aufwertende Unterstützung.

Wenn Sie von einem Platz, der vielleicht nicht einmal durch besondere Schönheit besticht, sondern durch seine Ausstrahlung, im tiefsten Inneren sehr berührt werden, dann können Sie davon ausgehen, dass Sie die Seele des Ortes erfahren haben. Wenn Sie dieser Ort vielleicht sogar emotional stark aus dem Gleichgewicht bringt, so könnte es sein, dass Sie in Resonanz gehen mit den Geschehnissen, der Geschichte dieses Ortes. Dieser Platz könnte unter Umständen dann auch energiezehrend auf Sie einwirken.

Noch ein Wort zu den kraftzehrenden Plätzen:

Kraftzehrende Plätze können die Plätze sein, denen selbst immer nur Energien genommen werden, sie sind irgendwann ausgelaugt und ziehen uns sozusagen „runter". Das kann, wie vor schon beschrieben, individuell von jedem anders empfunden werden. Es gibt jedoch auch Plätze, die prinzipiell eine zehrende Energie vorweisen und zwar aus unterschiedlichsten Gründen. Das kön-nen Überlagerungen verschiedenster Wirklichkeiten, Dimensio-nen, Strahlungen und sonstiger Energien sein, die im Energiefeld des Ortes gespeichert sind.

Über das Beispiel der Pferdewiese mit dem Hochsitz habe ich bereits berichtet, hier wurden eindeutig negative, zehrende Energien im Boden gespeichert.

Kraftzehrende Plätze erhalten normalerweise von niemandem Energie. Hier ist auch ein deutlicher Unterschied ersichtlich zu positiven Plätzen. Diese erhalten oft Energie durch die Achtung und Achtsamkeit der Besucher und werden dadurch sozusagen permanent aufgeladen. Es steht uns frei, einem ausgelaugten, kraftzehrenden Platz Energie zu geben, das ist ja auch einer der Hauptwirkungsbereiche der „Erdheilung".

Eigene Orte der Kraft schaffen

In Ihrem persönlichen Lebensraum, Ihrem Garten oder vielleicht auch „nur" auf der Terrasse oder dem Balkon, können Sie sich eigene individuelle Kraftplätze anlegen – nur für Sie persönlich, speziell für Ihre Bedürfnisse.
Hier greife ich dem noch folgenden Kapitel „Die geomantische Gartengestaltung" vor, in das die eigenen Orte der Kraft im privaten Lebensraum eigentlich gehören. Da jedoch auch diese eher kleinen Kraftplätze durchaus eine über die Grenzen des Grundstücks hinweg wirkende Kraft haben können, scheint es mir sinnvoll, bereits an dieser Stelle auf sie einzugehen.

Bei der Erschaffung von Kraftplätzen im eigenen Garten gibt es keine Regeln und keine Rezepte. Unter vielen verschiedenen Gestaltungsmöglichkeiten können Sie die auswählen, die Sie am meisten ansprechen. Auch hier ist es ganz wichtig, nicht von jemand anderem etwas gestalten zu lassen, das vielleicht schick oder repräsentativ aussieht, sondern ganz Ihren eigenen Empfindungen zu folgen. Auch der Platz, an dem der Kraftplatz angelegt wird, sollte nicht nach praktischen Überlegungen erfolgen, sondern nach intuitivem Empfinden für die richtige Stelle. Manchmal ist ein gestalteter Kraftplatz auch gerade etwas komplett ungestaltetes, z. B. dann, wenn Sie einig Quadratmeter Ihres Gartens absolut in Ruhe lassen und es erlauben, dass dort nur das geschieht, was die Natur möchte.

Einige Vorschläge für die Gestaltung eines kleinen Kraftplatzes im eigenen Garten:

- Die Legung eines Steinkreises.
  Sie können hierfür besondere Steine aus der nahen Umgebung wählen, vielleicht aber auch Steine, die Sie von einem für Sie wichtigen Ort mitgebracht haben.
  Der Kreis sollte so groß sein, dass Sie darin sitzen können. Er kann als Schutzkreis errichtet werden.
- Ein einzelner besonderer, größerer Stein, vielleicht außergewöhnlich geformt oder auch ein Steinhügel,
- eine große Kräuterspirale,
- eine besondere Gestaltung der Grundstücksmitte,
- ein kreisförmig bepflanztes Beet,
- eine Ansammlung besonderer Dinge aus der Natur Ihrer Umgebung (Hölzer, Wurzeln),
- eine Schale mit Edelsteinen,
- ein Brunnen oder Quellstein,
- ein gepflasterter oder gekiester Bereich, der vielleicht eine bestimmte Symbolform darstellt,
- Eine „Venusblume“ (eine Stein-Legeformation mit großer verbindender Wirkung).

Wichtig ist stets die feierliche, bewusste Schaffung des Platzes.
Vielleicht haben Sie sogar das Glück, dass sich in Ihrem Lebensraum bereits ein Kraftplatz befindet, den Sie als solchen erkannt und erhalten haben. Das kann z. B. ein Flecken in Ihrem Garten sein, an dem vermehrt wilde Blumen wachsen, vielleicht auch Farne und bestimmte Gräser, an dem Pflanzen üppiger zu gedeihen scheinen, an dem sich der natürliche Bodenbelag von dem seiner Umgebung unterscheidet oder der sich auf andere Art von seiner Umgebung abhebt.
Und wenn nichts Offensichtliches zu sehen ist, dann erspüren Sie, ob es in Ihrem Garten einen Bereich gibt, der sich energetisch von seiner Umgebung abhebt und überlassen Sie diesen Platz seiner natürlichen Entwicklung. Oder Sie schenken einem Bereich Ihres Grundstücks, der Ihnen dafür geeignet erscheint, aber im Moment noch gestaltet ist oder für etwas genutzt wird, die Möglichkeit seiner eigenen Identitätsfindung. Dadurch kann er zum Kraftplatz aus sich selbst heraus werden. Beobachten Sie welche Pflanzen und eventuell Tiere sich hier ansiedeln und wie sie sich entwickeln.
Sie sehen, die Möglichkeiten sind vielfältig.
Vertrauen Sie Ihrer Wahrnehmung, Ihrem Gefühl, Ihrer Intuition, nicht nur bei der Entscheidung, welcher Platz gestaltet werden sollte um vielleicht seine Kraft noch zu verstärken oder ihn energetisch aufzuwerten und welcher in seiner ursprünglichen Form und Energie belassen werden sollte, sondern bei allem was Sie tun.

Auch Anne hat ganz in ihrer Nähe einen ganz besonderen Kraftplatz gefunden:

„Nur ganz auf die Schnelle einige Zeilen von mir. Ich habe gestern meinen ganz persönlichen Kraftplatz gefunden!!! Er ist gar nicht weit von unserem Haus entfernt, allerdings doch ein bisschen weiter, als ich bisher auf meinen Spaziergängen immer gegangen bin. Normalerweise gehe ich

Richtung Westen, meist bis zu einer kleinen Waldlichtung, und kehre dann um· Gestern war das Wetter so schön, ich hatte Zeit und bin einfach weitergegangen· Ich habe die Lichtung überquert und war erstaunt, dass ich bereits nach zehn Minuten Fußmarsch am Waldrand angelangt war· Eine kleine Hügellandschaft lag vor mir, frei und offen in alle Richtungen· Mit dem Wald im Rücken war es wunderschön, dort zu stehen· Ich ging schließlich den Waldrand entlang und beschloss, einen anderen Weg zurück zu gehen als ich gekommen war· Ich nahm den nächstmöglichen Weg zurück in den Wald hinein und bemerkte, dass der Bewuchs hier vollkommen anders war als dort wo ich bisher stets gegangen war· Ich befand mich nun in einem kleinen Eichenwäldchen mit deutlicher Abgrenzung zum Rest des Waldes, der an dieser Stelle vermehrt aus Nadelbäumen besteht· Die Eichen sind klein und knorrig, irgendwie märchenhaft, mystisch·
Auch die Kronen sind klein, die Bäume stehen recht weit auseinander, so dass viel Licht auf den Waldboden fällt·
Der Boden ist steinig und ich habe sogar einen Stein mit einem versteinerten Blatt darauf gefunden· Es ist ein toller und wunderschöner Platz· Ich habe mich dort unglaublich wohl gefühlt, wie in einer anderen Welt·
Mit Sicherheit werde ich nun öfter dorthin gehen·

Liebe Grüße,
Anne

Die geomantische Hausgestaltung

Tipps und Anregungen

Nachdem wir unser Haus, unseren Wohnplatz erforscht und befragt haben, nachdem wir uns bewusst gemacht haben, welche Lebensthemen im Raum stehen und angeschaut werden möchten, können wir nun gleichzeitig mit deren Bearbeitung die passende „Behandlung" unserer Räume einleiten.

An dieser Stelle möchte ich Ihnen einige Tipps und Anregungen geben, wie Sie einen Raum stärken, den Energiefluss verbessern und gleichzeitig ihre persönlichen Themen bearbeiten können; einmal um Ihnen die Möglichkeit zu geben, das eine oder andere selbst in Angriff zu nehmen, andererseits um Ihnen die unglaublich vielen Mittel vor Augen zu führen, die – richtig angewendet – Ihren Wohnraum zu einem wundervollen Lebensraum für Sie werden lassen können.

Die eigentliche, detaillierte und vielfältige geomantische Haus- und Gartengestaltung in all ihren Facetten soll nicht Thema dieses Buches sein. Eine gute geomantische Gestaltung, basierend auf einem Gesamtkonzept, schüttelt man nicht nebenbei aus dem Ärmel und kann man auch nicht ausschließlich aus Büchern lernen. Wenn Sie sich etwas Gutes tun möchten, dann leisten Sie sich eine geomantische Beratung oder lassen Sie sich eine schenken. Alternativ können Sie natürlich auch selbst tiefer in die Materie einsteigen und z. B. Seminare besuchen, es wird Sie mit Sicherheit bereichern.

Zum allgemeinen Verständnis und zum Einstieg in das hochinteressante Thema der geomantischen Hausgestaltung soll jedoch an dieser Stelle zumindest eine kurze Einführung erfolgen.

Mit dem Wissen hinsichtlich der Bedeutung der einzelnen Bereiche des Platzes, an dem wir leben, folgt mitunter der Erkenntnis eine Lösung auf energetischer Ebene, zu der Sie nichts weiter beitragen müssen. Das ist der Idealfall. Meistens ist es jedoch so, dass dem Erkennen des persönlichen Themas eine Gestaltung und damit der Ausgleich auch auf materieller Ebene folgen sollte. Dies dient der Unterstützung, der Bearbeitung auf psychischer Ebene bzw. der Beseitigung des Störfaktors im Wohnbereich.

Lassen Sie mich hierzu zum besseren Verständnis nochmals ein etwas vereinfachtes Beispiel anführen, wie immer wähle ich da gerne eine Variante des „versteckten Eingangs“:

Sie leben sehr einsam, bekommen selten Besuch. Sie sind hin- und hergerissen. Einerseits sehnen Sie sich nach Kontakt, andererseits möchten Sie eigentlich niemanden bei sich zuhause haben.

Sie wohnen in einem unübersichtlichen Haus, das von der Straße nicht einsehbar ist und eventuelle Besucher umherirren lässt, da der Eingang schwer zu finden ist.

Sie haben nun durch genaues Hinschauen erkannt, dass Ihr versteckter, möglichst noch dunkler und zugewachsener Hauseingang darauf hinweist, dass Sie sich am liebsten zurückziehen und eigentlich gar nicht möchten, dass Sie Besuch bekommen: Oder Sie haben vielleicht sogar Ängste vor Menschen oder Besuchssituationen. Deshalb sind Sie unbewusst in ein Haus gezogen, das so gebaut ist, dass potentielle Besucher den Eingang nicht finden.

Dadurch, dass Sie dies verstanden haben und nun daran arbeiten zu erfahren und zu ergründen, warum das so ist, verändern Sie sich bereits in Ihrer Persönlichkeit. Nachdem Sie letztendlich aufgedeckt haben, welches Erlebnis oder welche Situation für diesen Wunsch nach Abschottung verantwortlich ist und es schließlich auflösen, signalisieren Sie auf energetischer Ebene Offenheit und den Wunsch nach Kontakt. Andere Menschen können dies empfangen und nach und nach wird – ohne ihr weiteres Zutun – der eine oder andere Besucher bei Ihnen anklopfen.

Soweit so gut. Allerdings ändert sich durch diese Entwicklung nicht die Lage Ihrer Haustür und auch das Gebüsch wird sich nicht von alleine zurückziehen. Aufgrund Ihrer neu gewonnenen Offenheit wünschen Sie sich aber nun, dass Ihre Gäste leicht zu Ihnen gelangen können und freundlich empfangen werden und auch Sie selbst stört der dunkle Hauseingang mittlerweile.

Höchstwahrscheinlich möchten Sie nun deshalb ungern umziehen, besonders wenn nicht noch zusätzlich andere, schwerwiegende Gründe für einen Umzug sprechen würden.

Also könnte hier eine gelungene geomantische Gestaltung das Problem weitestgehend lösen und Ihren persönlichen Entwicklungsprozess unterstützen.

An dieser Stelle soll nun auf die Gestaltungsmöglichkeiten eingegangen werden, die solche und andere „Mängel" ausgleichen können, Mängel, die nicht durch eigene Erkenntnisse verschwinden, die vielleicht nicht nur rein energetischer Art sind, oder deren Vorhandensein „abgearbeitet" wurde.
Ihr Grundstück, das Haus, die Wohnung sollte ein Lebensmittelpunkt sein, an den sie jeden Tag und immer wieder gerne zurück kommen.
Sie suchen hier Ruhe, Frieden und Entspannung. Hören Sie trotzdem oder gerade deshalb nie damit auf, sich selbst und Ihre Umgebung, einfach alles, zu hinterfragen. Geben Sie sich und Ihrer Umgebung Aufmerksamkeit, nur so behalten Sie die Zustände im Auge und Entwicklungen und Veränderungen können nicht unbeachtet an Ihnen vorbeigehen.

Die erfolgten Untersuchungen sollten bewirkt haben, dass die Verbindungen zwischen Ihnen als Bewohner, Ihrem Lebensziel und dem Ort an dem Sie leben klarer geworden sind bzw. erkannt wurden. Erkannt wurden auch die Teile Ihres Lebensraumes, die einer Veränderung bedürfen, die durch gezielte Gestaltung so dargestellt werden, dass Sie Ihre persönlichen Bedürfnisse, Ihren Lebensweg unterstützen.

Da sich dieses Buch an diejenigen Leser richtet, die ihren vorhandenen Wohnraum erkunden und kennenlernen möchten macht es keinen Sinn, hier Tipps aufzuzählen, die bei der Planung und dem Neubau eines Hauses angewendet werden können. Vielmehr soll es Ihnen möglich sein, mit einfachen, leicht umzusetzenden Maßnahmen die aufgedeckten Problematiken auszugleichen, geschwächte Bereiche zu stärken und damit ihren Lebensbereich energetisch aufzuwerten.

Das Wichtigste sollte meiner Meinung nach zuerst erfolgen und das ist: Freiraum schaffen. Werfen Sie Ballast ab, trennen Sie sich von Unnötigem, so dass die Energie überhaupt die Möglichkeit hat, durch die Räume zu fließen.

Auch innerhalb der Räume bewegt sich Energie wellenartig, so wie in der Landschaft. Äther tritt durch Fenster und Türen ein und aus, fließt die Flure entlang, Treppen hinauf und Treppen hinunter. Wichtig ist es, darauf zu achten, dass sich die Energie verteilen kann, überall ungehindert fließen kann und nicht durch im Weg stehende Dinge geschwächt oder blockiert wird.

Besonders überfüllte Wohnungen und zu viele, zu schwere Möbel behindern den Energiefluss sehr stark. Auch Dinge, die keinen festen Platz haben, die ständig von einer Ecke in die andere geräumt werden oder irgendwo im Weg stehen sind Störfaktoren, ebenso wie Staubschichten und uneinsichtige, zugestellte, schlecht zu reinigende Ecken.

Tipps und Anregungen:

Gestaltung mit den vier Elementen, mit Farben und Formen

Die vier Elemente sollten ausgewogen in unseren Lebensräumen enthalten sein. Formen, Farben und Gegenstände symbolisieren die Elemente. Hilfreich sind für Sie hierfür die Zusammenfassungen der Gestaltungselemente und Materialien sowie die Erläuterungen hinsichtlich Farben und Formen im Kapitel „Schritt 4 – Ihr Haus/Ihre Wohnung“ ab Seite 185.

Fühlen und spüren Sie, lassen Sie alles in Ruhe auf sich wirken und entscheiden Sie intuitiv, was passend und hilfreich für Sie ist. Je offener Sie sind desto müheloser wird Ihnen zufließen, was die Räume benötigen und was Sie brauchen. Überprüfen Sie Ihre Wahl anhand der vor genannten Aufstellungen und anhand dessen, was Ihnen das Buch bisher vermittelt hat.

Ausgleich von zu stark männlich überwiegenden Aspekten

Unser heutiges Bauen und Wohnen ist zumeist männlich geprägt. Starre Formen, gezähmte Natur und gerade Linien überwiegen. Schauen Sie sich Ihre Wohnung diesbezüglich an, Sie werden höchstwahrscheinlich hauptsächlich eckige Formen vorfinden.

Schaffen Sie runde Formen und geschwungene Linien jeglicher Art (ob als Bild, Teppich, Tisch, Sofakissen, Spiegel oder was auch immer). Achten Sie auf eine abwechslungsreiche und dynamische Gestaltung.

Die Qualität der Räume

Ja nach ihrer Nutzung benötigen die Räume unserer Wohnung/des Hauses unterschiedliche Qualitäten. In einem Raum, in dem man zur Ruhe kommen möchte, werden Yin-Energien benötigt, in einem Raum, in dem Arbeitsaktivität herrscht, sind die

Yang-Eigenschaften hilfreich. Kein Raum enthält jedoch nur Yin- oder nur Yang-Energien.

Yin-Räume sind: Schlafzimmer, Badezimmer, Toilette, Gästezimmer, Vorratskammer, Keller, Abstellräume, Ruheräume.

Yang-Räume sind: Küche, Esszimmer, Wohnzimmer, Spielzimmer, Treppenhaus, Diele, Flur, Partyraum.

Bitte überprüfen Sie bei jedem Raum Ihre persönliche individuelle Nutzung. So kann z. B. das Wohnzimmer, eigentlich Yang-Raum, unter Umständen auch einen höheren Yin-Anteil benötigen, in Abhängigkeit davon, ob es Fernsehraum ist oder ob es für gesellschaftliche Aktivitäten genutzt wird.

Die Mitte (der Omphalos)
des Hauses, der Wohnung, des Raumes

Die Mitte bestimmt das Zentrum des Ortes/eines Raumes um das herum sich die unterschiedlichen Bereiche anordnen können. Die Mitte eines Gebäudes, einer Wohnung dient zur Orientierung und Zentrierung. Der Mittelpunkt schafft einen Ruhepol und zieht stärkende Energie an, die sich hier sammeln kann um sich dann neu auszurichten.
Aus diesem Grund bietet es sich an, dem Mittelpunkt eines Gebäudes/einer Wohnung eine bestimmte Gestaltung und damit eine Beachtung zu geben.

Der Mittelpunkt kann durch zwei Diagonalen bestimmt werden, die Sie über den Grundriss Ihres Hauses/der Wohnung legen. Wenn Ihnen dies nicht möglich ist, dann ist es auch ausreichend, den Mittelpunkt dort zu gestalten, wo Sie ihn ungefähr vermuten, wo er sich Ihrer Meinung nach befindet. Sie können dies erspüren in dem Sie sich langsam und aufmerksam durch ihre Wohnung bewegen, sich auf Ihre eigene Mitte, Ihren Bauchbereich konzentrieren und auf Ihre Empfindung lauschen, bis sie Ihnen vermittelt, innezuhalten.

Der Mittelpunkt kann in der Ecke eines Raumes liegen, mitten in der Küche, oder dort, wo vielleicht im Moment Ihr Fernseher steht, der Herd oder was auch immer. Das Erkennen der Mitte kann Ihnen erneuten Aufschluss über Ihre momentanen Prioritäten geben, Ihnen ein weiteres Puzzlesteinchen in Ihrer Bewusstseinsfindung liefern und im Idealfall wieder ein Stück weit dazu beitragen, mit einer bestimmten Lebenssituation anders umzugehen. Stellen Sie sich vor, Sie haben im Rahmen der vorangegangenen Untersuchungen festgestellt, dass Sie sehr impulsiv sind, sich permanent über alles aufregen, nicht zur Ruhe kommen zu können. Und nun müssen Sie erkennen, dass in Ihrer Wohnungsmitte der Backofen steht ... Oder Sie können keine Gefühle zeigen, sind introvertiert, in Ihrer Umgebung ist das Feuerelement quasi nicht vorhanden – und die Wohnungsmitte wird von Ihrem Kühlschrank dominiert ...

Je nachdem, wo die Mitte liegt, kann sie unterschiedlich gestaltet werden. Befindet sie sich mitten in einem Raum bietet sich ein kleiner, besonderer Teppich an (rund oder quadratisch) oder eine entsprechende Gestaltung des Deckenbereiches.
Befindet sie sich in einem Wandbereich, kann es ein besonderes Bild sein, ein Stein, eine Schale, ein Zimmerbrunnen, eine Skulptur, je nachdem was zu Ihnen und Ihren Bedürfnissen passt.
Diese Betonung der Mitte kann nicht nur in einem einzelnen Raum erfolgen oder einer Wohnung/einem Haus. Auch auf einem Grundstück, in einem Ort (dort ist es vielleicht der Markt- oder der Kirchplatz) oder gar in einem Land kann sie bestimmt und gestaltet werden. Es ist sogar sehr spannend zu ergründen, was denn eigentlich die Mitte des eigenen Ortes oder Landes ist und wie Sie dazu stehen.
Im Bagua ist der Mittelbereich das Chi – die universelle Lebensenergie und rundherum ordnen sich die wichtigen Bereiche des Lebens an.

Apropos Bagua: Es ist wirklich sehr spannend, das Bagua auf die eigene Wohnung zu legen ...

Unterschiedlichste Gestaltungselemente

Bilder, Gemälde, Fotos, persönliche Fotos sind aus unseren Wohnungen nicht wegzudenken.

Es sollte jedoch genau überlegt werden, welches Bild wo angeordnet wird – abgestimmt auf die jeweiligen Bedürfnisse. Die Qualität eines Bildes kann den Platz unterstützen und stärken, kann anregend wirken, inspirieren, beruhigen, Freude bringen, die Stimmung aufhellen, Leichtigkeit vermitteln u. s. w.

Unterschätzen Sie dabei nicht die starke, unter Umständen auch negative, Wirkung, die von Bildern ausgehen kann (z. B. Bilder grimmig schauender Ahnen).

Viele andere Dinge sind zur Gestaltung geeignet:
Urlaubsmitbringsel von einem ganz besonderen Ort, Geschenke, Figuren, selbst gemachte Dinge, natürliche Materialien, Steine, Blumen, Stoffe, u. s. w.. Ordnen Sie die Dinge jedoch immer gezielt und bewusst an, stellen Sie nicht nur einfach alles nebeneinander. Auch sollte jedes Teil frei atmen können und seiner Bedeutung Raum geben. Wenn Sie merken, dass es ihnen nicht oder nicht mehr gut tut räumen sie es weg.
Schenken Sie den Dingen Beachtung und tauschen Sie sie ab und zu aus.
Achten Sie bei der Wahl der Bilder und Gegenstände stets auf die Zugehörigkeit zu den vier Elementen. Sie können dadurch Defizite ausgleichen.
Auch in den Ausführungen über die geomantische Gartengestaltung werden Sie sicherlich noch einige Anregungen finden, die Sie auch bei der Wohnraumgestaltung einsetzen können.

Die geomantische Gartengestaltung

Tipps und Anregungen

Nachdem Sie Ihre Umgebung, das Grundstück und den Garten untersucht haben, konnten Sie erkennen, welchen Garten Sie im Moment haben. Ist er erdig, feurig, wässrig oder luftig, wo wird Ausgleich benötigt, wo und was sollte gestärkt werden und was ist zu dominant?

Ihnen ist durch die Analyse wahrscheinlich bewusst geworden, welche Bedeutung der Ist-Zustand hat und was daran Sie ändern möchten. Ihnen ist nun auch bewusst, dass das, was Sie in Ihrem persönlichen Bereich im Außen verändern, auch Ihr Inneres beeinflusst und dort eine Veränderung bewirkt, ebenso verändert sich Ihr Außen, wenn Sie sich innerlich verändern.
Sie können nun aufgrund Ihrer Erkenntnisse einzelne Bereiche gestalten, deren Energie sie benötigen oder diejenigen verändern, die Ihre Energie schwächen.

Wie ist Ihr Garten jetzt? Soll er so auch bleiben? Ist es ein

- Garten für Tierfreunde (Haustiere oder auch Wildtiere, Insekten),
- ein Spiel-Familiengarten,
- ein Wildgarten,
- ein Nutzgarten (Obstbäume und Sträucher, Gemüse, Kräuter),
- ein Blumengarten,
- ein asiatischer Garten,
- ein modern strukturierter Garten,
- ein Wassergarten,
- ein romantischer Garten,
- ein Dachgarten,
- ein Balkon ?

Was haben Sie und was hingegen möchten Sie?
Harmonieren Sie mit Ihrer Umgebung, Ihrem Garten?
Wie ist die momentane ätherische Qualität bzw. wie wünschen Sie sich die Qualität?

An einem erdigen Ort/ in einem erdigen Garten dominieren

klobige, rechteckige und quadratische Formen, massive Materialien, Steine, das Gefühl von Festigkeit, kräftige, eher dunkle Erdfarben, Lehm, Holz, Wurzeln, dichter Bewuchs.
Das Hauptthema ist: Geborgenheit, Rückzug.

An einem wässrigen Ort/ in einem wässrigen Garten dominieren

geschwungene, fließende Formen, Täler und Senken, feuchte, sumpfige Wiesen, Wasserflächen (Teich, Swimmingpool, Bach).
Er lädt ein zum Träumen.

An einem feurigen Ort/ in einem feurigen Garten dominieren

eckige, spitze Formen, freie, übersichtliche Flächen, trockener sandiger Boden, Sonnenhänge, sonnige, offene Plätze.
Er bringt Lebendigkeit und Aktivität, Entspannung und Loslassen kann unter Umständen schwer fallen.

An einem luftigen Ort/ in einem luftigen Garten dominieren

gerade, klare Formen und Linien, Weite, Helligkeit und Durchlässigkeit, windige, lichte Plätze, ev. liegt dieser Platz auf einer Anhöhe oder innerhalb des Platzes befinden sich kleine Anhöhen.
Er lädt ein zu Spiel und Beweglichkeit.

Ziel ist die Schaffung bestmöglicher Harmonie zwischen dem Bewohner, der Umgebung und dem Grundstück. Die Energien sollten zusammen passen damit ein harmonischer, ausgeglichener Fluss entstehen kann.

Dabei sollte die Grundqualität des Grundstückes, des Gartens, der Umgebung nicht außer Acht gelassen werden. Nur wenn Sie die eigene Energie des Grundstückes in Ihre Gestaltung einbeziehen kann das Potenzial verstärkt werden, denn das Grundstück ist ja Bestandteil eines weit größeren Areals, einer Region mit einem ganz persönlichen Charakter.

Einige Tipps und Anregungen:

Greifen Sie nicht zu massiv in das Grundstück ein (z. B. keine hohen Stützmauern oder Abgrabungen, statt dessen sanfte, terrassenförmige Abstufungen).

Schaffen Sie Schutz und Abgrenzung, wenn nötig durch Zäune, Mauern, Hecken, Sträucher, Steine. Achten Sie jedoch darauf, sich nicht zu ver-barrikadieren.

Auch an Hängen, an denen die Energie ungebremst fließen kann, können durch gestaltende Elemente wie z. B. Natursteinmauern oder Büschen, die Energien gelenkt und das Tempo gedrosselt werden.

Die Grundstücksform

Prinzipiell werden runde, quadratische oder rechteckige Formen als harmonisch empfunden – selbst wenn derjenige, der auf dem Grundstück steht, gar nicht weiß wie die genaue Form aussieht. Spitze Ecken, lange und gleichzeitig schmale Grundstücke, L-förmige Gärten oder kleinere überragende Flächen erzeugen dagegen Disharmonie.
Diese bedürfen einer besonderen Aufmerksamkeit z. B durch bewusste Verbindung einzelner Bereiche durch eventuell einen Bachlauf, eine Steg, einen besonders gestalteten Weg oder aber durch bewusste Abtrennung einzelner Bereiche, durch Pflanzung von z. B. Vogelhecken (und damit Übergabe an die Natur) oder durch eine bewusst unterschiedliche Gestaltung und Funktion (z.

B. der Errichtung eines Sitzplatzes oder Kräutergartens an dieser Stelle).
Grundsätzlich sollte dem Grundstück, auch in den letzten Ecken, Energie und Beachtung gegeben werden.
Nicht nur einzelne Bereiche, sondern nach und nach der gesamte persönliche Lebensraum kann zu einem Ort der Kraft werden.
Dieses Kapitel soll und kann keine geomantische Beratung ersetzen, es möchte Ihnen jedoch die Möglichkeiten eröffnen und Sie für das sensibilisieren, was Beachtung erfordert.
Auch sollte im Idealfall ein Gestaltungskonzept zugrundeliegen, das zum Großteil das Thema aufnehmen und harmonisieren kann, dass sich Ihnen bei Ihren Untersuchungen gezeigt hat. Dass kann das Thema Freiheit sein, Liebe, Schutz, Geborgenheit, Zentrierung, Kommunikation, Kraft, Harmonie, Lebendigkeit, Ruhe, Leichtigkeit, Freude ...
Nehmen Sie sich vielleicht nochmal das Bagua zur Hand und schauen Sie, welcher Bereich noch etwas Beachtung erfordert.

Großen Einfluss auf unsere Gefühle haben und prinzipiell wichtig sind:

Der Wechsel aus Enge und Weite

„Enge“ (ein schmaler, gewundener Weg durch dichte Bepflanzung) kann uns ruhiger werden lassen, wir konzentrieren uns dann auf uns selbst, den Punkt, an dem wir uns befinden.
„Weite“ hingegen (eine große freie Wiesenfläche) kann uns eine innerliche Weite und Aufrichtung vermitteln.
Sie sehen auch an diesem Beispiel sehr klar, weder ist das eine schlecht, noch das andere gut, weder möchten wir auf Dauer nur das eine noch das andere. Die Harmonie aus beidem ist das, was uns in unser Gleichgewicht bringt.

Das spannende Spiel der Polaritäten

Das bedeutet die Nutzung männlicher und weiblicher Gestaltungselemente, die Ausgewogenheit, das gleichmäßige Verhältnis von Yin und Yang.

Hell und dunkel, sonnig und schattig, bewachsen und frei, geschützt / lauschig und offen / kommunikativ, weich und hart, spitz- und rundblättrige Pflanzen, aufstrebender und kriechender Bewuchs, hoch und niedrig, bewegtes und stehendes Wasser ... Die Vielfalt der gegensätzlichen Elemente ist groß und mit deren Einsatz schaffen Sie eine lebendige und dabei ausgeglichene Atmosphäre.
So kann unter Umständen auch ein mit vielen Pflanzen bewachsener Garten leblos wirken wenn z. B. das Licht fehlt. Der Bewuchs wird irgendwann einseitig, Schattenpflanzen überwiegen, die Stimmung wird düster, die Energie kann nicht fließen, die Leichtigkeit fehlt.
Dagegen wirkt ein komplett freies Grundstück, auf das die Sonne brennt, schnell ausgelaugt und müde und damit ebenfalls leblos und „ausgebrannt".

Weibliche Energie findet sich im Garten wieder, in allem was rund, geschwungen, wellig ist, in schattigen, stark bewachsenen Bereichen, mit vielleicht vorwiegend dichtem, grünem Bewuchs, in stehendem Wasser, in lauschigen Sitzplätzen, in dezenten Farben, in einem geschwungenen Terrassenrand oder einem halbkreisförmigen Eingangspodest.
Im Gegensatz dazu fließt männliche Energie in hellen, sonnigen, offenen Flächen, in bunten Blumenbeeten und Bereichen mit aufstrebenden Pflanzen (Gräsern), in fließenden Gewässern, in Spielbereichen und Feuerstellen.

Das Verhältnis der Elemente (Erde, Wasser, Feuer, Luft)

Während Ihrer Wohnraumuntersuchung ist Ihnen bewusst geworden, wie es sich in Ihrem Umfeld mit der Verteilung der vier Elemente verhält. Um ein ausgewogenes Verhältnis zu erlangen sollte nun Vorhandenes, wenn nötig, gestärkt werden, Fehlendes integriert und zu Dominantes gedämpft werden.
Natürlich ist die Gestaltung mit den vier Elementen und die hinsichtlich der Polaritäten nicht voneinander zu trennen, da sich die Elemente in den Polaritäten wiederfinden und umgekehrt.

Sie haben bereits festgestellt ob ihr Garten eher erdig, wässrig, luftig oder feurig geprägt ist und nachdem Sie erkannt haben, was dies mit Ihnen zu tun hat können Sie nun entscheiden, welche Elemente gestärkt oder integriert und welche gedämpft werden sollten, um schließlich beobachten und erfahren zu dürfen, wie sich diese äußerlichen Veränderungen auf ihre Umgebung und Sie persönlich auswirken.

Hilfreich ist auch hierfür die Auflistung der Gestaltungselemente und Materialien ab S. 222.

Gehen Sie dabei nicht dogmatisch und akribisch vor. Lassen Sie alles in Ruhe auf sich wirken und entscheiden Sie intuitiv, was passend und hilfreich ist. Je offener Sie sind, desto müheloser wir Ihnen zufließen was der Garten benötig und was SIE brauchen.

Die Zusammenstellung der Elemente und ihrer Bezüge soll Sie mehr oder weniger bestätigen aber nicht belasten, vor allem jedoch nicht in ihrer neu gewonnenen Wahrnehmungsfähigkeit einschränken.
Bedenken Sie stets, nichts ist für sich alleine zu sehen, alles fließt ineinander über. So kann z. B. ein Material, ein Gestaltungselement durchaus auch mehreren der vier Elemente zugehörig sein. Kleinkrämerische Arbeit mit Zollstock oder Millimeterpapier ist hier nicht gefordert. Der alles dominierende Sinn ist der, eine Ausgewogenheit zu schaffen, die Ihre persönliche Lebensqualität verbessert.

Schauen wir doch an dieser Stelle kurz in Annes Garten. Hier ein Auszug aus einem ihrer Briefe:

„ ... In unserem Garten ist alles schwer und erdig, die Gestaltung ist scheinbar ausschließlich Yin-betont. Ich hatte das sogar in den letzten Jahren noch verstärkt durch viele Tontöpfe und Figuren aus Sandstein (ausgerechnet Schild-

kröten ...). Ich spüre erst jetzt, wie alle Energie dadurch gehalten wird.
Die Wege durch unseren Garten sind zwar nicht steif und gerade, sondern geschlängelt – das bringt eine gewisse Lebendigkeit – doch alles in allem fehlt ganz stark der leichte, luftige Charakter, das wird immer deutlicher. Ich wünsche mir mittlerweile ganz intensiv offene Flächen und Weite und leichtere Bepflanzungen, die auch mal möglich machen, dass Energie, die nicht mehr gut tut, weggetragen werden kann ...“

Die Gesamtatmosphäre ist wichtig und auch hier gilt wieder: Das, was in einen Garten integriert wird, weil es fehlt, kann in einem anderen Garten erdrückend wirken weil bereits zu viel davon vorhanden ist.
In diesem Zusammenhang ist es wichtig, sich vor der Umgestaltung die energetische Wirkung eines Platzes, eines Gartens nochmals in Erinnerung zu rufen bzw. bewusst zu machen.

Ganz wichtig:
Der Eingang des Gartens / der Vorgarten
Wie beim Haus vermittelt der Eingang zum Garten dem Bewohner und dem Besucher den ersten Impuls. Das Thema Einladung und Abgrenzung ist hier vorrangig.

Der Vorgarten ist ein Zwischenbereich zwischen dem öffentlichen und dem privaten Bereich und spiegelt den Charakter und Lebensstil des Bewohners.

Eine offene Gestaltung, eine Eingangsbetonung (eventuell ein Tor in einer besonderen Farbe) vermitteln das Gefühl von „Willkommen sein“. Hier sollten keine Fahrräder, Mülltonnen oder sonstige Blockaden im Weg stehen. Auch am Rand des Gartens

stehen besonders die Mülltonnen besser hinter einer Kaschierung aus bewachsenen Holzzäunen, als frei sichtbar.
Ausgewählte Steinfiguren im Vorgarten (vielleicht etwas Persönliches) und eine besondere Bepflanzung erzeugen Individualität und Wiedererkennbarkeit.
Kanaldeckel, die sich nicht selten im Eingangsbereich befinden, können wie folgt kaschiert werden: Bemalen, mit Steinchen bekleben oder einen Pflanzkübel mit üppig blühenden Pflanzen darauf stellen, den man wenn nötig wegschieben kann. Kanaldeckel sind nicht nur hässlich sondern ziehen auch Energie ab. Achten Sie deshalb beim Bepflanzen der Kübel darauf, Pflanzen zu wählen, die diese Belastung kompensieren können, ansonsten werden sie an dieser Stelle nicht überleben oder kümmern.

Begrenzungen

Wählen Sie eine Begrenzung, die zu dem Grundstück und der Umgebung passt. Zaun, Hecke oder Mauer haben komplett unterschiedliche Qualitäten, sie können öffnen oder schließen.
Sichtschutz kann z. B. auch mit blühendem Bewuchs gestaltet werden. Das ist eine freundliche Aussage an den Nachbarn: „Ich will dir nebenan nichts Böses, möchte aber gerne meine Ruhe …“

Büsche in unterschiedlicher Höhe lenken den Energiefluss auch auf die Nachbargrundstücke, bieten oder vermeiden Kontaktmöglichkeit.

Licht

Mit Licht können wir Energie und Aufmerksamkeit lenken. Es versteht sich natürlich von selbst, dass man im Garten nicht die Nacht zum Tag machen sollte und die Wahl der Beleuchtungskörper und der Einsatz von Lichtquellen eine besonders sensible Betrachtung benötigen.

Pflanzen und Bäume

Durch die Wahl der Pflanzen unterstützen Sie die Ausgewogenheit von Yin und Yang und den Äthern.

Jede noch so kleine Pflanze kann einem der Äther zugeordnet werden und zwar aufgrund ihrer Wuchsform, aber auch der Form der Wurzeln, Blätter und Stängel.

Alle Pflanzen, egal ob Bäume, Sträucher, Blumen, Gräser, Stauden oder Kräuter, variieren in ihrer unterschiedlichen Energie.

Mit ihrem gezielten Einsatz kann die Energie gelenkt, die Atmosphäre eines Gartens verändert werden und damit auch die Wirkung auf die menschliche Psyche.

So verstärken bestimmte Pflanze das Gefühl der Leichtigkeit (filigrane Pflanzen, wie z. B. der Lavendel oder Gräser, bei den Bäumen die Birke), andere die eher kräftig, bodennah und gedrungen wachsen fördern die Beständigkeit.

Mit dem bis hierher erworbenen Wissen bezüglich der vier Elemente wird es Ihnen nicht schwer fallen, einzelne Pflanzen bedingt durch ihre Form, Farbe, Wuchs- und Blattform den Elementen und damit Ihrer energetischen Ausstrahlung und Wirkung auf Sie als Bewohner auszuwählen. Lassen Sie sich ein auf die Energie der Pflanzen und Sie werden spüren, welche Bereiche sie in Ihnen zum Schwingen bringen.

Wenn Sie sich intensiv mit Ihrem Garten auseinandersetzen werden Sie mit Sicherheit auch spüren, dass vielleicht in einem bestimmten Bereich eine gewisse Erdung, eine Beständigkeit fehlt, an anderer das Feuerelement oder vielleicht die Leichtigkeit. Mit dem Einsatz bestimmter Pflanzen können Sie diese Defizite ausgleichen. Aber auch andere gestaltende Elemente, sind hierfür geeignet.

Bäume haben eine besonders starke Wirkung auf den Äther eines Grundstückes, einer Landschaft. Obstbäume zum Beispiel halten die Energie auf dem Grundstück.

Blickfänge

Blickfänge sind dazu geeignet, die Energie zu lenken, eine energetische Wirkung zu erzeugen und Aufmerksamkeit zu einem bestimmten Punkt zu bringen. Der Äther sammelt sich an dieser Stelle ganz automatisch.

Blickfänge können auf freien Flächen stehen (Brunnen, Kräuterspiralen, Figuren, besondere, große Steine, Kunstobjekte) aber auch verschiedene Bereiche miteinander verbinden (Rosenbögen, Torbögen). Auch im Eingangsbereich sorgt ein Blickfang für eine erwünschte Energiekonzentration.
Bei großen Steinen sollte darauf geachtet werden, welcher Stein mit welcher dazugehörigen Wirkkraft gewählt wird. So kann z. B. Marmor dabei helfen, die Veränderung, die innere Transformation zu fördern und das Leben neu und erfüllend zu gestalten. Sandstein schafft einen freien Blick für neue Erfahrungen und löst seelische Prägungen. Basalt, Granit und Lavagestein unterstützen bei der Entwicklung der seelischen Potenziale.
Kunstobjekte sollten nicht nach materiellem Wert oder als Repräsentationsobjekte gewählt werden. Vielmehr sollten sie etwas symbolisieren, einen persönlichen Bezug zum Bewohner haben.
Die vor genannten Blickfänge sind auch geeignet zur Gestaltung der Mitte eines Gartens (eines sogenannten Omphalos).

Bereiche zum verweilen

Die Klänge eines Windspiels, das Murmeln eines Quellsteins oder das Plätschern von fallendem Wasser, Blätterrauschen und Grillenzirpen können einen Platz bestimmen, der zum Verweilen und Lauschen einlädt.

Eine Bank, daneben Dinge, die zum anfassen einladen (Mitbringsel aus dem Wald, raue Rinden, Steine in einer Schale), einfach mal sitzen, fühlen, lauschen und sonst nichts tun, in diesen Momenten sind Sie im Hier und Jetzt.

Kleine Sitzplätze an den unterschiedlichsten Stellen – ob zum Betrachten der Blumen oder zum Beobachten der Insekten und Vögel – geben nicht nur Ruhe und Gelassenheit, sondern strahlen diese auch aus, selbst wenn sie nicht genutzt werden.

Wasserschalen für Tiere, Geschenkschalen für Elfen, Insektenhotels, Fledermauskästen ... unendlich viele Dinge können nicht nur dem Bewohner Freude und Energie geben, sondern auch den anderen Wesen in unserem Umfeld.

Pfade und Wiesenflächen, auf denen Sie auch mal barfuß laufen können, ein Bereich für Veränderung (in dem Sie je nach Ihrem Bedürfnissen wechselnde Symbole aus Steinen legen können), ein Steinkreis zum meditieren, Beerensträucher zum naschen, ein kleiner Obstbaum (selbst für Balkone gibt es Miniaturbäume, die „echtes" Obst tragen) Erdbeerpflanzen, Tomaten ... Es gibt so viele Dinge, die Sie einladen zum Schauen, Lauschen, Riechen, Sehen, Schmecken ...

Kräuterbeete und Heilpflanzen bringen Kraft und Lebendigkeit in den Garten durch die Entfaltung ihrer individuellen Heilwirkung. Sie sind meist anspruchslos und pflegeleicht und ein duftender, reizvoller Blickfang.

Wasser stärkt die Vitalität des Gartens, fördert die Lebenskraft und Lebendigkeit – wobei hier wiederum zu unterscheiden ist zwischen fließenden Gewässern (männliche Kraft) und stehenden Gewässern (weibliche Energie). Es bedarf einiger Überlegungen vor der Errichtung von Wasserflächen. Sie sollten nicht zu groß sein, die Fließrichtung eines bewegten Wassers sollte sich nicht vom Haus weg bewegen. Auch die Form des Wasserbereiches ist zu beachten (nicht eckig sondern dem Element entsprechend rund bzw. geschwungen).

Der Garten sollte eine Identität bekommen, deshalb ist es sinnvoll, die einzelnen Bereiche nicht isoliert zu sehen, sondern ein

Gesamtkonzept zu erstellen. Leisten Sie sich hierfür wenn nötig eine geomantische Beratung oder besuchen Sie Seminare oder Workshops.

Machen Sie sich bewusst, dass es in der Natur (und auch Ihr Garten ist ein Stück Natur) niemals Stillstand gibt. Die Energien, die Prozesse des Blühens und Verblühens, des Gedeihens und Sterbens sind immer in Bewegung, auch in Zeiten wenn alles still zu stehen scheint. Es ist wichtig, dies zuzulassen, nicht dagegen ankämpfen und auch das Sterben nicht ausschließen zu wollen. Der Wandlungsprozess darf sichtbar sein.
Je lebendiger und vielfältiger die Gestaltung, desto höher der Energiefluss und die Lebenskraft (zur Erinnerung: wellenartige Formen verstärken den Energiefluss).
Wichtig ist es, das Gartengrundstück in Einklang mit der Umgebung zu bringen, gleichzeitig den Bedürfnissen der Bewohner gerecht zu werden sowie den eigenen Charakter dieses Stückchens Erde zu erkennen und zu erhalten.

Wege

Sanfte Schwingungen laden ein zum Schlendern. Auch Treppen können schwungvoll und individuell gestaltet werden. Wege sollten ausreichend breit sein, die Begehung sollte immer wieder neue Blickwinkel schaffen. Der Oberbelag kann kunstvoll gestaltet werden (zumindest teilweise). Die Verbindungen verschiedener Materialien vermitteln unterschiedliche Sinnesreize. Zu bedenken ist aber auch, dass die Pflege nicht zu aufwändig sein sollte.

Äste, die zu weit in den Weg ragen, bremsen den Energiefluss. Gartenwege und Pfade sind Träger von Lebensenergie, deshalb sollten Sackgassen mit ödem Ende im Garten (z. B. zu einer Müll- und Gerümpelecke) vermieden werden.

Bestehendes muss nicht immer komplett neu erstellt werden. So kann z. B. ein schnurgerader Weg durch den Garten durch geschwungene Bepflanzung rechts und links des Weges abgemildert werden oder durch geschwungenen Belag, durch Wechsel im Belag oder teilweise Verbreiterung und Verengung des Weges.

Nachricht von Anne:

Mit diesem Brief möchte ich eine letzte Rückmeldung geben, obwohl ich bzw. wir bestimmt noch sehr lange an den Themen, die sich gezeigt haben, arbeiten werden.

Ich glaube ich könnte mittlerweile ein eigenes kleines Buch darüber schreiben ...

Das für mich sehr Schöne ist, dass Holger sich mittlerweile nun auch für die Themen erwärmen kann. Es hat ihn sehr beeindruckt, was ich alles zusammen getragen habe. Er hat so viel Wahrheit darin entdeckt und auch bemerkt, dass sich bereits einiges bei uns verändert hat, so dass er sich nun auch intensiver mit den Themen beschäftigen und vor allem seine Intuition und seine Wahrnehmung stärken möchte.
Ich bin so froh, dass ich ihn nicht bedrängt habe, dass er nun von sich aus auf den Weg gehen will.

Im Außen haben wir bereits einiges verändert. Den Eingang haben wir „bearbeitet", also nicht nur den Bewuchs geschnitten, sondern den Durchgang verbreitert und den Weg gepflastert.
Im Garten haben wir eine Birke gepflanzt. Sie ist noch sehr klein, aber ich habe schon jetzt das Gefühl, dass sie mir irgendwie Leichtigkeit vermittelt.

Der Schritt zwischen Erd- und Obergeschoss, der Übergang zwischen Gegenwart und Zukunft, ist mir auch sehr wichtig. Damit lasse ich mir Zeit. Ich habe das Gefühl bekommen, dass ich diejenige bin, die bestimmen kann, wann meine Zukunft beginnt – es ist ein seltsames aber auch sehr schönes Gefühl. Bevor ich mich zu intensiv mit der Zukunft beschäftige möchte ich gerne zuerst meine Gegenwart in Ordnung bringen. Ich habe im Erdgeschoss eine Mitte gestaltet und sowohl im Haus als auch im Garten intensiv den Familienbereich gestaltet und bereinigt.

Im Haus konnte ich mein Malzimmer leider nicht an einer anderen Stelle errichten. Aber ich habe im Garten im Bereich „Kinder" einen Platz geschaffen für meine Kreativität und für mein inneres Kind.
Wir haben außerdem das Haus geräuchert, um das Alte zu verabschieden und das Neue damit zu begrüßen.

Ach ja- und mit dem Thema „Außenseiter" habe ich mich auseinandergesetzt.
Außenseiter – ich glaube das bedeutet nicht, dass man das gezwungenermaßen ist, obwohl man es eigentlich nicht sein will. Im Gegenteil, es ist nur wichtig, dass man sich dessen bewusst ist und alles versteht, was damit und mit einem selbst zusammenhängt. Dann kann man die Situation, in der man sich befindet, ganz anders annehmen und auch schätzen und würdigen, weil es nämlich genau das ist, was man eigentlich möchte. Lässt man sich beirren und von außen beeinflussen, hat das zur Konsequenz, dass man unglücklich und unzufrieden ist mit dem was man hat. Macht man sich

bewusst, dass es genau das ist, was man sich wünscht und was man auch selbst darstellt, verändert sich die Einstellung dazu – und zu sich selbst.

Das alles ist mir im Moment am Wichtigsten. Aber ich bin sicher, dass es nicht alles war, besonders weil Holger nun noch auf seine eigene Weise nach den Dingen schaut und seins und meins muss ja nicht identisch sein, er sieht es aus der männlichen Warte, ich aus der weiblichen.

Ich möchte auch nicht zu viel auf einmal tun, denn es sollte noch Raum bleiben für Veränderungen, die aus den Anstößen, den Impulsen entstehen, die wir bis jetzt gegeben haben.

Es ist unglaublich spannend zu sehen, wie sich Dinge fügen, wenn Veränderungen geschaffen werden - in einem Selbst und im Außen.

Der Beginn ist die Erkenntnis und der Wille.

Liebe Grüße und allen Lesern alles Gute,

Anne

Rituale – Bitten und Danken, Heilen und Schützen

Wem gehört die Erde?
Wir kaufen Grundstücke – von wem? Wie kommen diese Menschen dazu, diese Flecken Erde als ihr Eigentum zu betrachten? Sie – und dann wir – nehmen das Land in Besitz, vertreiben die Pflanzen und Tiere und alle Wesen, die dort leben.

Entschuldigen wir uns dafür?
Danken wir dafür, dort sein zu dürfen?
Erkennen wir den Platz, seine Lebendigkeit und die Wesen, die hier leben?
Bitten wir um das, was wir uns nehmen?
Segnen und würdigen wir den Flecken Erde, auf dem wir uns niederlassen?

Die meisten von uns tun es nicht, oder nur sehr selten. Vielleicht viele (hoffentlich) nicht aus bösem Willen, sondern aus Unwissenheit, aus Gedankenlosigkeit, aus der Unfähigkeit heraus, das wahrnehmen zu können, was uns umgibt.

Doch es ist ganz einfach zu danken, zu segnen, zu bitten … um Schutz, um Heilung …

Eigentlich sollte das Kapitel nur „Rituale“ heißen. Ich habe mich jedoch dazu entschlossen, das „Bitten und Danken, Heilen und Schützen“ gleich in die Überschrift zu stellen; denn erstens ist nicht unbedingt ein Ritual nötig, um achtsam mit der Umwelt und dem Platz an dem wir leben umzugehen, und zweitens löst das Wort an sich oft eine gewisse Scheu und Zurückhaltung aus. Der Begriff wird meist mit religiösen Handlungen in Verbindung gebracht und erzeugt bei vielen Menschen alleine dadurch bereits eine gewisse Distanziertheit. Ich kann das sehr gut nachvollziehen. Ich bin katholisch erzogen worden und musste als Kind stets an den Prozessionen im Ort teilnehmen. An heißen Sommertagen, mit langsamen Schritten und feierlichem Singsang, durch die sonntäglichen Straßen zu ziehen und zerrupfte Blumen auf die Straßen zu werfen fand ich bereits als Fünfjährige außerordentlich schräg und kam mir auch stets sehr seltsam dabei vor. Ich distanzierte mich innerlich von diesem Tun, weil ich nicht nachvollziehen konnte, warum man diesen Weg so schwermütig und nicht lachend und fröhlich gehen musste. Blickte man fröhlich umher, traf einen nicht selten der strenge, strafende Blick des alten Pfarrers. Warum außerdem die Blumen, die noch am Morgen in der Sonne geblüht hatten, dabei sterben sollten war mir auch nicht klar und ich fand es nicht richtig. Ich konzentrierte mich deshalb auch meist darauf, noch unversehrte Blumen wieder aufzuheben und in mein Blumenkörbchen zu legen. Zusammen mit den Blumen, die mir meine Mutter zum streuen in das Körbchen gepackt hatte – und die ich natürlich nicht zerrupfte und auf die Straße warf – stellte ich sie dann Zuhause ins Wasser. Das ist eine meiner Erinnerungen an ein Ritual und es ist keine gute. Jedoch habe ich mittlerweile meine Einstellung dazu geändert, denn bei einem Ritual handelt es sich eigentlich nur um eine Handlung, die nach bestimmten Regeln, in einem besonderen Rahmen vollzogen wird und viel gute Energie freisetzen kann. Ob formell, festlich oder auch formlos und spontan hat das Ritual stets eine hohe Symbolkraft.

Rituale und Zeremonien für Heilung, Schutz, Reinigung, Danksagung und für das Wiederfinden der Anbindung an die Natur können wir alleine oder in einer Gruppe auf alle möglichen Arten ausüben. Für einen Ort sind Rituale sehr wichtig und hilfreich, sie nähren ihn, stärken seine Kraft und können ihm Heilenergie vermitteln. Durch Wiederholungen wird die Energie des Rituales noch kraftvoller, es erfolgt sozusagen eine Aufladung des Äthers.

Abhängig davon, mit welcher Art von Ritual Sie sich am wohlsten fühlen können Sie Ihre eigenen Wahl treffen oder vielleicht auch ganz neue Rituale ersinnen, die für Sie stimmig sind. Nicht alle Menschen fühlen sich dabei wohl, singend und segnend über ihr Grundstück zu laufen, mit der Vermutung, dass der Nachbar beobachtend hinter der Hecke lauert und darüber nachdenkt, welche Krankheit da wohl zugeschlagen hat. Wenn es Ihrer Mentalität eher entspricht, dann können Sie Ihre Heilenergie auch nur gedanklich fließen lassen. Es heißt zwar, dass die Wirkung von Ritualen wesentlich stärker ist, wenn sie von Gruppen durchgeführt werden, begleitete und unterstützt von Klängen, wie Trommeln und Gesang, aber ich denke, dass auch eine Zeremonie, die wir liebevoll und achtsam alleine und in Stille durchführen, sehr wohl die Schwingung erhöht und gute Energie bringt.

Was können Sie tun?
Es gibt unterschiedlichste Möglichkeiten. Der eine mag Lichtarbeit, der andere arbeitet gerne mit Kristallen. Manch einer lebt mit einer großen Anbindung an die Kraft der Engel und Erzengel oder hat eine innige Beziehung zu den Naturgeister, den Elementarwesen ...

Das einfachste ist „Danke“ sagen. Es ist ein schlichtes Ritual, das Sie ohne großen Aufwand so oft wie möglich wiederholen können. Danken kann jeder, ob laut oder leise oder nur in Gedanken.

Danken Sie für die Geschenke aus der Natur (Steine, Blumen schöne Wurzeln ...).
Danken Sie den Tieren dafür, dass sie da sind. Bringen Sie ihnen Gaben (Vogelbäder, Nistkästen, Insektenhotels, Futterstellen im Winter, Bewuchs, der ihnen Nahrung bietet ...).
Danken Sie den Bäumen und Pflanzen für das, was sie tun. Sie bereiten Ihnen Freude, geben Ihnen Lebensraum und die Luft zum atmen, verschönern unsere Welt. Lassen Sie den Pflanzen Raum zum leben, schaffen Sie eine Ecke für Wildwuchs, lassen Sie Pflanzen auch mal schief wachsen und dort, wo sie eigentlich nicht wachsen sollten. Lassen Sie einen alten Baum in Frieden in Ihrem Garten sterben, ohne ihn vorher zu fällen, weil er unansehnlich geworden ist.

Danken Sie für Ihre Nahrung, dafür, dass Ihr Dach dicht ist und Sie nicht vom Regen durchnässt werden, danken Sie Ihren Fenstern und Mauern, die Sie vor Wärme und Kälte schützen, Ihren Räumen, dass sie Ihr Hab und Gut beherbergen und Ihnen Ruhe geben nach einem anstrengend Tag u. s. w., die Liste könnte endlos sein.

Mit dem Danken beginnen können Sie auch noch wenn sie schon lange an einem Platz wohnen und ganz besonders dann ist es besonders wichtig. Zum bedanken und wertschätzen ist es nie zu spät. Was auch immer Sie tun, es ist gut und richtig. Nichts davon ist weniger wertvoll als das andere, alleine das Nichtstun ist arm und traurig.

Achten Sie auch bei ganz einfachen Ritualen, wie dem Anzünden einer Kerze oder einer Danksagung, auf einen angemessenen Rahmen. Halten Sie kurz inne, verbinden Sie sich mit Ihrer Herzkraft, kommen Sie bei sich an und gehen Sie einen Moment in die Stille. Achten Sie auf Ihre Gedanken und bleiben Sie ganz bei Ihrem Tun. Dadurch verändert sich innerhalb weniger Minuten Ihr Energiefeld und dem Moment wird eine ganz besondere Intensität gegeben.

Auch längere Rituale sollten nicht zwischen „Tür und Angel" vollzogen werden. Sorgen Sie für einen geschützten Rahmen und richten Sie Ihre ganze Aufmerksamkeit auf Ihr Tun. Auch sollten Sie einen klaren Beginn und ein klares Ende definieren und innerhalb dieses Zeitrahmens verlangsamt und achtsam agieren. Seien Sie dabei stets geerdet, seien Sie sich stets ihres Bezugs zur Erde bewusst, auf der Sie stehen.

Anbindung an Erde und Kosmos

Ein sehr kraftvolles Ritual, mit dem Sie als Bindeglied zwischen Erde und Kosmos wirken können, ist das folgende:

Sie stehen fest auf der Erde (ob in Ihrem Garten, im Haus, im Wald oder Feld ...) und atmen mehrmals tief ein und aus.

Stellen Sie sich nun vor, dass viele Wurzeln aus Ihren Füßen in die Erde wachsen und sich dort verankern. Stellen Sie sich vor, dass sich aus Ihrem Kopf ein breiter Kanal nach oben zum hellsten göttlichen Licht öffnet.

Atmen Sie das neue, helle, kraftvolle Licht von oben ein und leiten Sie es durch Ihren Körper hindurch tief in die Erde. Nehmen Sie dann stärkende Erdenergie von unten über Ihre Wurzeln auf und atmen Sie sie durch Ihren Körper hinauf ins Licht.

Sie erhalten dadurch eine Anbindung an Erde und Kosmos und stärken den Platz, an dem Sie sich befinden, mit neuer Energie.

Sprechen Sie laut oder wenn Sie möchten nur in Gedanken für sich:

„Ich halte inne und verbinde mich mit dem Platz, an dem ich mich befinde.
Ich erkenne seine kraftvolle Stärke.
Ich bedanke mich, dass ich ihm zugehörig sein darf, und bitte um seinen Schutz.
Ich danke dem Ort, an dem ich mich befinde, und stärke ihn dadurch mit neuer Kraft und Lebensenergie.
Ich gebe dem Ort, an dem ich lebe, Energie, indem ich mich mit der Erde verwurzele und mich dem Kosmos öffne ...“

<u>Licht schicken und schenken</u>

Erschaffen Sie in Ihrer Wohnung, im Garten oder auf dem Balkon einen kleinen Lichterplatz. Hier können Sie abends und zu jeder besonderen Gelegenheit ein Licht anzünden – ob aus Freude, Dankbarkeit, Trauer oder Mitgefühl.

Auch ohne besonderen Anlass kann der Lichtschein ein Symbol sein und uns während der dunklen Jahreszeit daran erinnern, dass das Licht nie verloren geht.

Wenn Sie gerne feiern ist ein Lichterfest – egal zu welcher Jahreszeit – eine schöne Gelegenheit gute Energie freizusetzen. Vielleicht gibt es einen bestimmten Anlass, vielleicht möchten Sie jemanden oder eine Gruppe energetisch unterstützen oder einfach nur Licht in die Welt senden.

Lichtsäulen bauen
zum Schutz, zur Reinigung und Heilung unserer Grundstücke

Schutzritual

Begeben Sie sich an einen Eckpunkt Ihres Grundstückes.
Kommen Sie zur Ruhe und stimmen Sie sich für einen Moment in die Energie des Platzes ein.

Bitten Sie einen Helfer an Ihre Seite (vorzugsweise Erzengel Michael, der Engel des Schutzes und des blauen Strahls).

Der Beginn erfolgt wie bereits zuvor in der „Anbindung an Erde und Kosmos“:. Stehen Sie fest auf der Erde und atmen Sie mehrmals tief ein und aus. Stellen Sie sich vor, dass viele Wurzeln aus Ihren Füßen in die Erde wachsen und sich dort verankern. Stellen Sie sich vor, dass sich aus Ihrem Kopf ein breiter Kanal nach oben zum hellsten göttlichen Licht öffnet.

Sie sind nun ein lebendiges Bindeglied zwischen Erde und Kosmos.

Atmen Sie das helle Licht von oben ein und leiten Sie es durch Ihren Körper hindurch tief in die Erde. Nehmen Sie dann die Erdenergie von unten über Ihre Wurzeln auf und atmen Sie durch Ihren Körper hinauf ins Licht.

Wiederholen Sie dies einige Male.

Mit der letzten Wiederholung stellen Sie sich vor, dass ausschließlich blaues Licht durch Sie hindurch fließt. Stellen Sie sich vor, dass sich das Licht zu einer blauen Lichtsäule formt, die tief aus der Erde kommt und bis hoch in den Himmel ragt, bis zur göttlichen Quelle. Bitten Sie nun darum, dass diese blaue Säule an dem Punkt an dem Sie stehen, erhalten bleibt. Wenn Sie möchten können Sie noch ein Schutzgebet sprechen, besonders falls Sie vor bestimmten Energien, Angriffen, Störungen oder Sonstigem geschützt werden möchten.

Gehen Sie nun weiter zum nächsten Eckpunkt des Grundstücks, in Begleitung von Erzengel Michael und einem blauen Lichtstrahl. Wiederholen Sie das Ritual am zweiten Eckpunkt Ihres Grundstückes. Bevor Sie diesen Punkt verlassen und zum dritten Eckpunkt gehen, schicken Sie einen goldenen Lichtstrahl zurück zu dem ersten Eckpunkt.

Wiederholen Sie dies nun mit allen Eckpunkten, bis am Ende Ihr Grundstück umrahmt ist von leuchtend blauen Schutzsäulen verbunden mit Bändern aus blauem und goldenem Licht.

Bedanken Sie sich bei Erzengel Michael und bitten Sie ihn, dass die Energie des schützenden Lichtes erhalten bleibt solange Sie sie benötigen.

Visualisieren Sie diese Lichtsäulen und diese Bänder wann immer Ihr Blick in den Garten fällt oder immer dann, wenn Sie nach Hause kommen oder das Haus verlassen. Seien Sie versichert: Sie sind geschützt. Durch Ihre Aufmerksamkeit verstärken Sie zusätzlich die wirkenden Kräfte.

Reinigung und Heilung

Begeben Sie sich in die Mitte Ihres Grundstückes oder an einen bestimmten Punkt, der Ihnen geeignet erscheint.
Bitten Sie Erzengel Raphael und/oder Erzengel Gabriel an Ihre Seite, bzw. die Kraft des grünen und weißen Lichtes.

Gehen Sie nun vor wie bereits beschrieben (Schaffung einer Verbindung zwischen Erde und Kosmos). Errichten Sie eine Säule aus goldenem Licht an dem gewählten Platz auf Ihrem Grundstück. Idealerweise sollte der Platz von innen gut zu sehen sein, so dass Sie ihn tagsüber bzw. wenn Sie Zuhause sind auch vor Augen haben wenn Sie aus dem Fenster blicken.

Am Ende des Rituals atmen Sie nun keine blaues, sondern das weiße Licht der Reinigung in die Erde und wieder aus der Erde heraus in den Kosmos. Außerdem atmen Sie das grüne Licht der Heilung von oben durch Ihren Körper in die Erde hinein.

Sie bitten Erzengel Gabriel, den weißen Strahl der Reinigung so lange wirken zu lassen bis alle negativen Energien gelöst sind.

Sie bitten Erzengel Raphael, mit seinem grünen Strahl die negativen Energien, die Schatten der Vergangenheit, die unerlösten Seelen und was Sie sonst noch auf Ihrem Grundstück vermuten, in goldenes Licht zu verwandeln.

Sie danken Raphael und Gabriel und bitten darum, dass diese Lichtsäule so lange strahlen möge, bis der Ort gereinigt und geheilt ist.

Sie können die Reinigung und die Heilung auch voneinander trennen wenn Sie das Gefühl haben nur das eine oder nur das andere zu benötigen. Wenn es für Sie unstimmig ist, mit den Erzengeln zu arbeiten, dann können Sie es auch mit der Kraft des grünen und weißen Lichtes tun.

Heilung für die Umgebung

Wenn Sie etwas für Ihre Umgebung tun möchten nehmen Sie sich eine Karte des Gebietes, das Ihnen am Herzen liegt. Markieren Sie die Punkte, von denen Sie wissen, dass dort gute Energie herrscht, dass sie lichtvoll und gesund sind. Markieren Sie nun auch die Punkte, die Ihnen krank erscheinen, an denen keine gute Energie herrscht. Das können Punkte in der Natur sein, aber auch Gebäude.

Errichten Sie nun gedanklich Lichtsäulen aus goldenem Licht an diesen Plätzen. Verbinden Sie die einzelnen Säulen mit Lichtbändern. Bitten Sie für die Plätze um Reinigung, Heilung, Schutz oder was benötigt wird und bitten Sie darum, dass das Licht und die Energie über die Bänder fließen mögen. Wichtig ist die lichtvolle Verbindung all dieser Orte für den Austausch der Energien. Die besonderen positiven Orte sind sozusagen die ladenden Pole, die durch ihren freien Kanal zur göttlichen Quelle die kosmische Energie aufnehmen und an die empfangenden Orte weiterleiten, die Kraft, Schutz oder Heilung benötigen.

Wenn Sie möchten können Sie auch persönlich zu den Plätzen gehen oder fahren, um die Lichtsäulen zu errichten. Hin und wieder können Sie aus der Distanz dieses Netzwerk stärken, um den Energiefluss zu halten. Interessant wäre natürlich, nach einem gewissen Zeitraum zu schauen, ob sich an den negativen Orten etwas verändert hat.

Stern der Hoffnung

Wenn Sie etwas Gutes für die Lebewesen in Ihrer näheren oder weiteren Umgebung – oder wo auch immer – tun wollen, dann ist es ein schönes Ritual, einen Stern der Hoffnung in den Himmel zu hängen.

Visualisieren Sie einen leuchtenden Stern aus Licht, der hoch über Ihrer Stadt, Ihrem Wohnort hängt. „Laden" Sie Ihn mit Liebe, Zuversicht, Mitgefühl und vor allem Hoffnung.

Verbinden Sie sich mit allen Wesen, die Hilfe benötigen, die sich in scheinbar ausweglosen Situationen befinden, die ein schmerzvolles und schweres Leben führen, die in Angst und Sorge leben müssen …

Senden Sie Ihnen Licht und Liebe, Zuversicht und Hoffnung über den Stern. Teilen Sie ihnen mit, dass der Stern der Hoffnung immer über sie wacht, auch in der größten Dunkelheit.

Vielleicht stärken Sie diesen Stern mit Ihren guten Gedanken, wann immer Sie an ihn denken, vielleicht wählen Sie sich ein bestimmte Zeit, einen bestimmten Tag (in der Woche, im Monat), um mit einer kleinen Zeremonie allen Wesen (egal ob Mensch, Tier oder wer oder was auch immer) zu gedenken. Schicken Sie dann Ihre guten Wünsche in den Stern, so dass er nie aufhört für die zu leuchten, die sein Licht benötigen.

Beschäftigen Sie sich mit den Himmelsrichtungen

Wählen Sie eine Himmelsrichtung, mit der Sie sich verbinden möchten, z. B. den Norden.

Welche Länder und Orte liegen im Norden?
Mögen Sie diese Länder?
Mögen Sie die Menschen und Tiere des Nordens?
Haben Sie eine Erinnerung an Plätze und Menschen, die Sie im Norden bereits besucht haben?
Was sehen Sie, wenn Sie in Ihrem Zuhause sind und nach Norden blicken?
Gehen Sie nach draußen an einen ruhigen Platz und wenden Sie sich nach Norden. Halten Sie einen Moment inne, spüren Sie die Verwurzelung mit der Erde, auf der Sie stehen, und öffnen Sie sich dem Norden. Welche Empfindungen, Gefühle, Gedanken steigen in Ihnen auf?
Danken, bitten oder segnen Sie, so wie es Ihnen nötig, gut und richtig erscheint.

Ich bin sicher, Ihnen fallen noch sehr viele wunderschöne Rituale und Zeremonien ein, die Sie in Ihr Leben einbauen können und die Sie und Ihre Umwelt bereichern werden.

Nachwort

Zu einem Buch gehört ein Nachwort, ein Abschluss. Es sollte etwas sein, das einen bleibenden Eindruck bei Ihnen hinterlässt, das Sie das Buch zuschlagen lässt – nicht mit einem gedankenverlorenen Blick aus dem Fenster, wie in rührigen Filmen – nein, mit dem Gefühl von Bereicherung, mit dem Gefühl, Impulse erhalten zu haben ...

Ich könnte schreiben: Schauen Sie, was Sie anspricht, setzen Sie sich nicht unter Druck, vertrauen Sie Ihrer Wahrnehmung ... Damit habe ich aber bereits viele Seiten gefüllt. Ich frage also in diesem Moment, während ich das schreibe, was es ist, was genau IHNEN etwas Hilfreiches vermittelt.

Was mir wirklich wichtig erscheint – obwohl es nicht ausschließlich etwas mit dem Platz , an dem Sie leben, zu tun hat – ist, Sie zu bitten, nie eine Situation oder ein Geschehnis (ob hinsichtlich Ihrer Lebens- oder Wohnsituation, ob Krankheit oder Schicksalsschlag) als Strafe aufzufassen, als Ungerechtigkeit des Lebens oder als Unglück.
Ich bin fest davon überzeugt, dass es Strafe, Ungerechtigkeit, Unglück nicht gibt.
Wie oft höre ich Sätze wie: „Das Leben ist nicht fair, das ist nicht gerecht, das hat der oder die nicht verdient ..." Solche Sätze machen aus Menschen und auch Tieren Verlierer des Lebens.

Alles, was uns passiert, ist Mittel und Hilfe zu Wachstum und Erkenntnis. Wir alle befinden uns auf dem Weg und egal was passiert, wenn Sie sich stets verinnerlichen, dass alles gut und richtig ist und genau das passiert, was für Sie wichtig und richtig ist, dann kann Ihnen eigentlich gar nichts passieren. Dann können Sie gelassen annehmen was kommt, mag es auch noch so heftig sein.

Vergessen Sie nie, dass wir alle miteinander verknüpft sind, nicht nur wie Menschen untereinander, sondern die ganze Schöpfung.

Um dies zu bekräftigen möchte ich Ihnen nun zum Schluss die Geschichte des Pferdes Phoenix erzählen. Ich weiß nicht viel von seinem Leben aber viel über das, was er zu vermitteln hat. Sehen Sie seine Geschichte als Mutmacher, als Ansporn, das Leben nicht in einen Zeitraum zwischen Geburt und Tod einzuteilen (wobei Geburt schön und Tod schrecklich ist), sondern es einfach nur als kleines Wegstück auf unserer langen Reise zu betrachten.

Phoenix lebte namenlos, misshandelt und ausgenutzt an einem Platz in Rumänien und erfuhr sein ganzes, langes Leben lang nichts anderes als Schmerz, Hunger, Missachtung und Einsamkeit. Ohne Artgenossen, ohne Schutz vor Kälte und Hitze arbeitete er schwer für den Menschen, der ihn „besaß", tagein und tagaus. Er wurde älter und schwächer, erfuhr jedoch auch dann kein Mitgefühl, sondern erhielt nur noch mehr Prügel, weil er den schweren Wagen nicht mehr ziehen konnte. Eine Freundin aus Rumänien und einer ihrer Bekannten wurden auf ihn aufmerksam, legten zusammen was sie hatten und kauften ihn dem Menschen ab, der nur Gewalt und keine Gefühle kannte. Sie brachten ihn an einen anderen Platz, an dem er von nun an leben sollte. Sie umsorgten ihn liebevoll, gaben ihm den stolzen Namen Phoenix, fütterten und pflegten ihn. Zum ersten Mal in seinem Leben erfuhr er, dass Menschen Liebe geben können. Er musste nicht mehr arbeiten, durfte zum ersten Mal auf weiten Wiesen stehen, das Gras unter seinen Hufen spüren, und er beglückte damit die Menschen, die ihn gerettet hatten. Sie wollten wieder gutmachen, was ihm angetan worden war, wenigstens ein bisschen ... Sie wünschten ihm alles Glück der Welt und einen schönen Lebensabend in seinem neuen Zuhause.

Doch es sollte anders kommen. Nur wenige Tage, nachdem Phoenix gerettet worden war brach er eines Morgens zusammen und konnte nicht mehr aufstehen. Er starb noch am gleichen Abend ...
Wie traurig, wie unendlich ungerecht, wie schmerzvoll und bedauernswert, das Leben ist nicht fair ...

Doch ist das wirklich so? Ist es nicht im Endeffekt eine wundervolle Geschichte? Phoenix ist seinen Weg gegangen, hat das Leben gelebt, das ihm das größtmögliche Entwicklungspotenzial gebracht hat und er hat es gut gemacht. Er wusste schließlich, dass er gehen musste oder durfte ... und ich bin nahezu sicher, dass er in diesem Moment um Hilfe gebeten hat, vielleicht das einzige Mal in seinem Leben. Sein Leben in Entbehrung konnte er ertragen, auch wenn es sehr schwer war. Aber vielleicht hatte er Angst vor einem Tod unter diesen Bedingungen. Die Hilfe kam in Form eines neuen Lebensplatzes und Menschen, die ihn liebten. So durfte er in Frieden und Sicherheit sterben, umsorgt und liebevoll begleitet. Sein Körper war ausgelaugt, schmerzvoll und verbraucht, er hätte eine weitere Lebenszeit nicht mehr genießen können. Der Tod an diesem friedvollen Platz war das größte Geschenk für ihn.

Die meisten Tiere sind unglaublich stark und mutig und voller Vertrauen. Ich würde mir wünschen, dass auch uns nie der Mut, die Kraft und das Vertrauen verlassen. Wir alle sind nicht alleine, wir haben nur die Anbindung verloren ...

Gehen Sie davon aus, dass alles in Ihrem Sinn geschieht, dass es keine Zufälle gibt und dass auch nichts umsonst geschieht. Auch haben wir alle die Möglichkeit, auf Seelenebene um Hilfe zu bitten, wenn das Leben, das wir uns gewählt haben, zu schwer werden sollte, wenn wir uns überschätzt, uns zu viel aufgebürdet haben. Das ist aber nur selten der Fall, denn wir alle sind stark und meistern in der Regel unsere Wegstücke. Glauben Sie einfach an sich.

Es heißt also nicht „Alles wird gut", nein, es heißt „Alles ist gut", wir müssen das Gute und den Sinn des Spiels, das Leben heißt, „einfach" nur erkennen.

Was gut ist und zu Dir gehört bleibt,
was bei Dir sein will kommt freiwillig,
und was gehen will geht sowieso.

(Verfasser unbekannt)

Quellennachweis und Bildnachweis

Geomantie – Orte der Kraft, Sandra Götz, sgd Darmstadt
Geomantie – Die geomantische Hausgestaltung, Sandra Götz, sgd Darmstadt
Geomantie – Die geomantische Gartengestaltung, Sandra Götz, sgd Darmstadt
Geomantie – Die Lebensenergie-Ätherlehre, Sandra Götz sgd Darmstadt
Geomantie – Im Rhythmus und Zyklus mit der Natur leben, Sandra Götz, sgd Darmstadt
Studiengemeinschaft Darmstadt

Zoe und das Meer – Ein spirituelles Abenteuer,
Christine Goeb-Kümmel, Verlag Begegnungen, Schmitten,
1. Aufl.2013

Michael Roads- Im Reich des Pan
2008, Schirner Verlag Darmstadt, 1. Auflage

Feen, Elfen, Gnome - Das große Buch der Naturgeister
Jeanne Ruland, Schirner Verlag, Darmstadt, 5. Auflage 2008

Bildnachweis:

fotolia, stevanzz: Coverfoto und S. 4, Venice landmark, Burano island street, colorful houses, Italy

Erwin Kümmel: Seiten 8, 36, 44, 76, 94, 106, 140, 171 unten, 182, 234, 246, 274, 290
Christine Goeb-Kümmel: Seiten 14, 26, 68, 72, 84, 130, 131, 134, 148, 164, 171 oben, 230, 264, 306
Susanne Johann: Seite 115
Jean: Seite 302

Sternschnuppenlicht **Christine Goeb-Kümmel**

Die Geschichte von Lobo, dem ganz normalen und doch so außergewöhnlichen Straßenhund, ist eine sehr berührende Lebensgeschichte mit besonderen Wendungen. Lobos Leben wird – trotz vieler Widrigkeiten – stets beleuchtet von einem Stern der Hoffnung, und besonders aus diesem Grund ist das Buch auch für Kinder geeignet.

Mit dem Kauf dieses Buches unterstützen Sie den Tierschutz.

84 Seiten, mit Illustrationen, ISBN 978-3-9814784-6-4 8,95 Euro

Lumina Cometei **Christine Goeb-Kümmel**

Dieses Buch ist die Übersetzung des „Sternschnuppenlicht" in die rumänische Sprache. Es wurde hergestellt um Kindern aber auch Erwachsenen in Rumänien ein Bewusstsein dafür zu vermitteln, dass Tiere beseelte Lebewesen sind und um sie für das Leid der Straßenhunde zu sensibilisieren.

Mit dem Kauf dieses Buches unterstützen Sie den Tierschutz.

84 Seiten, mit Illustrationen, ISBN 978-3-9816162-1-7 8,95 Euro

Fantasiereisen, Geschichten zur Meditation **Birgit Schuler**

Fantasiereisen sind ein kleiner Urlaub für die Seele.

Gemeinsam mit wunderschönen, stimmungsvollen Fotos, die bewusst in schwarzweiß gehalten wurden, sind die in dem Buch enthaltenen Fantasiereisen dazu geeignet, zu entspannen, Kraft zu tanken, Heilung zu unterstützen oder ganz einfach, die Seele baumeln zu lassen.

50 Seiten, ISBN 978-3-9814784-4-0 8,95 Euro

Die Abenteuer von Adele und ihren himmlischen Tanten **Phoebe Stark**

Die fantasievolle Erzählung aus der Reihe „humorvolle Spiritualität" handelt von abenteuerlichen Erlebnissen eines Mädchens und ihren drei schrulligen, sich ständig streitenden, Schutzengeln. Für Kinder ab ca. 10 Jahren und Erwachsene.

280 Seiten, mit Illustrationen, ISBN 978-3-9814784-9-5 18,95 Euro

Wala und die Flamme **Christina Stupp**

Das Mädchen Wala, zuhause auf einem weit entfernten Planeten, beschließt, den Menschen die Lösung ihrer Probleme und den Übergang in ein neues Bewusstsein zu übermitteln ...

Eine zutiefst berührende Geschichte, die man immer wieder und so lange lesen möchte, bis sie endlich Wirklichkeit geworden ist ...

145 Seiten, mit Illustrationen, ISBN 978-3-9814784-8-8 14,95 Euro

Einblicke in die Geomantie **Axel Sallmann**

Die Erde wahrnehmen und den guten Platz finden

Dieses Buch nimmt den Leser mit auf eine Reise durch die spannenden und vielfältigen Themenbereiche der Geomantie. Es vermittelt Einblicke in altes Wissen und zeigt Möglichkeiten auf, eigene Erfahrungen zu sammeln, indem man sich der Seele der Natur und ihrer lebendigen Vielfalt öffnet.

232 Seiten, mit farbigen Abbildungen, ISBN 978-3-9816162-5-5 24,95 Euro

Das Rad des Lebens Geomantisches Sachbuch **Axel Sallmann**

Das „Rad des Lebens" ist ein gut zu verstehendes System, das die Kreisläufe der irdischen Lebenszyklen darstellt und verständlich macht. Es vermittelt das Wissen bezüglich der ökologischen Kreisläufe. Seine Anwendung kann – durch die Schaffung der Verbindung zwischen den eigenen Wurzeln und der kosmischen Quelle – zu einer deutlichen Steigerung des persönlichen Wohlbefindens beitragen.

135 Seiten, mit Tabellen und Bildern, ISBN 978-3-9814784-7-1 17,95 Euro

Der innere Klang **Marco Grottke / Ulrike Meister**

Eins sein mit dem Wesen der Bäume

Bäume sind lebendige und fühlende Wesen und seit jeher enge Vertraute der Menschen. Die energetischen Schwingungen unterschiedlichster Bäume wurden künstlerisch poetisch in Worte übertragen. Lassen Sie sich berühren vom lebendigen Fluss dieser Worte und den individuellen Baumenergien, die in wundervollen Bildern liebevoll zum Ausdruck gebracht worden sind.

164 Seiten, davon 42 farbig, ISBN 978-3-9816162-2-4 21,95 Euro

Kartendeck **Ulrike Meister**

Zum Buch „Der innere Klang - Eins sein mit dem Wesen der Bäume".

Die 21 Baumbilder des Buches sind als Kartendeck im Format 8 x 12 cm erhältlich.

Dieses Kartendeck ist momentan ausschließlich über den Verlag Begegnungen zu beziehen (im Organza-Säckchen mit Satinkordel).

12,95 Euro

Die Bestellung kann bequem über unseren Webshop erfolgen :
http://www.verlagbegegnungen.de/shop/
Die Bücher sind natürlich auch im Buchhandel erhältlich.
Weitere geplante Buchprojekte und Neuerscheinungen entnehmen Sie bitte unserer Webseite. Diese wird in Kürze umgestaltet, es lohnt sich, ab und zu mal vorbei zu schauen ...
Wir wünschen Ihnen eine gute Zeit!

Ihr Team vom Verlag Begegnungen Stand: August 2015
www.verlagbegegnungen.de info@verlagbegegnungen.de
(Inh. Christine Goeb-Kümmel, Galgenfeld 15, 61389 Schmitten, Tel.: 06084/959997)

Sam – Eine Begegnung **Christine Goeb-Kümmel**

Kann eine einzige Begegnung ein ganzes Leben verändern?
Niemals hätte der gelähmte Marius an diesem sonnigen Morgen im Juli gedacht, dass sein verlorenes Leben wieder einen Sinn erhalten könnte.
Doch dann kommt Sam, ein behinderter Straßenhund und so wie Marius ein Außenseiter der Gesellschaft ...
Ein Buch für alle, die Tiere und Menschen lieben und die niemals die Hoffnung verlieren ... Mit dem Kauf unterstützen Sie den Tierschutz!
194 Seiten, über 30 Illustrationen, ISBN 978-3-9816162-6-2 16,95 Euro

Kräutersommer – Zeit für Geschichten **Theresia Arbia und Pamela Feil**

Zeit für Geschichten – ist es nicht das, was wir so dringend brauchen?
In "Kräutersommer – Zeit für Geschichten" darf unsere Seele auf Reisen gehen, begleitet vom betörenden Duft der Wiesenkräuter und dem leisen Raunen des Andersweltlichen. Es ist eine Reise in andere Zeiten, zu geheimnisvollen Orten, und wie im Märchen von Frau Holle finden wir uns wieder auf blühenden Wiesen, in wilden Kräutergärten und in der Fantasie der Worte ...
82 Seiten, mit Illustrationen, ISBN 978-3-9816162-4-8 12,95 Euro